Ethikunterricht praktisch

Unterrichtsentwürfe und Arbeitshilfen für die Sekundarstufe I

9. Schuljahr

Herausgegeben
von Till Warmbold

Erarbeitet von:

Claus-Peter Freitag
Constanze Groß
Michael Huesmann
Martina Kolbe-Schwettmann
Andreas Kraus
Maren Schulze-Ausmeier

Vandenhoeck & Ruprecht

Umschlagabbildung: „Formes circulaires, Soleil no. 2“, 1912–1913 by
Robert Delaunay; © L&M Services B.V. Amsterdam 200112

Die Deutsche Bibliothek – CIP-Einheitsaufnahme

Ethikunterricht praktisch : Unterrichtsentwürfe und Arbeitshilfen für die Sekundarstufe I /
hrsg. von Till Warmbold.
Göttingen : Vandenhoeck und Ruprecht

Schuljahr 9. / Erarb. von: Claus-Peter Freitag ... 2000
ISBN 3-525-61500-0

Satz: Text & Form, Pohle
Druck und Bindearbeiten: Hubert & Co., Göttingen

Inhalt

Vorwort 4

Ethikunterricht – methodische Möglichkeiten 5
Till Warmbold

9.1 „Jeder ist seines Glückes Schmied" – Identität und Glück 9
Claus-Peter Freitag

9.2 Grenzenlos? – Erziehung und Freiheit 32
Michael Huesmann

9.3 „Der innere Richter" – Gewissen und Verantwortung 53
Constanze Groß / Maren Schulze-Ausmeier

9.4 „Ganz in Weiß" – Liebe und Partnerschaft 70
Martina Kolbe-Schwettmann

9.5 Reden, Raufen, Randale – Jugend und Gewalt 93
Michael Huesmann

9.6 „Alles, was Recht ist" – Menschenrechte, Menschenwürde 117
Martina Kolbe-Schwettmann

9.7 Tierethik – unser Verhältnis zu den nichtmenschlichen Tieren 140
Andreas Kraus

9.8 Tod und Sterben – Spurensuche im Grenzbereich 165
Claus-Peter Freitag

Vorwort

In fast allen Bundesländern wurde Ethik als eigenständiges Fach etabliert. Die unterschiedlichen Bezeichnungen wie *Ethik, Werte und Normen* oder *Praktische Philosophie* (im Folgenden „EU") deuten an, dass die Bundesländer jeweils eigene Konzeptionen mit entsprechenden Curricula entwickelt haben. Dennoch zeichnet sich hinsichtlich der allgemeinen Ziele dieser Fächer ein gemeinsames Basisprofil ab: Vor dem Hintergrund der bekannten Schlüssel- oder Kernprobleme sollen Jugendliche lernen, eigene, reflektierte Sinn- und Wertorientierungen zu finden, ethische Urteilsfähigkeit zu erwerben und verantwortungsbewusst das gesellschaftliche Leben mitzugestalten.

EU orientiert sich am Postulat Kants, selber zu denken, und Kants berühmte Fragen bilden auch heute den Horizont ethischer Reflexion: „Was kann ich wissen?", „Was soll ich tun?", „Was darf ich hoffen?" und „Was ist der Mensch?".

Im EU stehen zunächst konkrete Fragen im Vordergrund: Wie soll der Mensch mit sich, mit anderen, mit der Welt umgehen? Wie soll und darf man seine Handlungsmöglichkeiten nutzen? Was bedeutet eigentlich Verantwortung? Was ist „Glück"? ... Schülerinnnen und Schüler sollen einerseits ermutigt werden, eine möglichst freie Entfaltung ihrer Persönlichkeit anzustreben – andererseits soll ihnen bewusst werden, dass ihre Ansprüche Grenzen in den Interessen anderer finden. Damit werden Fähigkeiten wie eine rationale und faire Konfliktbewältigung, Sensibilität für eigene und fremde Bedürfnisse, Empathie und Engagement als pädagogische Ziele bereits angedeutet.

Im Mittelpunkt des EU steht die Entwicklung einer ethischen Urteilsfähigkeit, die auch die Bereitschaft zu verantwortlichem Handeln fördert und eine Diskursfähigkeit im weiteren Sinn anstrebt. Das erfordert auch ein Lernen mit allen Sinnen sowie die bewusste Integration ästhetischer und emotionaler Aspekte.

Die Autorinnen und Autoren dieses Bandes von *EU praktisch* haben „klassische" Themen des EU neu für die Unterrichtspraxis erschlossen und in ihrer täglichen Praxis erprobt. Zu allen Themen werden neue, unverbrauchte Unterrichtsideen vorgestellt.

Ausgangspunkt ist die Lebenswelt und Alltagserfahrung der heutigen Jugendlichen; die Vorschläge bieten vielfältige methodische Zugänge für die Erarbeitung an, in deren Mittelpunkt problem- und handlungsorientierte Perspektiven stehen. Jede Lerngruppe ist anders, deshalb ist eine prinzipielle Offenheit der Planung erforderlich, die eigenständiges Lernen und Arbeiten ermöglicht. Daher haben wir keine starren und vermeintlich vollständigen Unterrichtseinheiten, sondern Bausteine für Einstiegs-, Problematisierungs-, und Vertiefungsphasen entwickelt. Diese Bausteine können verschieden kombiniert werden und sie lassen sich auch mit Abschnitten aus diversen Lehrwerken ergänzen, auf die in den einzelnen Kapiteln gesondert hingewiesen wird.

Als Herausgeber bedanke ich mich besonders bei den Autorinnen und Autoren, die zahlreiche schülernahe Materialien erarbeitet, zusammengestellt und oft mit eigenen, originellen Beiträgen ergänzt haben. Die Gruppe arbeitet inzwischen am Band für die 10. Jahrgangsstufe.

Wir wünschen diesem Arbeitsbuch neugierige Kolleginnen und Kollegen, die Freude an einem möglichst vielfältigen Unterricht haben.

Nicht zuletzt bedanke ich mich beim Verlag und vor allem bei der Redaktion der Reihe EU praktisch für die intensive und im besten Sinne kooperative Zusammenarbeit.

Göttingen, im Sommer 2000 Till Warmbold

Ethikunterricht – methodische Möglichkeiten

Von den zahlreichen methodischen Möglichkeiten im Ethik- bzw. Philosophieunterricht (EU) sind im Folgenden lediglich einige wesentliche vorgestellt, die sich in der Unterrichtspraxis besonders bewährt haben und auch in den nachfolgenden Kapiteln genannt werden. Die Zusammenstellung kann selbstverständlich nicht vollständig sein, die Auswahl orientiert sich an einer gewünschten methodischen Vielfalt und an der Eignung für die Sekundarstufe I. Im Mittelpunkt steht die Aufgabe, dass die Sch. lernen sollen, begründete moralische Urteile eigenständig zu entwickeln.

Viele der vorgeschlagenen Arbeitsweisen lassen sich gut aufeinander abstimmen, somit kann ein abwechslungsreicher Unterricht konzipiert werden. Außerdem bieten die methodischen Anregungen auch Differenzierungsmöglichkeiten auf unterschiedlichen Niveauebenen an. Dabei muss selbstverständlich die bereits erworbene Methoden- und Sachkompetenz der Lerngruppen berücksichtigt werden, um Über- bzw. Unterforderungen zu vermeiden.

Gedankenexperiment

Die Ausgangsfrage für ein Gedankenexperiment ist sinngemäß „Was wäre, wenn?“. Die Sch. sollen intensiv darüber nachdenken, welche Folgen, Probleme und weiterführenden Fragen sich aus einer weitgehend irrealen oder utopischen Situation ergeben. Zum Beispiel könnte die Frage, ob eine durch Medikamente ermöglichte Unsterblichkeit wünschenswert sein kann, Anlass zu einem Gedankenexperiment sein. Im Unterricht sollte die Möglichkeit für einen intensiven Gedankenaustausch gegeben sein.

Auch Karikaturen können eine ähnliche Funktion erfüllen, weil sie quasi Kumulationspunkt einer Vor- und Ursprung einer möglichen Nachgeschichte sind. Die oft gezielt provozierende Darstellung kann ein Ausgangsimpuls für eine eingehende Reflexion sein. Die Elemente der Verfremdung und Überzeichnung lassen alternative Deutungen zu, eine sprachliche Konkretisierung der Assoziationen ist eine anspruchsvolle Aufgabe für Sch. dieser Jahrgangstufe.

Cluster

Das Cluster (der Begriff stammt ursprünglich aus der amerikanischen Literaturdidaktik) ist ein Strukturbild, mit dessen Hilfe eine eingehende Klärung und Vergewisserung bezüglich der Bedeutung von Begriffen oder Thesen angestrebt wird. Die Sch. arbeiten in Kleingruppen, der zu klärende Begriff (z.B. „Gewalt“) wird auf eine Karteikarte geschrieben. Anschließend notieren die Sch. eigene Ideen, Synonyme, Gegenbegriffe etc. zu diesem Begriff auf Zetteln (A5 oder A6), sammeln diese und erörtern anschließend in ihrer Gruppe eine „Rangfolge“: Begriffe oder Aussagen, die besonders wichtig sind, werden möglichst nah neben die Karte mit dem Leitbegriff gelegt, entsprechend werden weniger wichtige Aspekte weiter entfernt platziert. Jede Gruppe beschließt eine endgültige Anordnung und begründet anschließend im Klassengespräch ihre Entscheidungen. Die Cluster können leicht aufgeklebt werden (z.B. auf alten Tapetenrollen) und bleiben so als Ergebnissicherung und für spätere Unterrichtsphasen nutzbar.

Partner- und Gruppenarbeit mit Kurzprotokoll

Ein Kurzprotokoll skizziert die wichtigsten Ergebnisse in betont knapper und konzentrierter Form. „Anfängern“ hilft ggf. ein Arbeitsblatt, das die folgenden Rubriken enthält: 1. Ausgangsfrage / genaue Aufgabenstellung?, 2. Unsere Zwischenergebnisse (ca. 2-3 Thesen), 3. Wir sind uns einig über ...?, 4. Strittig ist ..., 5. Wichtige Begriffe ...

„Experten-Team"

Die Sch. erarbeiten selbstständig in Kleingruppen genau festgelegte, relativ eng begrenzte Themenbereiche. Anschließend informieren sie als „Experten“ die Lerngruppe. Es bietet sich auch an, Themen von jeweils zwei Teams bearbeiten zu lassen, sodass unterschiedliche Verfahren und Schwerpunkte deutlich werden. Die Mitglieder eines Teams sollten zumindest Grundkenntnisse bezüglich der Materialsammlung und -auswertung, der Darstellung und Erläuterung besitzen. Die Arbeit im Team kann solche Kompetenzen auch hervorragend fördern.

Das philosophische Gespräch

Diese Gesprächsform orientiert sich am so genannten „sokratischen Dialog“; allerdings wird ein sokratischer Dialog im engeren Sinn mit Sch. der Sek. I nicht möglich sein, da sie hinsichtlich der Sachkenntnis und Argumentationskompetenz überfordert wären. Im philosophischen Gespräch geht die Diskussion von einem für die Sch. relevanten, strittigen Einzelfall oder einer grundlegenden Frage aus. In einem ersten Schritt wird gemeinsam die Problematik konkretisiert und vergegenwärtigt, dann folgt eine Klärung und Präzisierung wesentlicher Begriffe. In einer zweiten Phase wird dann versucht, die allgemeine Problemstellung zu verdeutlichen, die der Einzelfall repräsentiert. Die Sch. sollen in diesen ersten beiden Phasen des Gespräches bewusst möglichst eigenständige Positionen artikulieren. In einem dritten Schritt werden schließlich die philosophischen Geltungsansprüche der Diskussionspositionen geprüft. Dabei sollen die Sch. lernen, die eigene Auffassung von einem intersubjektiven Standpunkt aus zu hinterfragen und im Diskurs mit ihren Mitschüler/inne/n zu prüfen.

Textarbeit

Die Arbeit mit unterschiedlichen Texten spielt im EU eine wesentliche Rolle. Dabei stehen weniger die ästhetische Gestaltung und deren Analyse im Vordergrund, es geht vielmehr um eine Art Kommunikation der Sch. mit dem Text, der als Vermittler einer Fragestellung, einer Position oder einer argumentativen Darlegung zum „Gesprächspartner“ der Sch. wird. Besonders geeignet sind in der Sek. I solche Texte, die sich auf die Lebenswelt der Jugendlichen beziehen, dies können literarische Formen wie Kurzgeschichten, Erzählungen und Romanauszüge sein, aber auch Beiträge aus Jugendzeitschriften sowie Berichte und Kommentare aus Zeitschriften.

Auch kürzere philosophische oder religiöse Texte sollten berücksichtigt werden, dabei können die L. Hilfen für ein adäquates Textverständnis anbieten.

Problem- und Dilemmageschichten

Diese in der Regel kurzen Texte thematisieren in offener Form Probleme, für die es keine glatten Lösungen geben kann. Sie fordern somit zu einer Stellungnahme heraus. Die Sch. sollen sich mit der dargestellten Problematik intensiv auseinander setzen, eigenständig eine Position entwickeln und ihre Entscheidung begründen können. Es geht darum, gewohnte, vielleicht eingefahrene Denkwege in Frage zu stellen, vorschnelle Urteile zu prüfen sowie das Für und Wider von Wertungen und Einstellungen abzuwägen. Da hier das Argumentieren und Urteilen geschult werden soll, ist es auch weniger relevant, ob die Sch. vermeintlich oder tatsächlich „richtige“ Positionen vertreten – wichtiger ist die Fähigkeit, Gründe zu erkennen, zu artikulieren und in der Diskussion mit anderen Positionen (selbst-)kritisch zu prüfen.

In Dilemmageschichten werden zwei Wertvorstellungen kontrastiv gegenübergestellt, deren Geltungsansprüche plausibel erscheinen. Problemgeschichten artikulieren einen mehr oder weniger deutlichen Konflikt, eine verfahrene Situation oder eine prinzipielle Krise. Eskalierende Konfikte mit ihrer Abfolge von Reaktionen spielen eine besondere Rolle. Klassisch ist die Situation, dass Jugendliche mit ihrer Lebenssituation „endgültig nicht mehr klarkommen“. Die Sch. sollen zunächst mit Einfühlungsvermögen die Situation beschreiben, um die Problemstellung als solche zu erfassen. In einem nächsten Schritt wird die Relevanz der moralischen bzw. ethischen Problematik analysiert. Problemgeschichten können zeigen, dass Werturteile nicht immer allein kognitiv-rational zu treffen sind. Die beispielhaften Konflikte sind lebensnahe Alltagssituationen, wie sie z.B. in Jugendzeitschriften, nachmittäglichen Talkshows und Filmen dargestellt werden. Auch lassen sich anspruchsvolle Beispiele mit fächerübergreifenden oder spezifisch fachwissenschaftlichen Elementen finden, etwa mit Bezügen zur Politik, Wirtschaft, zum Tourismus usw.

Kreative Textarbeit

Der EU sollte den Sch. oft Gelegenheiten bieten, eigene Texte zu schreiben. Dazu zählen die auch aus anderen Unterrichten vertrauten Formen einer eher reproduktiven Textarbeit: Zusammenfassung, Protokoll, kurze Stellungnahme, Dokumentation, Analyse und Auswertung von Partner- und Gruppenarbeitsformen.

Besonders anzustreben ist jedoch die Arbeit und Auseinandersetzung mit eigenen, kreativen Texten aus einer betont subjektiven Perspektive. Sie bieten die Möglichkeit, persönliche Eindrücke, Empfindungen, Fragestellungen und Meinungen zu artikulieren, z.B. in der Form von fiktiven Briefen oder Tagebuchnotizen, Tonbandmitschnitten als „Anrufbeantworter", von Reportagen und Zeitschriftenartikeln.

Als weitere Variante bieten sich Schreibmeditationen an, sie erfordern allerdings mehr Zeit und Unterrichtsphasen mit absoluter Ruhe. Die Sch. sollen dabei erste Eindrücke und Gedanken, aber ggf. auch längere Überlegungen sorgfältig allein oder in wechselseitiger Partner- bzw. Gruppenarbeit artikulieren – ohne ein gesprochenes Wort! Die Ergebnisse können als schriftlicher Dialog oder Diskurs, eventuell auch als Textsammlung für weitere Arbeitschritte im Unterricht fruchtbar werden.

Szenische Darstellungen

Die Sch. kennen szenisches Spielen, Pantomime und Rollenspiele auch aus anderen Unterrichten. Die Möglichkeit, eine ungewohnte Perspektive einzunehmen (Jungen spielen Mädchen, Jugendliche spielen Ältere usw.) kann die Empathiefähigkeit und das gegenseitige Verständnis fördern. Wenn verschiedene Teams die gleiche Spielaufgabe unabhängig voneinander vorbereiten und spielen, werden Handlungs- und Verhaltensalternativen sowie Problemstellungen bezüglich der dargestellten Szene augenfällig. Bei einer Pantomime können auch mehrere Sch. gleichzeitig aktiv mitwirken.

Es sollte unbedingt vermieden werden, dass das Spielen zum Selbstzweck oder zur bloßen Unterhaltung wird. Deshalb können an die Zuschauer differenzierte Beobachtungs- und Untersuchungsaufgaben verteilt werden; eine anschließende Reflexions- und Diskussionsphase wäre damit gut vorbereitet.

Auch so genannte „Standbilder" und das „Freezing" erfüllen eine ähnliche didaktisch-methodische Funktion. Ein Standbild soll eine Situation, eine Befindlichkeit oder ein Problem visualisieren, dazu kann den Sch. angeboten werden, die genaue Gestaltung der Statue vorher zu besprechen. Das Freezing beginnt mit einer Art Pantomime, die auf das Kommando „Freeze!" bzw. „Stopp!" sofort unterbrochen wird. Die Zuschauer dürfen nun einem Spieler die Hand auf die Schulter legen und nach seinen Empfindungen, Absichten usw. befragen.

Parlament-Spiel und Gerichtsszene

Für ein besonders strittiges Thema werden „Fraktionen" (5-7 Sch.) gebildet, die eine gemeinsame Position erarbeiten und argumentativ darlegen sollen. Die Gegenseite muss neben der eigenen Position auch eine sachliche und begründete Kritik formulieren. Wesentlicher Bezugspunkt für beide Parteien sollen das Interesse der Gesellschaft, das Gemeinwohl und die Zukunftperspektiven ihrer Position sein. Die übrigen Sch. dürfen die „Reporter" spielen, diese sollen für verschiedene Typen von Medien Reportagen erstellen. Neben den Textformen Bericht, Kommentar, Glosse usw. bieten sich auch Widerspiegelungen bekannter Stile an, z.B. der Boulevard-Presse. Variante: Einige Reporter befragen Mitglieder der Fraktionen in vorbereiteten Interviews.

Eine Variante des Spiels ist die Gerichtsszene: Ein ethisch relevantes Thema wird verhandelt (z.B. typische Fälle der Jugendkriminalität); die Sch. spielen die Rollen der Staats- und Rechtsanwälte, Angeklagten und Zeugen, Richter und

Sachverständigen. Auch hier können Reporter den strittigen Fall für ein fiktives Publikum darstellen und über den Prozess berichten.

Umgang mit audiovisuellen Medien

Die „Medienwirklichkeit" ist konstruiert und vermittelt spezifische Perspektiven von Wirklichkeit. Sie kann aufklärerisch wirken, aber auch manipulieren, desinformieren, intellektuelle Fähigkeiten gezielt unterfordern und Einstellungen auch unbewusst prägen. Jugendliche empfinden das Medienangebot in seiner Vielfalt oft als faszinierend. Auch der EU soll den artifiziellen Charakter und die systembedingten Eigenheiten der Medien verdeutlichen. Das Ziel des Unterrichts ist eine reflektierende, kritische Wahrnehmung dieser Medienwelten, bei der die Sch. auch ihr eigenes Verhalten als Konsumenten und Nutzer thematisieren sollten.

Der aktive Umgang mit Medientechnologie ist für viele Jugendliche selbstverständlicher Teil ihres Alltags. Ihre z.T. hervorragenden Kenntnisse lassen sich auch für den Unterricht nutzen, z.B. können sie als „Experten" die Besonderheiten verschiedener technischer Systeme erläutern und ggf. sogar eigene mediale Beiträge entwerfen und realisieren.

Kreative Gestaltungsaufgaben

Die Jugendlichen sollen im EU nicht nur fachspezifische Kenntnisse und Fähigkeiten erwerben, sondern ihre Sicht auch kreativ darstellen können. Klassisch und auch aus anderen Fächern bekannt sind Wandzeitungen, Collagen, Plakate, Photographien, Zeichnungen, Karikaturen, Bilder, Modelle usw. Nach Möglichkeit sollten auch technische Medien genutzt werden. Hörspiele, kurze Video-Sequenzen, die Integration musischer Elemente oder die Gestaltung einer Homepage für das Internet sind nur einige Beispiele.

Kreative Gestaltungsaufgaben bieten vor allem auch den „stilleren" Jugendlichen gute Möglichkeiten, aktive Beiträge zu leisten. Besonders wichtig ist die anschließende Phase des kommunikativen Austauschs über Ideen, Ausführungen, Intentionen.

Meditative Zugänge

Bilder, Skulpturen, Gebäude, Musikstücke – es gibt unterschiedliche Objekte für meditative Zugänge. Zunächst betrachten die Sch. in Ruhe ein Kunstwerk, dann sollen sie ihre persönlichen Eindrücke und Gedanken z.B. in einer Schreibmeditation schriftlich fixieren. Diese Deutungen können dann in Gruppenarbeit besprochen oder als Wandzeitung allen zugänglich gemacht werden. Dabei soll nicht die Meditation als solche im Mittelpunkt stehen, sondern als Annäherung an eine „Sprache" der Wahrnehmung von Wirklichkeit verstanden werden, die sich im Kunstwerk artikuliert und individuelle Verständnisvarianten in besonderer Weise zulässt. Die Sch. sollen bewusst erfahren, dass künstlerische Ausdrucksformen ein Teil des menschlichen Erfassens bzw. Konstituierens von Wirklichkeit sind.

Folgende Abkürzungen werden häufig verwendet:

EU	Ethik- / Werte und Normen- / Philosophie-Unterricht
Sch.	der/die Schüler/in die Schüler/innen
L.	der/die Lehrer/in die Lehrer/innen
M	Materialie

„Jeder ist seines Glückes Schmied" – Identität und Glück

1. Fachwissenschaftliche und didaktische Aspekte

Unter „Persönlichkeit des Menschen", kurz *Person* genannt, versteht die Philosophie seit alters her die seelisch-körperliche Einheit des Menschen, für die oft auch der Begriff der *Identität* benutzt wird. Diese Identität zeigt sich als Erfahrung einer Einheit von Tun und Erleben, Handeln und Erleiden, Wollen und Sollen im Kristallisationspunkt des Ich.

Naturseits hat die Person ein biologisches Fundament, das sie mit allen Lebewesen teilt und das sich als Triebregungen der Nahrungsaufnahme, der sexuellen Bedürfnisse usw. äußert. Gleichzeitig ist die Person immer auch ein gesellschaftliches Wesen, das zur Realisierung von Überleben und gutem Leben der gemeinschaftlichen Tätigkeit mit anderen bedarf.

Die Charakteristika des individuellen Ich bilden sich in der je eigenen Auseinandersetzung von Selbstansprüchen und gesellschaftlichen Anforderungen heraus. Selbst- und Fremdwahrnehmung, Subjekt- und Objekterleben, persönliche und soziale Identität sind die Pole, zwischen denen die Persönlichkeit im Wechselspiel der Komponenten sich konturiert. Zu starke Ausbildung von Rollenidentität kann zu übersteigertem Konformismus, Überspitzung der Selbstidentität zu permanenter Rebellion gegen alles von außen Kommende führen. Gemeinhin wird ein ausgewogenes Verhältnis beider Anforderungen als notwendige Voraussetzung für ein Gelingen des Lebens in Freiheit, Verantwortung und Glück gesehen.

Das Erleben seiner selbst und des Fremden wird bei der Herausbildung von Identität durch das Denken und die Sprache möglich, die die Vermittlung zwischen eigenen idealen Vorstellungen und der Wirklichkeit der gesellschaftlichen Anforderungen leisten. In der Auseinandersetzung mit der Welt der Gegenstände und Mitmenschen lernt der junge Mensch die Anwendung der Normen, die er in der Sozialisation erfährt, auf die Realität und erfährt die Möglichkeit zu überprüfen, ob und inwieweit diese Normen denen des Selbstideals entsprechen. Dieser Prozess stellt die Gewissensbildung im eigentlichen Sinne dar, denn im Gewissen vermittelt der Mensch vorgefundene Normen mit der Wirklichkeit und zwar gemäß der eigenen Gesinnung, also dem eigenen Wollen und Wissen.

Wegen der großen Vielfalt unterschiedlicher Erklärungsansätze für die psycho-sozialen Bedingungen von Entstehung und Verlauf dieses Individuationsprozesses kann eine Darstellung dieser Ansätze hier nicht geleistet werden. Verwiesen sei auf die folgenden drei grundsätzlichen Forschungsrichtungen:

a) das *soziostrukturelle Entwicklungsmodell* von R.J. Havighurst (1982)
b) das *sozialpsychologische Modell* der Identitätsentwicklung von Jürgen Habermas (1976)

c) das *tiefenpsychologische Modell* der Ich-Psychologie von Joseph Sandler und Anna Freud (1989).

Ein vielen Modellen des Individuationsprozesses gemeinsames und für den Ethik-Unterricht wichtiges Element ist in den veränderten Sozialisationsbedingungen innerhalb westlicher Industriegesellschaften der Nachkriegszeit zu sehen. Diese betreffen im Einzelnen:

- Die Entkoppelung von Geschlechtsreife und sozialer Reife. Die Pubertät kennzeichnet nicht mehr den Übergang von der Kindheit zum Erwachsenendasein, wie dies Jahrhunderte der Fall war, sondern den Übergang zur Adoleszenzphase, die bei heutigen Jugendlichen oft bis zu 15 Jahren länger dauert, als dies für ihre Eltern der Fall war.
- Dieser neue Zeitraum eines Zwischenstadiums, in dem sich Jugend und Erwachsenendasein mischen, birgt ein großes Potenzial an Widersprüchen und Unsicherheiten, für die es noch erhebliche Deutungs- und Orientierungsdefizite gibt. Frühe politische Mündigkeit, vorgezogene sexuelle Erfahrungen und libertäre Erziehungsstile stehen lange während sozialen und finanziellen Abhängigkeiten gegenüber.
- Die Freiheit in der Erziehung, wie sie in der modernen „Partnerschaftsfamilie" gepflegt wird, hat die Gruppe der Gleichaltrigen zu einer stärkeren, vielleicht zur stärksten Kraft in der Vermittlung von Werten und Normen bei gleichzeitigem Schwinden elterlicher Einflüsse werden lassen.
- Das „Hotel Familie" (Liebau 1998) ermöglicht den Jugendlichen einerseits vielfältige Experimentierräume, bedingt aber gleichzeitig eine Infantilisierung, die die allgemein als notwendig erachtete Abnabelung der Jugendlichen vom Elternhaus erschwert.
- Das Verhältnis der Abhängigkeiten innerhalb der Generationen steht, vom finanziellen Aspekt abgesehen, auf dem Kopf, indem das Ideal der Jugendlichkeit viele Bereiche von Alltagsleben und -kultur besetzt hält. Die medial vermittelten Werte von Jugendlichkeit, Gesundheit, Spontaneität und Flexibilität, die insbesondere in der Konsum- und Erlebniswelt die Moden und Geschmäcker diktieren, haben zu dem Kuriosum geführt, dass die Erwachsenen sich an ihren Kindern orientieren und nicht mehr umgekehrt.
- Die klassische Autoritätskrise ist somit vorüber und scheint einer postmodernen Sinnkrise Platz zu machen. Alte Orientierungsmodelle der Eltern haben ausgedient und können als Lebensentwürfe in einer schnell sich wandelnden Zeit nicht mehr dienen. Obgleich die Welt den Jugendlichen ein Mehr an Möglichkeiten der Verwirklichung zu bieten scheint, sind die Mittel der Verfügbarkeit nicht klar, zu denen ja auch die Sinnsetzung gehört. Die Sehnsucht nach Sinn, die heute ausgeprägter als früher auftritt, äußert sich als diffuses Begehren, über dessen Zielsetzung nichts Klares auszumachen ist – weshalb denn auch Sinndeuter und Glücksbringer Hochkonjunktur haben.

Für die vorliegende Materialsammlung sind die o.a. Probleme leitend gewesen. In unterschiedlicher Ausprägung stellen viele Modelle der Identitätsentwicklung zur Lösung dieser Probleme auf das eine oder andere Konzept der Entwicklungsaufgaben (developmental tasks) ab, das auf R. J. Havighurst (1982) zurückgeht. Einige der dort angeführten Entwicklungsaufgaben, die in der Adoleszenzphase bewältigt werden müssen, werden mit den unten aufgeführten Materialien verknüpft:

- Sich selbst verstehen (M 1/M 4/M 6/M 7/M 16)
- Akzeptanz der eigenen körperlichen Erscheinung und Veränderung (M 1/M 2)
- Herstellung neuer, tiefer gehender Beziehungen (M 14/M 15)
- Aneignung gesellschaftskonformer Verhaltensspektren (M 7/M 9/M 10/M 11/M 12)
- Loslösung vom Elternhaus, Leben auf eigenen Füßen (M 13)
- Ansätze eigener Weltdeutungen entwickeln (M 5/M 7/M 8/M 16)
- Frustrationstoleranz aufbauen (M 3/M 16).

Ob das Ich während des Individuationsprozesses zu einer flexiblen Bewältigung dieser Aufgaben und zu einer gelungenen Identitätsbildung kommen kann, hängt nach übereinstimmender Meinung wesentlich ab von seinen Kompetenzen, das eigene Bewältigungsverhalten kritisch reflektieren zu können. Jugendliche hierin zu unterstützen, dürfte vornehmste Aufgabe des Ethik-Unterrichtes sein und ist die oberste Zielsetzung des vorliegenden Entwurfs.

2. Intentionen

Die Sch. sollen

- ansatzweise soziologische, psychologische, biologische und philosophische Aspekte der Vorstellungen von Identität und Persönlichkeit kennen lernen,
- die Frage nach dem Sinn des Lebens als zentrales Element der menschlichen Existenz erkennen und auf die eigene Lebensgestaltung beziehen,
- unterschiedliche Glückskonzepte kennen lernen, auf ihre historische und soziale Bedingtheit hin untersuchen und hinsichtlich der Tauglichkeit für die eigene Lebenspraxis bewerten,
- sich mit ihrem bisherigen Lebensweg so weit auseinander setzen, dass sie dies als einen Schritt auf dem Wege der reflexiven Aneignung der eigenen Biografie begreifen,
- sich ihre eigenen Bedürfnisse, Wünsche und Pläne bezüglich der Lebensgestaltung bewusst machen und hierbei Chancen, Risiken und Hindernisse erkennen, um so zur rationalen Antizipation einer eigenen Zukunft zu gelangen, die ihnen selbst als wünsch- und verantwortbar erscheint,
- ihr eigenes Konsumverhalten als Bestandteil ihrer personalen Identität betrachten und in Beziehung setzen zu den Angeboten der Konsum-, Medien- und Erlebniswelten, die sie hinsichtlich der Tragfähigkeit für ein gutes Leben in Verantwortung für sich und die Mitmenschen überprüfen lernen.

3. Literatur zur Vorbereitung

- Böhnisch, Lothar: Sozialpädagogik des Kindes- und Jugendalters. Eine Einführung, Juventa, Weinheim/München 1992.
- Ferchoff, Wilfried (Hg.) u.a.: Jugendkulturen – Faszination und Ambivalenz. Einblicke in jugendliche Lebenswelten, Juventa, Weinheim/München 1995.
- Freud, Anna/Joseph Sandler, Die Analyse der Abwehr, Klett-Cotta, Stuttgart 1989.
- Habermas, Jürgen: Zur Rekonstruktion des historischen Materialismus, Suhrkamp, Frankfurt a.M. 1976.
- Havighurst, R. J.: Developmental tasks and education, N.Y. 1982.
- Hurrelmann, Klaus: Lebensphase Jugend. Eine Einführung in die sozialwiss. Jugendforschung, Juventa, Weinheim/München 1994.
- Liebau, Eckard (Hg.) u.a.: Sehnsucht nach Sinn, in: Schüler 1997. Stars – Idole – Vorbilder, Erhard Friedrich Verlag/Klett, Seelze 1997.

4. Unterrichtsideen

A. Annäherung an das Ich

⇨ Sowohl der Text aus Sofies Welt *Wer bin ich?* (**M 1**) als auch das Bildmaterial (**M 2**) sind geeignet als Einstieg in die Beschäftigung mit sich selbst. Sofie nähert sich der eigenen Identität und Persönlichkeit über die Betrachtung ihres Äußeren und über Gedanken, die sie sich zu ihrem Namen, ihren Eltern und Freunden und allgemein zu ihrem Mensch-

sein macht. Das Bildmaterial zeigt eine junge Frau, die kritisch ihr Äußeres im Spiegel prüft. Aufgabenstellung zu **M 1**: Betrachte dich eine Zeit lang im Spiegel. Notiere deine Eindrücke über dich selbst. Bist du mit dir zufrieden? Was gefällt, was missfällt dir an dir? Sagt dein Äußeres (Kleidung, Frisur, Schmuck etc.) etwas über dein Inneres, deine Persönlichkeit?
Aufgabenstellung zu **M 2**: Sofie beklagt sich im vorliegenden Text darüber, dass sie sich nicht selbst gewählt hat, nicht selbst hat wählen können. Empfindest du das auch als Zumutung? Was an dir hättest du evtl. gerne selber gewählt? Wo hättest du dich anders gewählt? Sucht mit einem Arbeitspartner aus Sofies Text alle ihre Fragen heraus und beantwortet sie euch gegenseitig.

⇨ Die Karikatur *Voll im Griff* (**M 3**) ist die Zeichnung einer Sch. des 12. Jahrgangs. Sie könnte von L. zunächst als stummer Impuls gegeben werden mit der Aufforderung: „Schreibe deine Gedanken zur Karikatur auf. Was will die Zeichnerin wohl zum Ausdruck bringen?“ Nachdem die Sch. die Zeichnung als Modell für die vielfältigen Beeinflussungen erkannt haben, denen sie als Jugendliche ihres Alters ausgesetzt sind, können die folgenden Aufgaben erledigt werden: Beschrifte die Hände! Wer oder was übt Einfluss auf dich aus? Beschreibe kurz, worin die Beeinflussung besteht. Welche Hände würdest du lieber nicht spüren, welche möchtest du nicht missen? Vergleiche deine Ergebnisse mit denen deines Partners. Als kreative Gestaltungsaufgabe bietet sich an: Gestaltet selber das Thema „Beeinflussung“ mit Hilfe einer Zeichnung oder Collage.

⇨ Das *Spiel des Lebens* (**M 4**) gibt den Sch. die Gelegenheit, wichtige Stationen ihres bisherigen Lebens reflektierend zu thematisieren und somit ein Stück Aneignung der eigenen Biografie und Identität zu leisten. Der zweite Teil des Spiel ist zukunftsgerichtet und soll die Sch. ermuntern, durch die Artikulation von Wünschen, Ängsten und Hoffnungen auch ein Stück Antizipation der eigenen Zukunft zu versuchen. Das Spiel kann mit 2 bis 4 Spielern nach folgender Spielanleitung gespielt werden: „Euer Lebensweg umfasst nun ungefähr 14 Jahre, in denen ihr viele positive und negative Erlebnisse hattet und Erfahrungen gesammelt habt. Dabei mag es sich um Personen, Orte oder Ereignisse aus den unterschiedlichsten Bereichen wie Kindergarten, Schule, Familie, Urlaub, Hobby etc. handeln. Denkt euch für diese Erlebnisse jeweils ein Symbol (Bild oder Zeichen) aus und malt es in einen der großen Kreise, ohne den anderen zunächst die Bedeutung des Symbols zu verraten. Jeder Mitspieler kann, je nach Menge der Mitspieler, 4-6 Symbole eintragen. Dann wird reihum gewürfelt. Kommt jemand auf einen der großen Kreise, so berichtet jeweils der Zeichner über das, was er symbolisch dargestellt hat. Kommt noch einmal jemand auf denselben Kreis, muss der Zeichner seine Geschichte nicht noch einmal erzählen, sondern derjenige, der auf den Kreis gekommen ist, kommentiert die bereits gehörte Geschichte oder stellt Fragen zu ihr. Für den 2. Teil des Spiels denkt ihr euch ebenfalls Symbole aus, mit denen ihr eure Erwartungen, Sorgen, Hoffnungen und Wünsche für die Zukunft ausdrücken wollt. Beide Teile können getrennt, aber auch zusammen gespielt werden. Hierzu werden die Spielpläne aneinander gelegt und auf ein DIN-A3-Blatt aufgeklebt.“

B. Sinnsuche

⇨ Das Bildmaterial *Der Denker* (**M 5**) kann zu kreativen und meditativen Aufgabenstellungen zum Thema „Suche nach dem Sinn“ genutzt werden. Als schreibmeditative Aufgabe bietet sich an: Versetze dich in den Jugendlichen. Welche Gedanken hast du, welche Gefühle? Worauf freust du dich, welche Ängste und Sorgen bedrücken dich? Notiere kurz und tausche dich mit einem Partner aus. Als kreative Gestaltungsaufgabe wäre möglich: Setze dich neben den Jugendlichen auf die Bank und beginne ein Gespräch: „Hei, was ist los mit dir? Warum guckst du so kritisch?“ Natürlich können die so entstandenen Dialoge auch im Rollenspiel präsentiert werden.

⇨ Der Text von den *Böhsen Onkelz* (**M 6**), der sicherlich als Tonmaterial von einem Sch. beigebracht wird, kann unter folgender Aufgabenstellung bearbeitet werden: Welche Aussagen des Textes gefallen dir gut, welche lehnst du eher ab? Begründe kurz deine Meinung. Überlege mit einem Partner, was die sprachlichen Bilder in dem Lied bedeuten könnten. Diskutiert eure Ergebnisse in Gruppen. Suche aus deiner CD-Sammlung ein Song-Beispiel heraus, das deine Gedanken zum Thema „Sinn des Lebens" besonders gut zum Ausdruck bringt.

⇨ Der Text *Sinnentleerung* von Konrad Lorenz (**M 7**) dient, da theoretisch orientiert, der Vertiefung der Sinnfrage. Materialismus, Wachstumsfetischismus, Erfolgs- und Konkurrenzdenken sind in Lorenz' Text die Fundamente für eine Sinnentleerung, die sich als Hang zu Pseudoreligionen, Rauschgift, Apathie und Demokratiemüdigkeit äußern. Nachdem im Unterrichtsgespräch die Irrwege herausgearbeitet und diskutiert worden sind, die die Welt nach Lorenz' Meinung in den letzten Jahrzehnten gegangen ist, könnte als kreative Aufgabe das Verfassen eines Leserbriefes an den Autor gestellt werden, in dem die Sch. den Autor kritisieren, korrigieren, bestätigen oder ihre Auffassung vom geglückten Leben skizzieren.

C. Identität und Konsum

⇨ Konsumhaltung und Konsumgewohnheiten machen einen Großteil der Identitätsfindung Jugendlicher aus. Individuation ohne Rückgriff auf irgendwelche Modeerscheinungen ist für viele der heutigen Jugendlichen kaum ohne erhebliche Selbstzweifel möglich. Konsumiert wird, dem Beispiel der Eltern folgend, lustvoll, aber mitunter auch leidvoll, wie das Thema der Verschuldung zeigt. Zur Annäherung an dieses Thema sollten von den Sch. zunächst der Fragebogen *Konsum auf Kredit* (**M 8**) ausgefüllt und die Ergebnisse in einem gemeinsamen Auswertungsgespräch bearbeitet werden. Steht genügend Zeit zur Verfügung, so könnte ein eigener Fragebogen zum Thema „Konsum und Persönlichkeit" für eine Befragung innerhalb des Jahrgangs oder der Schule durch die Sch. entworfen werden. L. muss in diesem Falle wichtige Hinweise zur Standardisierung von Tests geben (Ankreuztests, Ja/Nein-Fragen, Mehrfachnennungen, sinnvolle Beschränkungen auf wenige Fragen etc.); so könnte gleichzeitig eine kleine Einführung in Konzeption und Durchführung von empirischen Untersuchungen gegeben werden.

⇨ Der Text *Kaufrausch* (**M 9**) aus dem SPIEGEL thematisiert eine Reihe von Ursachen für die Überschuldung von Jugendlichen. Nach der Lektüre des Textes bietet sich von daher zunächst eine analytische Fragestellung nach den Ursachen an, die der Text nennt. Im Einzelnen können hier herausgearbeitet und diskutiert werden: Glücksgefühle, Sucht, Frustrationskompensation, Verlockungen der Konsumgesellschaft, mangelnde Bereitschaft zum Einschränken von Wünschen, fehlende moralische Bremse, keine Verzichtsbereitschaft. Weitere Aufgabenstellungen könnten sein: „Man hat sich daran gewöhnt, auf nichts zu verzichten" (Zitat vorletzter Abschnitt). Diskutiert in Gruppen / mit dem Partner die Richtigkeit dieser Aussage. „Geld allein macht nicht glücklich", sagt eine Allerweltsweisheit. Daneben gibt es aber heute eine ausgeprägte Konsummentalität. Wie erklärt ihr euch diesen Widerspruch? Untersucht Beispiele aus dem TV-Bereich, mit denen (bzw. aus deren Sicht) Konsummentalität gefördert wird.

⇨ Gerold Paulus' Karikatur *Consum ergo cogito* (**M 10**) zeigt einen Zigaretten und Bier konsumierenden Punk, dessen hoch toupierter Haarschopf aus einem Strichcode gebildet wird. Dieses Bild kann als stummer Impuls an den Anfang der unterrichtlichen Beschäftigung mit dem Thema „Konsum / Identität" gestellt werden und Anlass bieten zu grundsätzlichen Überlegungen darüber, inwieweit der Konsum von Modeartikeln identitätsstiftend sein kann. L. sollte einen Hinweis auf den Titel des Spiegel-Artikels und der Karikatur geben. „Consumo ergo sum" und „Consum ergo cogito“ sind zwei Verfremdungen des „Cogito ergo sum“ (Ich denke, also bin ich) von René Descartes. Der ursprüngliche philosophische Gedanke des Cogito drückt das erwachende Selbstbewusstsein des Menschen der Neuzeit aus und wird hier ironisch von der Denk- auf die Konsumebene herabgezogen: Ich konsumiere, also bin ich / denke ich.

⇨ Im Artikel *Her mit den Uniformen* (**M 11**) berichtet der Autor Thomas Böwer, SPD-Abgeordneter in der hamburgischen Bürgerschaft, über Experimente mit Schuluniformen in den USA, nach deren Einführung die Gewaltdelikte an den Schulen um die Hälfte zurückgingen. Als Ursache für die Gewalt an Schulen wird dort also hauptsächlich der durch Markenfetischismus hervorgerufene Sozialneid gesehen. Zunächst sollte der Text mit einer analytischen Aufgabenstellung dahingehend untersucht werden, welche Argumente er für und wider Schuluniformen beibringt. Im Anschluss daran sollte auf alle Fälle die Situation in der eigenen Schule reflektiert werden, in dem Fälle von Diskriminierung wegen unmodischen Auftretens thematisiert werden. Eine von den Sch. durchgeführte Befragung der Mitschüler/innen zum Thema „Schuluniform“ könnte zu Schreibanlässen für die Schülerzeitung führen, in der auch die Mitschüler/innen aufgefordert werden, zur Schuluniform in Leserbriefen Stellung zu beziehen. Die Idee des Autors aufgreifend, Sch. in Hamburg die Uniform doch in Zusammenarbeit mit Joop entwerfen zu lassen, könnte jede Ethikgruppe in Kooperation mit dem Kunstlehrer fachübergreifend Schuluniformen entwickeln. Als Aufgabenstellungen werden die folgenden vorgeschlagen: 1) Sammelt an der Tafel eigene Argumente und Textargumente für und wider Schuluniformen. 2) Führt eine Befragung unter euren Mitschülern/innen zum Thema „Schuluniformen“ durch und veröffentlicht eure Ergebnisse in der Schülerzeitung. Fordert die Mitschüler zu einer Diskussion heraus. 3) Entwerft eine Schuluniform, die optimal eurer Persönlichkeit Rechnung trägt. Bittet eure Kunstlehrer um Mithilfe in Design-Fragen.

D. Bindung und Loslösung

⇨ Elke Heidenreichs witzige Glosse *Keine Sorge, liebe Mutter* (**M 12**) ironisiert in der monologischen Form des Telefonats, bei dem nur ein Gesprächspartner zu hören ist, die Probleme der Abhängigkeit und der Loslösung junger Erwachsener von ihren Eltern. Kreative Aufgabenstellungen könnten sein: 1) Führt im Rollenspiel das Telefonat durch und erfindet jeweils die Rolle der Mutter dazu. 2) Schreibt einen Brief an die Mutter mit dem Titel „Was ich dir immer schon sagen wollte, was ich mich am Telefon aber noch nie zu sagen traute“. 3) „Kind bleibt Kind. Für Immer“, heißt es im Text. Teilst du die Ansicht? Begründe deine Meinung.

⇨ Beim *Bravo-Test* „Wie wichtig ist für dich die Clique“ (**M 13**) sollten die Sch. zunächst nur den Test erhalten, durchführen und dann die Auswertung erhalten. Nach der Auswertung kann im Unterrichtsgespräch mit Hilfestellungen durch L. der Frage nachgegangen werden, wie sinnvoll ein solcher Test ist, ob er tatsächlich Auskünfte darüber gibt, wie wichtig meine Freunde für mich sind. Weiterhin kann der Frage nachgegangen werden, warum ca. 90 Prozent der Sch. (bei all diesen Tests) immer in der mittleren Schublade landen. Als wichtigste Fragestellung sollte natürlich untersucht werden, welche Vorstellungen von Freundschaft hier normiert werden. Als kreative Aufgabe bietet sich an: Entwerft einen eigenen Test zum Thema „Freundschaft“: 1) Was genau wollt ihr erfahren? 2) Welche Fragen geben euch optimal Aufschluss? 3) Falls ihr mit Bildern arbeiten wollt – welche wollt ihr nehmen und warum?

⇨ Carol Kings *You've got a friend* (**M 14**) kann als Ersatz- oder Zusatzmaterial verwendet werden. Der Pop-Song von 1971 zeigt mit vielen schönen Sprachbildern das Wesen der Freundschaft auf. Diese Bilder können von den Sch. herausgearbeitet und so die Vorstellung der Autorin vom Wesen der Freundschaft ergründet werden. Ihre eigene Ansicht von den Essentials der Freundschaft könnten die Sch. in Form eines Clusters (siehe Einleitung) skizzieren. Eine fachübergreifende Zusammenarbeit ist mit dem Deutschunterricht möglich, in dem im 9. Jahrgang gerne Gedichte zum Thema Liebe und Freundschaft analysiert und selbst verfasst werden.

E. Gedankenexperimente zum Ich

⇨ Die in den Materialien **M 15** vorgestellten *Drei Gedankenexperimente* sind geeignet, ein wenig die Vielschichtigkeit, Tiefe und Faszination des Phänomens der Identität zu zeigen, ohne dass eine die Altersgruppe überfordernde Durchdringung dieses komplexen Themas der Philosophie und Psychologie angestrebt würde. Sie laden ein zu einer phantasievollen Reise durch ein Grenzgebiet dieses Themas, wobei sie einen überraschend engen Kontakt zur Wirklichkeit halten, was zunächst gar nicht nahe zu liegen scheint. Die Gedankenexperimente können im freien Unterrichtsgespräch, aber auch in partnerschaftlicher Arbeit durchgeführt werden.

5. Das Thema in Schulbüchern und Unterrichtsmaterialien

- Bade, Rolf u.a. (Hg.): Menschenbilder. Ein Arbeitsbuch für den Unterricht im Fach Ethik / Werte und Normen in den Klassen 9 und 10, Vandenhoeck & Ruprecht, Göttingen 1986.
- Bender, Wolfgang u.a. (Hg.): sehen, werten, handeln, Bayrischer Schulbuch-Verlag, München 1990, S. 133 ff. und S. 266 ff.
- Gerber, Uwe u.a. (Hg.): auf andere achten. Ethik 9/10, Diesterweg, Frankfurt a.M. 1997, S. 170–197.
- Herrmann, Harald u.a. (Hg.): Arbeitsbuch Ethik. 9. Schuljahr, Konkordia, Bühl 1986, S. 91 ff. und S. 138 ff.
- Wiesenhöfer, Philipp (Hg.): Herausforderung Zusammenleben. Arbeitsbuch für den Ethikunterricht. Teil 2, Hirschgraben, Frankfurt a. M. 1986, S. 106–116.

6. Materialien und Medien

- Arbeitsgemeinschaft der Evangelischen Jugend in Niedersachsen (Hg.): Gegen den Trend. Surfen in die Zukunft. Zu beziehen über: aejn, Postfach 265, 30002 Hannover, Tel.: 0511 1241571 oder Fax: 0511 1241 492.
- Schüler '97. Stars – Idole – Vorbilder, Erhard Friedrich Verlag/Klett, Seelze 1997, zu beziehen über: Friedrich Verlag, Postfach 100150, 30917 Seelze.

M 1

Wer bin ich?

Sofie warf die Schultasche in die Ecke und stellte Sherekan eine Schale mit Katzenfutter hin. Dann ließ sie sich mit dem geheimnisvollen Brief in der Hand auf einen Küchenhocker fallen. Wer bist du? Wenn sie das wüsste! Sie war natürlich Sofie Amundsen, aber wer war das? Das hatte sie noch nicht herausgefunden. Wenn sie nun anders hieße? Anne Knutsen zum Beispiel. Wäre sie dann auch eine andere?

Plötzlich fiel ihr ein, dass ihr Vater sie zuerst gern Synnove genannt hätte. Sie versuchte sich auszumalen, wie es wäre, wenn sie die Hand ausstreckte und sich als Synnove Amundsen vorstellte – aber nein, das ging nicht. Dabei stellte sich die ganze Zeit eine andere vor.

Nun sprang sie vom Hocker und ging mit dem seltsamen Brief in der Hand ins Badezimmer. Sie stellte sich vor den Spiegel und starrte sich in die Augen. „Ich bin Sofie Amundsen", sagte sie. Das Mädchen im Spiegel schnitt als Antwort nicht einmal die kleinste Grimasse. Egal, was Sofie auch machte, sie machte genau dasselbe. Sofie versuchte dem Spiegelbild mit einer blitzschnellen Bewegung zuvorzukommen, aber die andere war genauso schnell. „Wer bist du?", fragte Sofie. Auch jetzt bekam sie keine Antwort, aber für einen kurzen Moment wusste sie einfach nicht, ob sie oder ihr Spiegelbild diese Frage gestellt hatte. Sofie drückte den Zeigefinger auf die Nase im Spiegel und sagte: „Du bist ich." Als sie keine Antwort bekam, stellte sie den Satz auf den Kopf und sagte: „Ich bin du."

Sofie Amundsen war mit ihrem Aussehen nie besonders zufrieden gewesen. Sie hörte oft, dass sie schöne Mandelaugen hätte, aber das sagten sie wohl nur, weil ihre Nase zu klein und ihr Mund etwas zu groß war. Die Ohren saßen außerdem viel zu nah an den Augen. Am schlimmsten aber waren die glatten Haare, die sich einfach nicht legen ließen. Manchmal strich der Vater ihr darüber und nannte sie „das Mädchen mit den Flachshaaren", nach einer Komposition von Claude Débussy. Der hatte gut reden, schließlich war er nicht dazu verurteilt, sein Leben lang schwarze, glatt herabhängende Haare zu haben. Bei Sofies Haaren halfen weder Spray noch Gel.

Manchmal fand sie ihr Aussehen so seltsam, dass sie sich fragte, ob sie vielleicht eine Missgeburt sein konnte. Ihre Mutter hatte jedenfalls von einer schwierigen Geburt erzählt. Aber entschied wirklich die Geburt, wie jemand aussah? War es nicht ein bisschen komisch, dass sie nicht wusste, wer sie war? Und war es nicht auch eine Zumutung, dass sie nicht über ihr eigenes Aussehen bestimmen konnte? Das war ihr einfach in die Wiege gelegt worden. Ihre Freunde konnte sie vielleicht wählen, sich selbst hatte sie aber nicht gewählt. Sie hatte sich nicht einmal dafür entschieden, ein Mensch zu sein.

Was war ein Mensch?

Aus: Jostein Gaarder, Sofies Welt, © 1993 Carl Hanser Verlag, München – Wien, S. 9f.

M 2

Im Spiegel

Voll im Griff

TEIL I.

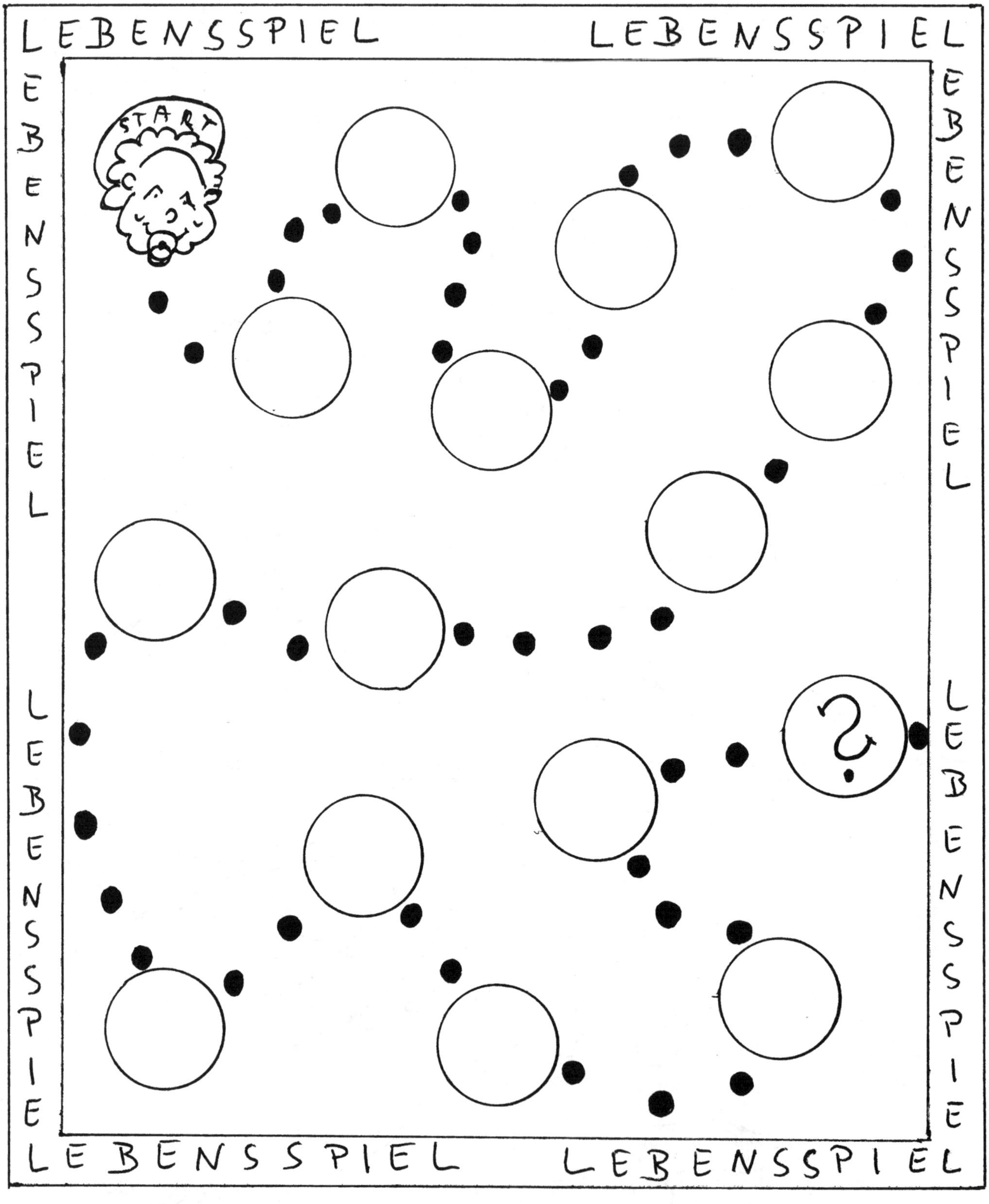
LEBENSSPIEL
LEBENSSPIEL
LEBENSSPIEL
LEBENSSPIEL
START
?
LEBENSSPIEL
LEBENSSPIEL
LEBENSSPIEL
LEBENSSPIEL

TEIL II.

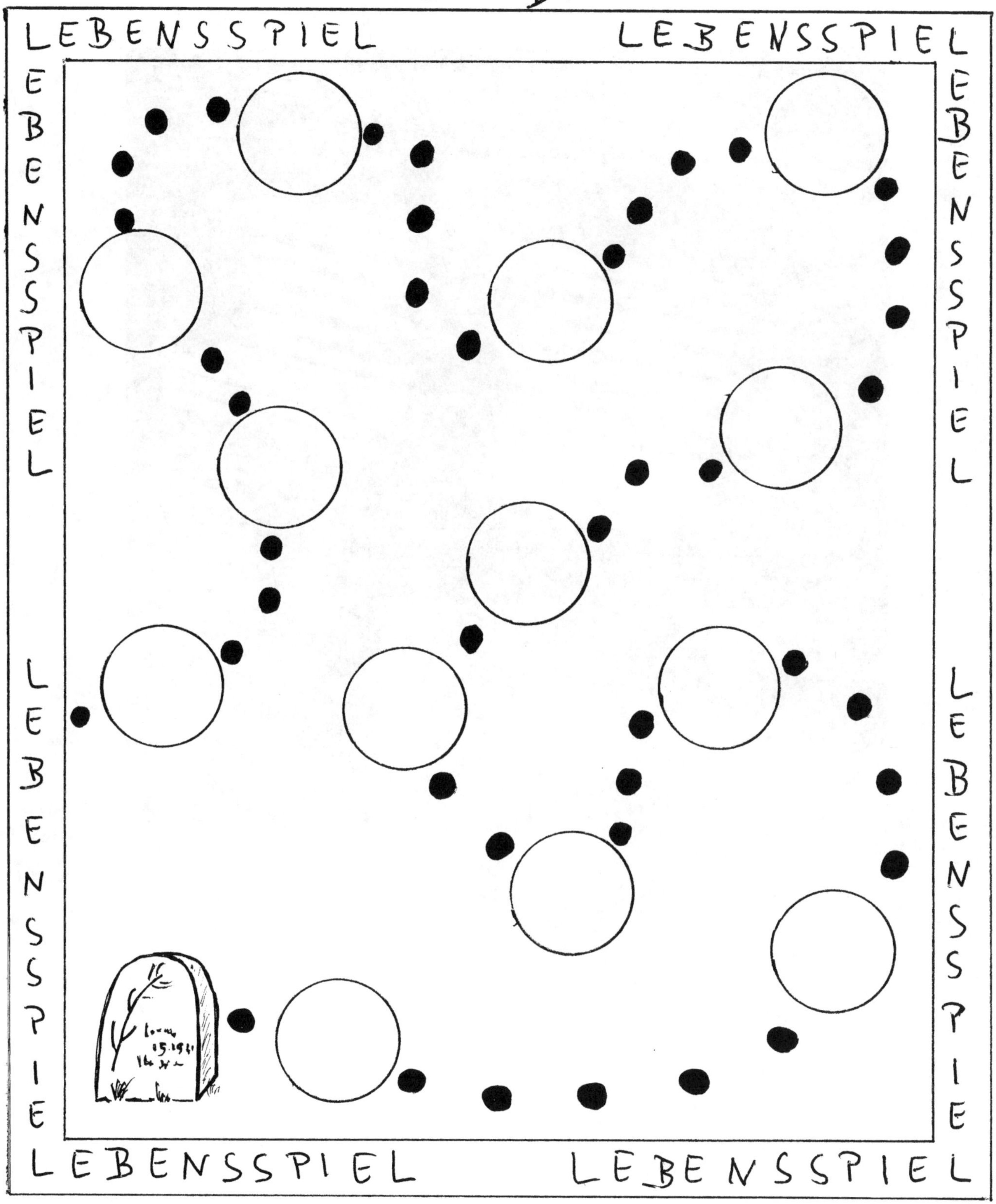
LEBENSSPIEL
LEBENSSPIEL
LEBENSSPIEL
LEBENSSPIEL
LEBENSSPIEL
LEBENSSPIEL
LEBENSSPIEL
LEBENSSPIEL

Der Denker

© *David Ausserhofer.*

Wenn du wirklich willst

Wenn du wirklich willst
Versetzt du Berge
Wenn du wirklich willst
Werden aus Riesen Zwerge

Wenn du wirklich willst
Heilen deine Wunden
Wenn du wirklich willst
Werden aus Stunden Sekunden

Wenn du wirklich willst
Lernst du zu fliegen
Wenn du wirklich willst
Lernst du zu lieben
Wenn du wirklich willst
Gehst du den weglosen Weg

Alles, was du wissen willst
Alles, was du suchst
Findest du in dir
Denn du bist, was du tust

Bohr in deinen Wunden
Mach dir klar, dass du noch lebst
Finde dich selbst
Bevor du innerlich verwest

Wenn du wirklich willst
Veränderst du dein Leben
Wenn du wirklich willst
Lernst du zu vergeben

Wenn du wirklich willst
Lernst du an dich zu glauben
Wenn du wirklich willst
Öffnest du dir die Augen

Wenn du wirklich willst
Wird Großes klein
Wenn du wirklich willst
Werde ich bei dir sein
Wenn du wirklich willst
Baust du eine Leiter zum Mond

Sei du selbst, steh zu dir
Die Wahrheit wird gelebt
und nicht doziert
Du bist, was du warst,
und du wirst sein,
was du tust
Beginne dich zu lieben
und du findest,
was du suchst

Viva Los Tioz – Böhse Onkelz, 1998; Text: Stephan Weidner / Musik: Stephan Weidner / Matthias Röhr.

Konrad Lorenz: Die Sinnentleerung

Der selbstständig denkende junge Mensch, der völlig richtig eingesehen hat, dass das kompetitive Erfolgsstreben der Elterngeneration und ihr einseitiger Glaube an Wirtschaftswachstum und Konjunktur in Sackgassen führen, kann allzu leicht an der Welt als solcher verzweifeln. Vor allem, wenn ein junger Mensch in der Stadt in einer materialistischen und nur finanziell und industriell interessierten Umgebung aufwächst, ist es nicht zu verwundern, wenn er in seinem erfolgreichen und wohl situierten Vater kein nachahmenswertes Beispiel sieht, besonders wenn er bemerkt, dass diese Erfolgsmenschen, hart an der Grenze des Herzinfarkts, unter Stress stehen und keineswegs wirklich glücklich sind. Wie richtig diese Meinung ist, ist durch zahlreiche Ergebnisse der Stressforschung erwiesen.

Ebenso wenig ist es zu verwundern, wenn die Jugendlichen auch nicht viel von der Demokratie halten, zu der sich die Elterngeneration – wenigstens mit einem Lippenbekenntnis – bekennt. Wo soll der junge Mensch Ideale hernehmen? Es ist noch ein Glück, wenn er sich nicht an falsche Ideale hängt, wie an Pseudoreligionen, oder gar in die Rauschgiftsucht flieht. Auch nicht viel besser ist es, wenn er, wie einst die römische Plebs, nach panem et circenses, nach Brot und Spielen, schreit, was Aldous Huxley in die Sprache unseres Jahrhunderts übersetzt hat: „Gib mir Fernsehen und Hamburgers und lass mich um Gottes Willen in Frieden mit deinem Gerede von Verantwortlichkeit und Freiheit." Die Sucht nach Unterhaltung ist der bedenkliche Gegensatz zur Freude am kreativen Spiel. Die völlig passive Seelenhaltung, die dieser Tatenlosigkeit Vorschub leistet, ist nicht nur für einen ermüdeten Menschen kennzeichnend, sondern ebenso für einen satten, um nicht zu sagen, überfütterten.

Aus: Der Abbau des Menschlichen, Piper, Neuausgabe, München 1986, S. 233f.;

Fragebogen: Konsum auf Kredit

1. Käme für dich zur Erfüllung von Wünschen ein Kredit in Frage?

   Ja Nein

2. Wie viele Jugendliche in Deutschland zwischen 15 und 20 Jahren sind nach deiner Schätzung verschuldet?

   50.000 100.000 200.000 500.000 800.000 1.000.000

3. Welche Schuldenhöhe würde dir in deiner jetzigen Situation Kopfzerbrechen bereiten?

   500 1.000 2.500 5.000 mehr als 5.000 Mark

4. Bei welchen der folgenden Konsumwünsche hältst du einen Kredit für:

	akzeptabel	bedenklich	indiskutabel
Kosmetika			
Kleidung			
Urlaub			
Handy			
Zigaretten			
Diskobesuche			
Moped			
PC			
Hobby			

5. Reicht das dir zur Verfügung stehende Geld zur Erfüllung deiner Wünsche?

   Ja eher nicht auf keinen Fall

Kaufrausch – Consumo ergo sum

Ein Tag ohne Einkaufen ist für Neele Ternes ein verlorener Tag. „Richtig glücklich", sagt die Schülerin aus Oldenburg, „bin ich nur, wenn ich gerade etwas Neues habe." Ein perlenbesticktes Handtäschchen, ein Parfüm für 110 Mark, hochhackige scharze Schuhe und eine teure Hautcreme sind nur einige ihrer jüngsten Errungenschaften. Fehlt das Geld für einen Spontankauf, sagt die 18-Jährige mit dem sonnenbankgebräunten Teint und den blauen Strahleaugen, „dann leih' ich mir eben was".

Ihr Girokonto hat die Schülerin um 800 Mark überzogen. Weitere 600 Mark hat sie sich bei ihren Eltern geborgt. Was jetzt noch eher harmlos wirkt, könnte den Einstieg in eine größere Schuldnerkarriere bedeuten: „Gefährdet", sagt die Realschülerin selbstkritisch, „bin ich sicherlich."

Der Weg in die Miesen beginnt immer früher. Rund 850.000 Jugendliche zwischen 15 und 20 Jahren, das ergab eine Repräsentativ-Umfrage des Bielefelder Soziologen Elmar Lange in West und Ost, haben Schulden. Eine viertel Million davon, schätzt Lange, sind überschuldet. Das Problem habe eine Dimension erreicht, sagt der Vorsitzende der Kinderkommission im Bundestag, Rolf Stöckel (SPD): „die wir auf keinen Fall mehr tatenlos hinnehmen dürfen."

Mal ist es Kaufsucht, mal sind es Frustkäufe, die Jugendliche in die Schuldenfalle treiben, meist aber können sie den Verlockungen der Konsumgesellschaft nicht widerstehen. Eltern und Lehrer, hat der Oldenburger Haushaltswissenschaftler Armin Lewald festgestellt, „kriegen oft nicht mit, wann es kritisch wird."

So ist es dann häufig zu spät, wenn die jungen Pleitiers Hilfe suchen. Stöckel, der 14 Jahre lang als Schuldnerberater arbeitete, hat in dieser Zeit „viele Anfang 20-Jährige mit im Schnitt 35.000 Mark Schulden kennen gelernt".

Eine große Mehrheit der Schüler, fand Lewald in einer im März fertig gestellten Befragung von 1000 Dritt- bis Zehntklässlern heraus, ist auch bei Geldmangel kaum bereit, Konsumwünsche einzuschränken. Die meisten bevorzugen nach der Pilotstudie in solchen Fällen den Kauf auf Kredit. Viele, so Lewald, hätten dabei „keine moralische Bremse mehr."

Viele der 8- bis 16-Jährigen von heute, prophezeit Lewald ob solcher Bekenntnisse, würden leichtfertig Bankkredite aufnehmen, sobald sie volljährig sind: „Die denken nicht lange nach, ob sie das auch abzahlen können." Kathrin Ressel erklärt ihre Logik des Schuldenmachens so: „Je älter man wird, desto höher werden die Schulden, weil die Wünsche ja größer werden."

Die Zahl der jungen Schuldner, sagt Lange, nehme auch deshalb zu, weil sich in den letzten 30 Jahren eine „Konsum-Mentalität" in den Familien breit gemacht habe: „Man hat sich daran gewöhnt, auf nichts mehr zu verzichten."

Die Jugendlichen, die sich überschulden, konstatiert der Soziologe zudem, hätten meist auch Probleme in anderen Bereichen. Sie litten beispielsweise unter Selbstwertschwäche, Süchten oder mangelnder Anerkennung in der Schule. Lange spricht von einer „multiproblembeladenen" Gruppe, die pädagogische Betreuung brauche.

Aus: Der Spiegel, Nr. 15/1999, S. 158f.

M 10

Consum ergo cogito

Aus: Lifestyle. Karikaturen zum Zeitgeist. Katalog zur Cartoonale '89 im Kunstmuseum Düsseldorf, © Fackelträger-Verlag, Oldenburg.

Her mit den Uniformen

Einheitliche Schulkleidung könnte soziale Spannungen unter den Kindern mildern

Diese Gesellschaft ist gespalten. Schon das Kind lernt: „Trage ich Marke, dann bin ich." Selbst der Kanzler steht Modell. Outfit wird mit Persönlichkeit verwechselt. Die Marke und nur die Marke entscheidet über Anerkennung, Erfolg und Sozialprestige. Das ist brutal für diejenigen, die sich diese Art der Vermarktung des eigenen Images nicht leisten können. Brutal aber auch für jene, die zwar besitzen, denen dann aber immer häufiger genommen wird. Abziehen auf dem Schulweg ist bundesdeutscher Alltag.

Jeder dritte Hamburger Neuntklässler hat nach einer Untersuchung des Kriminologen Christian Pfeiffer Angst vor dem Abziehen. In der gleichen repräsentativen Untersuchung geben 36 Prozent der 15-jährigen Schülerinnen und Schüler an, Gewalt erlitten zu haben. Ein knappes Viertel wurde entweder beraubt oder erpresst. Und wieder melden die Statistiken steigende Kriminalität bei Kindern und Jugendlichen für das Jahr 1998. Die Öffentlichkeit ist empört. Mehr oder weniger sinnvolle Maßnahmen werden debattiert. Und während dessen gilt weiterhin: Schule ist Laufsteg und Tatort zugleich.

Das muss sich ändern – und deshalb sei die Frage gestattet: Warum ziehen wir nicht die Marken von der Schule ab? Machen wir Schluss mit dem verhängnisvollen Irrtum, den wir schon unseren Kindern vermitteln, dass Kleider Leute machen. Eine Gesellschaft, die jungen Menschen schon vor der ersten Rasur bedeutet, dass sie nicht auf der Habenseite aufwachsen, produziert zwangsläufig sozialen Sprengstoff. Tag für Tag. Pause für Pause. Natürlich müssen wir die tief greifenden gesellschaftlichen Ursachen für die Gewalt von Kindern an Kindern bekämpfen. Aber spricht all dies gegen die Einführung einer einheitlichen Schulkleidung an deutschen Schulen?

Es mag ganz praktische Gründe geben, die sich auf den ersten Blick gegen die Schuluniform wenden. Kinder und Jugendliche wachsen schnell aus den Klamotten heraus. Das tun sie allerdings erfahrungsgemäß aus allem. Uniformen sind altmodisch und unbequem. Tragen Mädchen Röcke? Keine Ahnung. Wieso bitten wir nicht aktuelle junge Modemacher wie Joop und seine Nachfolger und lassen sie zusammen mit Schülern neue, zeitgemäße Schulkleidung entwickeln? So viel zur praktischen Seite.

Kinder und Jugendliche haben das Recht auf Individualität und Anerkennung, unabhängig vom Einkommen ihrer Eltern. Einer Gesellschaft aber, die, gewollt oder ungewollt, die Klamottendiktatur von Kindesbeinen an propagiert, stärkt nicht das Ego, sondern fördert den Egoismus. Dem entgegenzuwirken bedarf es möglicherweise auch der oft verpönten Gleichmacherei.

Was ist so schlimm daran, Kindern und Jugendlichen durch Erziehung zu vermitteln, dass es andere Formen des Ausdrucks von Persönlichkeit gibt, als sich im jeweils trendigen Outfit zu präsentieren und somit auch von den gleichaltrigen Habenichtsen abzugrenzen? Natürlich ist die Schuluniform nur ein Symbol und es bedarf einer dringenden Verstärkung der gesellschaftlichen Anstrengungen, die Rahmenbedingungen von Erziehung und Bildung zu verbessern. Doch wieso verweigern wir bisher auf breiter Front Eltern, Schulen und Schülern dieses Symbol? Erziehung und Wertevermittlung sind von jeher auf Symbole angewiesen.

Lassen wir den Versuch zu. Dann werden wir sehen, ob sich die Erfahrungen von kalifornischen Schulen auf Deutschland übertragen lassen. Dort gingen die Gewaltdelikte um 50 Prozent zurück, seitdem Jungen und Mädchen Schuluniformen tragen. Die gesellschaftlichen Folgekosten der Jugenddelinquenz sind auf jeden Fall um ein Vielfaches höher als das einheitliche Sweatshirt, das an amerikanischen High-Schools neuerdings immer häufiger getragen wird.

Thomas Böwer

Aus: Die Zeit, Nr. 26/1999, S. 11.

Keine Sorge, liebe Mutter

Also ... liebe Mutter, ja, ich esse genug. Ja, auch genügend Vitamine, warum ich trotzdem dauernd erkältet bin, mein Gott, ich weiß es nicht. Doch, ich zieh mich an kühlen Tagen auch warm an, ja, auch die Socken, die du gestrickt hast. Nein, im Winter hab ich auch nicht diese kleinen Tanga-Höschen, natürlich nicht, und ich hab's schließlich auch nicht an der Blase, sondern nur ein bisschen Schnupfen, deshalb musst du doch nicht gleich ... was? Ich klinge bedrückt? Ich bin aber nicht bedrückt. Nein, es ist alles in Ordnung, ja, wir vertragen uns gut, doch, ja, bestimmt. Du kennst ihn doch nicht mal richtig, warum sagst du ... Du meinst es nicht so? Dann sag es doch auch nicht so. Nein, ich bin nicht aggressiv, aber ich kann es nicht vertragen, dass du immer wieder – schon gut. Ja. Ja, natürlich weiß ich, dass du es gut meinst. Du meinst es immer gut. Alle Mütter meinen immer alles gut, das weiß ich. Nein, das mein ich jetzt überhaupt nicht ironisch, ich –. Ach, komm, das lassen wir lieber, mir geht es gut und aus. Und du?

Wieso ist das egal? Was heißt, das interessiert mich ja doch nicht? Was soll das denn nun wieder unterschwellig heißen? Glaubst du, ich komm so selten, weil ich dich ärgern will oder was? Wann soll ich denn kommen, verdammt noch mal, du weißt doch, wie angebunden ich hier bin. Gut, ich komm demnächst. Doch, natürlich komm ich gern, wenn ich komm. Mutter, ich kann nicht öfter kommen, weil ich so viel zu tun hab.

Gott sein Dank hab ich viel zu tun. Doch, es läuft gut. Nein, du musst dir keine Sorgen machen, ich mag meinen Beruf und ich verdien auch genug. Das weiß ich, dass ich mehr aus mir hätte machen können, aber ich bin mit dem, was ich habe, auch zufrieden. Ja, du findest das schade, aber, entschuldige, das ist mein Leben und da hab ich eben andere Vorstellungen. Mein Gott, das geht doch nicht gegen dich! Das weiß ich doch, dass du immer nur das Beste für mich wolltest. Aber dies ist für mich das Beste, nun akzeptier das doch ...

Nein, ich will auch nicht mit dir streiten. Wie geht es dir? Warst du denn beim Arzt? Wie, der sagt immer dasselbe? Dann geh doch zu einem anderen. Ja, natürlich war ich bei der Vorsorgeuntersuchung. Alles in Ordnung. Doch, bestimmt, ich würde es dir doch sagen. Nimmst du denn deine Tabletten noch? Warum denn nicht? Ich hätte gesagt ...? Also hör mal zu, ich hab nur gesagt, wenn sie dir nicht bekommen, dann lass sie lieber weg, aber ich mein doch nicht – ich bin doch kein Arzt! Wie soll ich denn aus der Ferne ... Ja, ich komm ja. Aber zum Arzt musst du trotzdem gehen. Was heißt das, wenn ich komme, geht es dir besser? Willst du mich erpressen? Nein, nein, hör auf, so hab ich das doch nicht gemeint, bloß weil du gesagt hast ... Ja, versteh ich ja. Mir geht's ja auch schlecht, wenn ich zu viel allein bin, das hab ich doch vorhin gesagt.

Doch. Schön. Das Wetter ist schön bei uns. Ja, ziemlich kühl, das stimmt. Natürlich bin ich warm genug angezogen. Warum ich trotzdem erkältet bin? Ach, Mutter, ich weiß es doch auch nicht. Natürlich versteh ich, dass du dir Sorgen machst um dein einziges Kind. Aber, Mutter, ich bin über vierzig und ...

Gut. Kind bleibt Kind. Für immer. Ich verstehe.

Elke Heidenreich

Aus: Brigitte, Nr. 11/1988.

Bravo Psycho-Test

BRAVO Psycho-Test

Wie wichtig ist für dich die Clique?

Während die einen nach dem Motto leben: „Gemeinsam macht alles noch mal so viel Spaß", gehen andere lieber auf Distanz und schätzen die Zweisamkeit. Dieser Test verrät dir, wie viel dir deine Clique wirklich bedeutet!

1 *Das Foto zeigt eine schrille Clique. Würdest du gerne dazugehören?*
a) Nein, die Typen sind mir zu abgedreht.
b) Klar, die haben bestimmt viel Spaß zusammen.
c) Kommt drauf an, was die sonst noch so drauf haben.

2 *Du fühlst dich in der Clique ungerecht behandelt. Wie verhältst du dich?*
a) Ich ärgere mich, lasse mir aber nichts anmerken. Bloß keinen Zoff!
b) Ich stelle die anderen zur Rede und sage, dass ich mich nicht so behandeln lasse.
c) Das kann mir nicht passieren!

3 *Deinen Geburtstag feierst du …*
a) … mit der Familie.
b) … mit einigen guten Freunden.
c) … mit der Clique.

4 *Du merkst, dass der neue Schüler in deiner Klasse keinen Anschluss findet. Was tust du?*
a) Das ist mir ziemlich egal.
b) Ich versuche mit ihm darüber zu reden.
c) Er muss selbst auf die anderen zugehen!

5 *Du hast für Samstagabend drei Einladungen bekommen. Für welche entscheidest du dich?*
a) Eine Fete mit meinen Freunden
b) Ein „Blind Date"
c) Ein Pizza-Essen mit meinem/r besten Freund/in

6 *Was geht bei euch in der Clique ab?*
a) Nichts Besonderes, meistens tratschen wir nur so rum.
b) Jede Menge Action, aber auch wenn wir nur rumhängen, wird es nie langweilig.
c) Feten und Fun – ganz besonders an den Wochenenden.

7 *Du gewinnst im Preisausschreiben und kannst zwischen drei Preisen wählen. Für welchen entscheidest du dich?*
a) Eine CD deiner Wahl
b) 10 Gratistickets fürs Kino
c) Jahresabonnement für BRAVO

8 *Deine Eltern versprechen, dass du das nächste Urlaubsziel bestimmen darfst, wenn deine Noten besser werden. Welches Ziel wählst du?*
a) Ferien auf der Insel Rhodos, im sonnigen Griechenland
b) Ibiza – wegen der Disko-Szene
c) Keins, ich habe keinen Bock, mit meinen Eltern in Urlaub zu fahren

TESTAUSWERTUNG

Zähle nun die für dich zutreffenden Punkte zusammen. Die Summe führt zum Ergebnis.

Frage	Antwort a	b	c	Frage	Antwort a	b	c
1	0	6	3	5	6	3	0
2	6	3	0	6	0	6	3
3	0	3	6	7	0	6	3
4	0	3	6	8	3	6	0

0–18 Punkte
Du hast panische Angst unter Gruppendruck zu geraten. Deine Freiheit und Unabhängigkeit gehen dir über alles und deshalb wahrst du lieber Distanz. So bist du aber auf dem besten Weg zu einem richtigen Einzelgänger zu werden. Schade, du hast nämlich durchaus die Fähigkeit deine Ideen in einer Clique einzubringen! Vielleicht probierst du es trotzdem mal aus, damit du siehst, wie viel Spaß es machen kann, mit anderen zusammen zu sein!

21–36 Punkte
Die Clique ist für dich wichtig, aber sie bedeutet dir nicht alles. Dir geht es nicht nur um Action und Fun, sondern auch um Beziehungen mit Tiefgang. Meinungsverschiedenheiten weichst du nicht aus. Du hast gelernt zu diskutieren und eigene Entscheidungen zu treffen. Wenn dich etwas total nervt, ziehst du dich zurück und gehst deine eigenen Wege. Schließlich hast du auch noch andere Freunde! Dein bester Kumpel ist dir mindestens genauso wichtig wie die Clique!

39–48 Punkte
Egal, ob's um Kinobesuch, Sport oder Wochenende geht – ohne deine Clique läuft bei dir nichts. Du kannst dir einfach nicht vorstellen etwas ohne deine Clique zu unternehmen. Nur in der Gruppe fühlst du dich geborgen und stark. Sobald du auf dich allein gestellt bist, wirst du unsicher. Du musst lernen eigene Entscheidungen zu treffen und auch mal deine Zeit sinnvoll ohne die Clique nutzen. Pass auf, dass du dich nicht von deinem Freundeskreis abhängig machst! Unternimm mal ganz bewusst etwas allein, damit du vor lauter Anpassung nicht zum Mitläufer wirst.

Aus: Bravo, Nr. 18/96; © Bravo, Heinrich Bauer Smaragd KG/Heinrich Bauer Spezialzeitschriften-Verlag KG.

You've got a friend

When you're down and troubled, and you need some loving care
And nothing, nothing is going right,
Close your eyes and think of me and soon I will be there
To brighten up even your darkest night.

Refrain:
You just call out my name
And you know wherever I am
I'll come running to see you again.
Winter, spring, summer or fall,
All you have to do is call
And I'll be there, you've got a friend.

If the sky above you grows dark and full of clouds
And that old north wind begins to blow,
Keep your head together and call my name out loud,
Soon you'll hear me knocking at your door.

Refrain:
You just call ... you've got a friend.

Ain't it good to know that you've got a friend,
When people can be so cold?
They'll hurt you and they desert you
And take your soul if you let them,
Oh, but don't you let them.

Refrain:
You just call ... you've got a friend.

Drei Gedankenexperimente

Identität

Die Transplantations- und Ersatzteilmedizin ermöglicht heute die Ersetzung zahlreicher Gliedmaßen und Organe durch natürliche und künstliche Vertreter. Ein Ende dieser Entwicklung ist nicht abzusehen, sodass theoretisch in naher Zukunft bei dir alle Glieder und Organe ausgetauscht werden können. Stelle hierzu folgendes Gedankenexperiment an:

Beim Austausch welcher und wie vieler Glieder würdest du meinen, einen neuen oder anderen Körper zu haben? Reicht ein Fuß? Oder ein Bein? Oder müssen es beide Arme sein?

Welche und wie viele Organe müssen ersetzt werden, bevor du dich vermutlich als neue Person, als neuer Mensch fühlen würdest?

Denke auch an die kosmetische Chirurgie, die dir im Alter ein neues Gesicht, einen straffen Bauch und schlanke Beine bescheren kann, sodass du 15 Jahre jünger aussiehst. Wirst du noch der- oder dieselbe sein? (Bedenke: Zwischen dem jungen und dem heutigen Michael Jackson gibt es fast keine Ähnlichkeit mehr!)

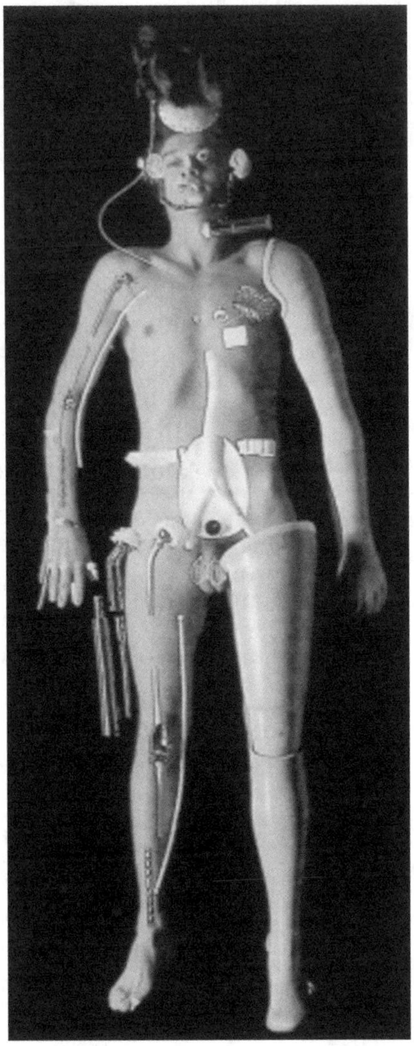

Christiaan N. Barnard, Der Prothesenmensch

Persönlichkeit und Glück

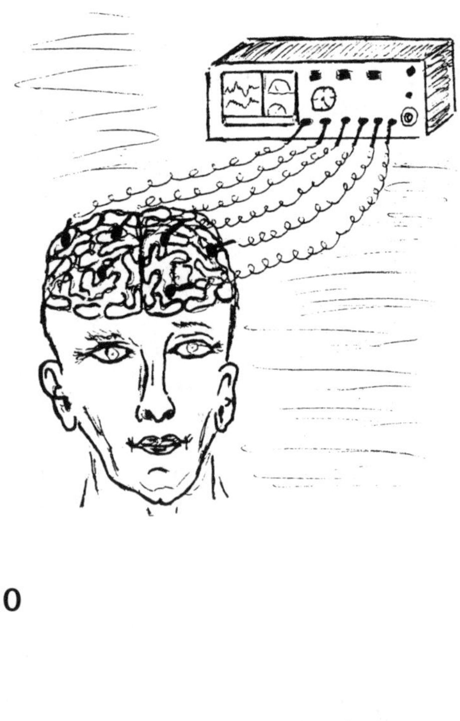

Der deutsche Philosoph Robert Spaemann schlägt folgendes Gedankenexperiment vor: Stell dir vor, es gäbe die Möglichkeit, Menschen an eine Maschine anzuschließen, die mit ins Gehirn eingeführten Sonden verbunden wäre. Durch Reizung geeigneter Gehirnpartien könnte im Menschen ein Zustand permanenten Glücksgefühls erzeugt werden – eine Vorstellung, die medizintechnisch nicht absurd ist. Dieser Zustand soll auch gekennzeichnet werden durch die völlige Abwesenheit aller negativen Empfindungen wie Schmerz oder Trauer und könnte beliebig lange aufrecht erhalten werden.

Würdest du diesen Menschen glücklich nennen? Möchtest du mit ihm tauschen? Ist ein solcher Mensch eine Person? Hat er eine Persönlichkeit?

Die Glückspille

Dank intensiver Forschung der Pharma-Industrie ist die Entwicklung einer Pille gelungen, die maximales Wohlbefinden produziert, ohne erkennbare organische Nebenwirkungen zu haben. Sie macht ihren Benutzer fröhlich, ausgeglichen, nimmt alle Aggressionen und fördert zudem die Lernkonzentration. Der Elternrat an deiner Schule stellt auf einer Gesamtkonferenz den Antrag, diese so genannte „Glückspille" kontrolliert an alle Schüler abzugeben, zumal es in letzter Zeit immer wieder zu gewalttätigen Ausschreitungen einzelner Schüler gekommen ist.

Würdest du den Einsatz der Pille begrüßen? Verfasse einen kurzen Redebeitrag für die Gesamtkonferenz, in dem du dich für oder gegen die Pille aussprichst. Ihr könnt das Gedankenexperiment auch als Rollenspiel spielen: „Ich will die Glückspille – denn ich brauche sie unbedingt."

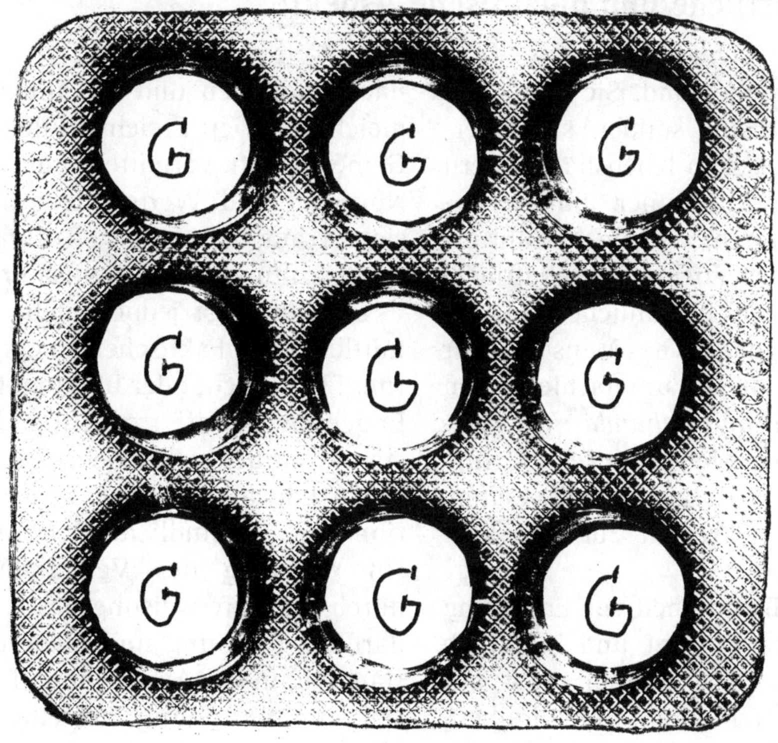

2 Grenzenlos? – Erziehung und Freiheit

1. Fachwissenschaftliche und didaktische Aspekte

Der Erziehung entgeht niemand. Sie prägt den Menschen nicht nur als Kind, sondern sie begleitet und formt den Menschen lebenslang. Eltern und Lehrer, Freunde, Mitschüler und gesellschaftliche Organisationen, wichtige Erfahrungen und Erlebnisse, aber auch gesellschaftliche Rahmenbedingungen und persönliche Situationen bestimmen das Verhältnis des Menschen zur Welt. Das Ensemble dieser unterschiedlichen Faktoren, die *primäre* und *sekundäre Sozialisation* determiniert den Menschen; es eröffnet ihm zwar bestimmte Handlungsmöglichkeiten, schränkt ihn in seiner Freiheit zugleich aber auch ein.

Diese gegenseitige Bedingtheit von Erziehung und Freiheit lässt sich konkret und inhaltlich kaum festlegen, denn es existieren nicht nur unterschiedliche Vorstellungen von Freiheit, sondern es gibt darüber hinaus auch kein für jede Epoche und für jede Kultur gültiges und verbindliches Wesen von „Erziehung“. Erziehung ist geschichtlich bedingt und die Kriterien, nach denen sich erzieherisches Handeln richtet, müssen immer wieder neu bestimmt werden. Auf einer allgemeinen Ebene ist gleichwohl davon auszugehen, dass Erziehung all jene Maßnahmen und Prozesse meint, die dem Menschen helfen, in seine Menschlichkeit hineinzufinden, selbständig seine sachlichen und mitmenschlichen Aufgaben in der Welt zu ermitteln, ihnen nachzukommen und aus ihnen zu lernen; zugleich integriert Erziehung den Einzelnen in die Gemeinschaft, vermittelt ihm das jeweils gültige Normen- und Wertesystem, reproduziert und sichert auf diese Weise Techniken, Kenntnisse sowie kulturelle und zivilisatorische Standards.

Erziehung ist jedoch mehr als nur die Vermittlung des Faktischen, mehr als Zucht, Führung, Unterricht oder Bildung. In einem engeren Erziehungsbegriff treten die Unterrichtsgegenstände zurück zugunsten des Gegenüber zwischen Educandus und Erzieher, der Konfrontation mit Verbindlichkeiten und Normen. Die Unterweisung des Verstandes wird ergänzt durch die Unterweisung des Willens; dieser bedarf der Regelung und Steuerung, damit er im Handeln, in der Anwendung der durch das Wissen zur Verfügung gestellten Möglichkeiten nicht am Menschlichen vorbeigehe. Erzieherische Konzepte rekurrieren deshalb auf unterschiedliche Sinn- und Begründungszusammenhänge: auf das Evangelium ebenso wie auf die Religion der Vernunft oder auf den Glauben an die Selbststeuerungsprozesse des Menschen. Zwar bestimmt das jeweils zugrunde liegende Menschenbild das Erziehungsverständnis, jedoch ist es charakteristisch für einen aktuellen Erziehungsbegriff, nicht ein wie auch immer geartetes „An-sich“ der Welt, der „Weltdinge“ oder des „Wesens“ der Welt vermitteln zu wollen. Im Gegenteil stellt die Vermittlung von Informationen erst die Basis des Erziehungsprozesses dar und immer ist Erziehung gemeint im Sinne einer „sittlichen" Erziehung, die es dem Einzelnen ermöglicht auszumachen, „was eigentlich los ist". Er soll durch Erziehung in die Lage versetzt werden, die auf ihn wirkenden politischen, ökonomischen, technischen, sozialen usw. Faktoren zu erkennen und sich mit dieser Lage konstruktiv auseinander zu setzen; Die eigene Perspektive soll erkannt und zu anderen (evtl. fremden) Perspektiven in eine Relation gesetzt werden: Korrekturen an der eigenen Position sind ebenso denkbar wie wünschenswert.

Gerade in der Adoleszenzkrise befindliche Jugendliche setzen sich in fruchtbarer Weise mit ihrer Umwelt, mit all jenen sie determinierenden Faktoren auseinander. Konventionen werden – trotz der drohenden Gefahr eines Identitätsverlusts – als brüchig erkannt und (zumeist) durch neue Orientierungen ersetzt: Das Stadium des sog. *postkonventionellen Bewusstseins* beginnt. Doch ein neuer, ein ebenso wie die „Tradition" abgesicherter Standpunkt ist kaum zu erreichen, wenn er nicht das Produkt eines Diskussionsprozesses, einer vielfältigen Aneignung von „Welt" ist. Zu einer Erziehung i.S. einer Bereitstellung von Informationen tritt deshalb auch eine Erziehung i.S. einer Ermöglichung von Diskussion, in deren Verlauf die eigene erfahrene Erziehung zum Gegenstand des Reflexions- und Diskursprozesses wird. (Insofern hat das Thema „Erziehung" eine gewisse Selbstbezüglichkeit für die hier angesprochene Altersgruppe der Sch. und zugleich eine große unterrichtliche Attraktivität.)

Erziehung als rückhaltlose Information und permanente Diskussion, die die Selbständigkeit und Selbsttätigkeit des Individuums unterstützt: Dies impliziert die ideale Vorstellung eines selbstbewussten Subjekts, dem bei der Klärung der Dinge geholfen wird und das seinerseits durch die diskursive Aneignung dieser Dinge in seiner Persönlichkeit gestärkt wird. Doch Schwierigkeiten sind denkbar: Erziehung und deren zeitgemäße Ziele – Verantwortung und Selbstbewusstsein – insinuieren, dass tatsächlich alle Menschen nicht nur ein Selbstbewusstsein, sondern auch ein Verantwortungsgefühl i.S. des geltenden Wertesystems besitzen möchten. Eine umfassende Handlungskompetenz im Rahmen dieses Systems muss aber nicht unbedingt identisch mit dem sein, was der Einzelne als „Freiheit" bezeichnet; schlimmstenfalls kann sich sogar eine Opposition von Erziehungsziel und individuellem Freiheitsempfinden ergeben. Außerdem vermag Freiheit – ebenso wie Erziehung – nicht valide definiert zu werden. Es ist ein zwar insgesamt positiv konnotierter, gleichwohl abstrakter Begriff; Freiheit wird – nicht nur von Jugendlichen – zwar hoch geschätzt, doch schon in jugendlichen Subkulturen konkurrieren unterschiedliche Freiheitsbegriffe, und erst recht vermag im nationalen oder interkulturellen Vergleich kaum ein Konsens über das „Wesen" von Freiheit hergestellt zu werden. Schließlich ergibt sich eine innere Dialektik von Erziehung und Freiheit, weil das Ziel der Erziehung zwar die Freiheit ist, Erziehen selbst aber immer auch (bewusste oder unbewusste) Einflussnahme bedeutet, die zwar zur Autonomie des Subjekts führen soll, zunächst einmal aber Unmündigkeit und ein Sich-Einlassen voraussetzt, mithin die Bereitschaft, inhaltlich oder methodisch determiniert zu werden.

Jede Form der Determination widerspricht aber – scheinbar – dem grundlegenden Freiheitsverständnis, nach dem sich alles im Sinne der eigenen Kräfte und Möglichkeiten entfalten und bewegen kann; auch die Forderung nach unbedingter Selbstverwirklichung befindet sich auf dieser elementaren Stufe des Freiheitsbegriffs. Doch natürlich stellt sich zugleich die Frage sowohl nach der Allgemeingültigkeit als auch der praktischen Umsetzbarkeit eines solchen Freiheitsverständnisses: Absolute Freiheit des Individuums scheint nur außerhalb des sozialen Gefüges möglich und selbst dort wird sie eingeschränkt von den physischen Bedingungen der Umwelt. Absolute Freiheit innerhalb der Gemeinschaft hingegen ist vollends unmöglich: Sie kollidiert mit den Freiheitsansprüchen anderer Individuen und würde – radikal verfolgt – zum Chaos in Permanenz oder aber zur Unfreiheit bestimmter Personen oder Gruppen führen. Insofern sollte der Freiheitsbegriff nicht in seiner elementaren Bedeutung als absolute Freiheit gefasst werden, sondern als Freiheit, die auf eine produktive Auseinandersetzung mit einer jeweils gegebenen Ordnung abzielt und die dabei gleichwohl nicht auf die Möglichkeit einer Entfaltung des individuellen Potenzials, auf Selbstverwirklichung verzichten muss. Ein solcher – seit der Aufklärung in unserem Kulturkreis gültiger – Freiheitsbegriff zielt auf die Autonomie des Menschen, und er besagt zugleich, dass alle vorhandenen oder auch noch zu entdeckenden Kräfte des Menschen sich nicht selbst genügen dürfen, sondern einer „Selbstbestimmung" unterliegen, die den Menschen auf eine Struktur verpflichtet, die ihn übersteigt und seinen gerade erreichten Zustand auf ein ideales Ziel hin transzendiert: Auf das vernünftige und planvolle Handeln.

In diesem Sinne ist *Freiheit* in den letzten 200 Jahren zu einer quasi anthropologischen Konstante der bürgerlichen Gesellschaft geworden, die neben *Gerechtigkeit* und *Gleichheit* zu einer der größten politischen Werte aufgestiegen ist. Freiheit wendet sich gegen jegliche nicht legitimierte Determination oder Manipulation (auch bzw. gerade wenn diese – wie z.B. Werbung – nicht immer unbedingt bemerkt wird) und sie stellt die Entfaltung der Persönlichkeit und die Abwehr unberechtigter Einschränkungen unter das Kriterium der Vernunft. Gerade für die Ethik ist Freiheit eine grundlegende Prämisse: Ohne sie sind keine verantwortungsvollen Entscheidungen möglich. Vor allem im Kontext zunehmender Globalisierung, in der unterschiedliche (kulturell oder ethnisch bedingte) Freiheitsansprüche miteinander konkurrieren und deren Folgen zu beurteilen sind, differenziert und erhöht sich die Diskussion über Freiheit: Wie viel Freiheit braucht der Einzelne oder die Gesellschaft, welche Rechte sind unumgänglich und auf welche Freiheiten kann im Zeichen ökonomischer und sozialer Probleme verzichtet werden? Die diskursive Verständigung über Freiheit – selbst bereits Ausdruck eines bestimmten Freiheitsverständnisses – zwingt zu einer bestimmten Klärung oder einem Hinterfragen der vertrauten Positionen; Fremdheiten provozieren die eigenen Kräfte und erschließen dadurch höhere Formen der Freiheit: Sie provozieren Reibung, Emanzipation und schließlich auch eine größere Handlungskompetenz des Einzelnen.

Freiheit ist das Ziel der Erziehung. Erziehung kann Informationen bereitstellen und auf diese Weise Provokation ermöglichen; sie kann damit zur Voraussetzung der Freiheit werden. Wenn Erziehung durch Vermittlung von Fremdheit neue Dimensionen „erzwingt", die für den Edukanden eine Übersteigerung des Horizontes und einen Selbstgewinn bedeuten, löst sich die scheinbare Antinomie von Erziehung und Freiheit auf; „gute" Erziehung evoziert, provoziert und überwindet: Das Alte, die Statik, die Konvention. Sie setzt – informativ und rational-diskursiv – einen dynamischen Prozess in Gang, der den autonomen, den freiheitlichen Menschen erst hervorbringt.

2. Intentionen

Die Sch. sollen

- Determinanten des Erziehungsprozesses erkennen und einordnen,
- Legitimationen von Erziehung und Freiheit kennen lernen und kritisch prüfen,
- die eigenen Freiheits-Ansprüche wahrnehmen, benennen und begründen,
- die Bedingtheit von Freiheit und Zwang wahrnehmen und analysieren,
- sich empathisch und sensibel gegenüber den Freiheits-Ansprüchen anderer verhalten,
- fragwürdige Freiheits-Vorstellungen kritisch prüfen.

3. Literatur zur Vorbereitung

- Albert, Hans: Freiheit und Ordnung. Zwei Abhandlungen zum Problem einer offenen Gesellschaft, Mohr, Tübingen 1986.
- Brunnhuber, Stefan: Die Ordnung der Freiheit. Das Modell der Offenen Gesellschaft bei K. Popper in der Soziologie der Gegenwart, Leske u. Budrich, Opladen 1999.
- Feldmeier, Reinhard u.a. (Hg.): Freiheit und Moral. Überlegungen zur verdrängten Verantwortlichkeit, Neukirchener, Neukirchen-Vluyn 1996.
- Fischer, Peter (Hg.): Freiheit oder Gerechtigkeit. Perspektiven Politischer Philosophie, Reclam, Leipzig 1995.
- Grunenberg, Antonia: Der Schlaf der Freiheit. Politik und Gemeinsinn im 21. Jahrhundert., Rowohlt, Reinbek 1997.
- Hager, Fritz-Peter: Wesen, Freiheit und Bildung des Menschen. Philosophie und Erziehung in Antike, Aufklärung und Gegenwart, Haupt, Bern u.a. 1989.
- Jenkner, Siegfried (Hg.): Das Recht auf Bildung und die Freiheit der Erziehung in Europäischen Verfassungen / The Right to Education and the Freedom of Education in European Constitutions, European Forum for Freedom in Education, 1995.
- Kobusch, Theo: Die Entdeckung der Person. Metaphysik der Freiheit und modernes Menschenbild, Wissenschaftliche Buchgesellschaft, Darmstadt 1997.
- Kupffer, Heinrich: Erziehung – Angriff auf die Freiheit. Essays gegen Pädagogik, die den Lebensweg des Menschen mit Hinweisschildern umstellt, Beltz, Weinheim 1980.
- Niethammer, Arnolf: Kants Vorlesung über Pädagogik. Freiheit und Notwendigkeit in Erziehung und Entwicklung, Lang, Frankfurt am Main 1980.
- Russell, Bertrand: Freiheit ohne Furcht. Erziehung für eine neue Gesellschaft, hg. und eingel. v. Achim v. Borries, Rowohlt, Reinbek 1975.
- Weber, Erich: Erziehungsstile, Auer, Donauwörth 1978.
- Zimmermann, Albert: Wahrheit und Freiheit – Gegensätzliche Ziele in der Erziehung?, hg.v.d. Fördergemeinschaft für Schulen in freier Trägerschaft e.V., Adamas, Köln 1996.
- Zumkley-Muenkel, Cordula: Freiheit und Zwang in Erziehung und Unterricht, Hogrefe, Göttingen 1984.

4. Unterrichtsideen

A. Annäherung an das Thema „Erziehung“

⇨ Erziehung bedeutet für viele Jugendliche, dass an sie nicht unbedingt einsichtige Normen und Sollens-Sätze herangetragen werden. Auf diesen Sachverhalt bezieht sich **M 1**: Den geradezu „klassischen“ Vorhaltungen der Mutter begegnet die Tochter mit einer totalen Verweigerung. Die *Karikatur* soll Sch. einen Anlass bieten, über eigene Erfahrungen mit Eltern oder Erziehern zu berichten, Vorwürfe, Vorhaltungen oder Erwartungshaltungen zu thematisieren und über den psychologischen Druck, den diese Erwartungshaltungen der Erzieher oftmals bedeuten („Wenn du mich lieb hättest, dann ...“) zu sprechen.

Es ist zu vermuten, dass sich einige Sch. in negativer Form über die erfahrene Erziehung äußern werden (als Einschränkung, fehlendes Verständnis etc.). Dies kann zu der Frage überlenken, ob Erziehung überhaupt – und wenn ja, warum – notwendig sei. Die Diskussionsergebnisse, die eine erste, wohl wenig reflektierte und emotional geprägte Annäherung an das Thema darstellen, sollten z.B. an der Tafel gesammelt und geordnet werden; denkbar wäre eine Unterteilung nach Kategorien wie „positive / negative Aspekte von Erziehung“ oder „Argumente für / gegen Erziehung“.

B. Was Erziehung leistet

⇨ An diese Ergebnisse schließt **M 2** an. Der Textauszug von *A. Gehlen* ist aus anthropologischer Sicht als uneingeschränktes Plädoyer für die Erziehung zu sehen. Im Zentrum steht dabei der Gedanke, dass Tiere ein höheres Anpassungspotenzial an ihre Umwelt besitzen. Der Mensch hingegen sei „unspezialisiert", „morphologisch hilflos" und – da mithin ein „Mängelwesen" – zur Ausbildung einer zweiten Natur, zur Aneignung einer Ersatzwelt verurteilt. Die Sch. sollten hier die – nach Gehlen – fundamentalen Unterschiede zwischen Tier und Mensch herausarbeiten.
Um einem textorientierten Unterricht vorzubeugen, könnte es dabei sinnvoll sein, nach einer Phase der Textaneignung (Herausarbeitung von zentralen Begriffen und Aussagen in Partnerarbeit) und deren Aufbereitung (im Plenum) Beispiele für eine spezialisierte bzw. unspezialisierte Ausstattung der Lebewesen suchen zu lassen. Die Sch. können hier aus Zeitschriften oder Lexika Abbildungen von Tieren und Biotopen sammeln, die charakteristisch für „Anpassung" und „Spezialisierung" sind. Die Ergebnisse sind z.B. auf einer Wandzeitung zu präsentieren, auf der ebenfalls der Mensch in seinem Verhältnis zur Umwelt dargestellt wird: Er ist ein Kulturwesen, das sich selten anpasst und sich stattdessen eher seine Umwelt verfügbar macht. Im Zentrum der Betrachtung bzw. Analyse der Collage sollte nun die Frage stehen, inwiefern Erziehung in diesem Zusammenhang notwendig ist. Eine mögliche Antwort kann darin bestehen, dass ohne Erziehung die Überlebensfähigkeit des „Mängelwesens" nicht garantiert ist, weil Wissen und Techniken zur Beherrschung der Natur sonst nicht weitergegeben werden können.

⇨ Damit klingt bereits das Thema „Sozialisation" an, das als Ergänzung des Gehlen-Textes Gegenstand von **M 3** ist. Der kurze Auszug aus einem *Lexikonartikel* bezieht sich auf das Verständnis von Erziehung als Anpassung an das gültige Normensystem; Erziehung ist hier im Wesentlichen affirmativ gemeint. Die Sch. sollen hier aufgefordert werden, die (vermutlich) biologische oder technische Dimension der Diskussion zu verlassen und sich mehr auf eine soziale Dimension zu konzentrieren.
Der Artikel kann dabei als Impuls gelten, über das eigene, für die Lerngruppe gültige Normensystem nachzudenken und zu reflektieren, an welche Normen bzw. gesellschaftlichen Ideale durch Erziehung „angepasst" werden soll; was soll – z.B. im schulischen Unterricht, in der kirchlichen Erziehung oder auch in Jugendgruppen – „bejaht" und anerkannt werden? Darüber hinaus können die Sch. eine Art soziales Netz der unterschiedlichen Institutionen zeichnen, das für sie bestimmend ist oder in dem sie sich bewegen.

⇨ Einen Kontrapunkt zu dieser eigenen wertebestimmten und sozialen Positionierung nimmt **M 4** ein: Was würde – so kann man fragen – aus dem Menschen, wenn er unbehelligt von jeglicher Erziehung bliebe, wenn weder die Institutionen noch ein Wertesystem Einfluss auf ihn haben würden? Als Einstieg eignet sich die Auseinandersetzung mit dem Schicksal *Caspar Hausers*, die entweder durch die Abbildung bzw. den Zeitungsausriss sowie durch ergänzende Informationen (z.B. durch selbständig in Bibliotheken beschafftes Material) erfolgen kann, aber auch durch die gemeinsame Betrachtung der Verfilmung der Hauser-Biografie. Unbedingt anschließen sollte sich jedoch ein Gedankenexperiment für die Sch.: „Überlegt, wie das Leben der Menschen aussähe, wenn es keine Erziehung gäbe!"

C. Gute Erziehung – schlechte Erziehung

Erziehung ist notwendig, doch über die Formen der Erziehung kann gestritten werden. Gegenwärtig dürften die meisten Jugendlichen – bedingt durch die Veränderung familiärer Strukturen – eher im Rahmen einer Laissez-faire-Erziehung aufwachsen als durch eine autoritäre Erziehung. Gleichwohl wird von Pädagogen immer mehr die Vermittlung eines klaren Ordnungsrahmens eingeklagt und auch die Jugendlichen fordern heute wieder mehr klare Strukturen und Pflichten.

⇨ Dieser Entwicklung trägt **M 5** Rechnung, das in Bild und Text Habitus, Diktion und Inhalt autoritärer Erziehung aufnimmt. Die zunächst lächerlich und antiquiert anmutenden Sätze des Textes von *B. Brecht* sollen von den Sch. als (zeitgemäße) Gebote oder Verbote (z.B. in Gruppenarbeit) umformuliert werden und es soll jedem Satz auch noch eine Begründung hinzugefügt werden.
In einem zweiten Schritt kann diese ausführliche Aktualisierung inhaltlich diskutiert werden: Welche der Forderungen sind überhaupt noch zeitgemäß? Welche haben sich überholt? Gibt es Forderungen, die zeitunabhängig sind? Eine Reflexion über Erziehung macht es aber vor allem notwendig, dass über die Art und Weise der Vermittlung der Maxime gesprochen wird. Erachten es die Sch. als positiv, wenn Erziehung – auf sehr dogmatische Weise – „Glaubenssätze" vermittelt, die immer auch so etwas wie Orientierung bedeuten können, oder aber sehen sie sich in ihren persönlichen Freiräumen und Entwicklungsmöglichkeiten eingeschränkt? Die Ergebnisse der Diskussion sollten als Thesen festgehalten und mit jeweiligen Begründungen versehen werden.

⇨ Unterschiedliche Möglichkeiten von Erziehung bzw. unterschiedliche Erziehungsstile soll **M 6** thematisieren: An der Tafel, besser aber noch auf großen Karten werden *drei Überschriften* notiert, die sich sowohl auf eine strenge, autoritäre Erziehung als auch auf eine liebevoll-verständnisvolle, eher anti-autoritäre Erziehung beziehen. Die dritte Überschrift ist bewusst offen gewählt, um Zwischenpositionen zuzulassen. Die Sch. erhalten nun den Arbeitsauftrag, allein oder in Partnerarbeit schriftlich (auf einer Seite) Situationen zu entwerfen, für die die Überschriften charakteristisch sind. Dabei sollte es freigestellt sein, ob hier eine Fantasiegeschichte erfunden wird, oder ob – in anonymisierter Form – ein tatsächlich erlebter Fall geschildert wird; auch die Form der Darstellung (Gedicht, Zeitungsbericht, behördliches Protokoll o.ä.) sollte frei zu wählen sein. Nachdem die Arbeitsergebnisse vorgelesen und besprochen worden sind, können sie auf einer Wandzeitung gemeinsam mit den Überschriften angebracht und für alle nachvollziehbar präsentiert werden.

⇨ Eine ähnliche kreative Gestaltungsaufgabe – allerdings aus einer anderen Perspektive – verlangt auch **M 7**: Hier sollen die Sch. Gelegenheit haben, durch eine Schreibmeditation zu Bildern von *M. Ernst* und *K. Kollwitz* ihre Vorstellungen von einer idealen Erziehungssituation zu formulieren. Die Hoffnungen, Träume oder Utopien sollten dann zwar vorgetragen werden, nicht jedoch unbedingt Anlass einer kontroversen Diskussion sein.

D. Die Problematisierung von Erziehung

⇨ Erziehung ist oft auch Manipulation, wie *A. Portmann* in **M 8** feststellt. In der Auseinandersetzung mit dem Text sind zunächst die unterschiedlichen Argumentationsschritte zu klären (Definition von Manipulation, Manipulation beim Kind, Manipulation des Jugendlichen, Konsequenzen der Manipulation). Die Diskussion wird sich dann auf die letzten beiden Aspekte konzentrieren, da ein Misstrauen gegenüber der erfahrenen Erziehung altersbedingt ist und Alternativen bzw. „Fluchten" zumindest im Denken vieler Jugendlicher dieser Altersklasse präsent sind.
Worauf jedoch der unterrichtliche Schwerpunkt zu legen ist, hängt vom Leistungsvermögen und der Situation der Lerngruppe ab: Ist sie überwiegend „konventionell", lohnt eine Reflexion über die unterschiedlichen Formen der „Prägung": Inwiefern ist Erziehung Manipulation und zu was soll man manipuliert werden? Ist die Lerngruppe hingegen „fortgeschritten" und bewegt sich auch in ihren Lebensentwürfen mitunter außerhalb der Konvention, sollte die „Flucht" vor der Manipulation thematisiert werden: Warum „flieht" man und was erreicht man durch diese „Fluchten"? Entgeht man auf diese Weise tatsächlich so etwas wie „Erziehung" oder gerät man nicht wiederum in die Abhängigkeit anderer „Erzieher"?

⇨ Die Erkenntnis kann pessimistisch sein: Der Mensch wird allseitig determiniert und Auswege sind kaum möglich. Die *Karikatur* in **M 9** versucht diesen Sachverhalt auszudrücken und gibt der Lerngruppe Gelegenheit, das bislang Problematisierte zu wiederholen. Es können noch einmal die unterschiedlichen Institutionen, die den Menschen erziehen und bestimmen, benannt und in ihren jeweiligen Zielvorstellungen angeführt werden. Die Karikatur sollte darüber hinaus für die Sch. ein Anlass sein, sich selbst als Marionette zu zeichnen, die von speziellen Fäden und Puppenspielern geführt wird: Eine grafische und kreative Vergewisserung der eigenen Situation.

E. Auswege

Die grafische Darstellung der Marionettensituation muss nicht unbedingt alle Fäden nur in die Hand externer Spieler legen; auch der vermeintlich zu Erziehende und Determinierte hat gewisse Handlungs- und Bestimmungsmöglichkeiten; indem er das „Erziehungsspiel" erkennt, ist er zwar nicht frei, aber auch nicht mehr blind und handlungsunfähig.

⇨ Diesen nächsten Lernschritt versucht der „klassische" Text von *I. Kant* in **M 10** zu unterstützen. Er appelliert an die vorhandene Urteilsfähigkeit des Einzelnen und an den Mut, das eigene Leben selbst zu bestimmen und die Verantwortung dafür zu übernehmen: sich nicht bestimmen zu lassen und zumindest den Versuch zu unternehmen, „einen sicheren Gang" zu tun. In diesem Text kommt somit ein anderes Verständnis von Erziehung zum Ausdruck, das dem Autonomiestreben dieser Altersgruppe entsprechen dürfte.
Es ist wichtig, die Aussage Kants möglichst unmittelbar an den Erfahrungshorizont der Sch. zu koppeln. (Bereits die alltäglichen Erfahrungen der Sch. mit Schule als manipulierender Institution und mit sonstigen „manipulierenden Einrichtungen" setzen provokant den Kontrapunkt.) Dies kann z.B. durch eine produktionsorientierte Aufgabe geschehen: Gebe/gebt eine Empfehlung an einen verzweifelten Freund, der sich von den Ansprüchen und Forderungen seiner Umwelt eingeschnürt fühlt; formuliere/formuliert dazu zwei Briefe (evtl. arbeitsteilig), in denen du/ihr zum einen entsprechende Vorschläge an die Eltern des verzweifelten Freundes richtest/richtet und zum anderen dem Verzweifelten selbst Mut zusprichst/-sprecht, Verantwortung zu übernehmen und sich nicht bestimmen zu lassen.

⇨ Erziehung i.S. einer „guten" Erziehung ist Erziehung zur Identität und zum Selbstbewusstsein; dies kann der Tenor des Briefes an die Eltern sein und dies ist auch der Grundakkord im Gedicht *Ernst Jandls* (**M 11**): Der Weg geht vom fremdbestimmten „Nicht-sein" zum selbstbestimmten „Sein". Die Sch. sollen sich mit diesem Gedicht sprachspielerisch und lautmalerisch auseinander setzen, sollen – als lustvoller Ausklang des thematischen Blocks – das Gedicht unterschiedlich intonieren, es verfremden und szenisch darbieten: Das erwachte Selbstbewusstsein soll deutlich werden und dieses Selbst soll sich abschließend inszenieren – jenseits von Forderungen und Institutionen.

F. Annäherung an das Thema „Freiheit"

⇨ Es bleibt fraglich, wie eine Selbstbestimmung, wie „Freiheit" konkret aussehen kann. Die meisten Sch. dieser Altersgruppe werden sich bereits mit dieser Frage auseinander gesetzt und individuelle Vorstellungen über Freiheit entwickelt haben. Es ist sinnvoll, hier anzusetzen und Beispiele oder Definitionsversuche von Freiheit zunächst einmal durch die Lerngruppe selbst erarbeiten zu lassen. Jeder Sch. soll hier Begriffe, Problemkreise oder Situationen benennen, die er mit „Freiheit" in Verbindung bringt. Es empfiehlt sich, die Beiträge zunächst ungeordnet zu sammeln und Gesprächsbedürfnissen Raum zu geben.
In einem zweiten Schritt dieser Annäherung sollen die Beiträge strukturiert werden. Methodisch hat sich an dieser Stelle das „Clustern" bewährt (zur Methode s. S. 5).

Die Sch. erhalten den Auftrag, Materialien wie z.B. Abbildungen aus Zeitschriften, Textauszüge, Zitate oder auch eigene Gedanken zusammenzutragen, die zu der erarbeiteten Struktur des Themas passen. Mit diesen Materialien wird eine *Freiheitscollage* an einer oder mehrerer Wandzeitungen gestaltet: Auch dieses Arbeitsprodukt wird einen Gesprächs- und Klärungsbedarf bei den Sch. provozieren.

G. Aspekte der Freiheitsproblematik

⇨ Die produktionsorientierte Annäherung an das Thema hat ein Spektrum unterschiedlicher Freiheitsvorstellungen hervorgebracht. **M 12** thematisiert nunmehr das Problemfeld absoluter Freiheit. In weitaus radikalerer Form als im Kant-Text geht es bei *Fichte* um eine Form der Unabhängigkeit und subjektiven Freiheit, der vermutlich die meisten Sch. zunächst zustimmen werden. Nach der gemeinsamen Lektüre des Textes sollten dessen zentrale Aussagen isoliert und für alle deutlich festgehalten werden; es empfiehlt sich außerdem, Beispiele für die jeweiligen Aussagen zu finden.
Alternativ (oder auch ergänzend) bietet sich das Umschreiben des Textes an: Das emphatische Bekenntnis „für mich selbst etwas zu sein" sollte in eine modernere Sprache „übersetzt" werden, z.B. als Brief an eine Freundin oder einen Freund, die zu „absoluter, unabhängiger Selbsttätigkeit" aufgefordert werden.

⇨ Das Plädoyer für absolute Freiheit, bei der das Subjekt die alleinige Bezugsgröße ist, bietet wiederum die Basis, um sich auf eine andere und ebenso anschauliche Weise mit dem Thema auseinander zu setzen. Dabei muss die unterrichtliche Situation ergeben, ob **M 13** als Ergänzung, Variante oder auch als Zusatz zum Fichte-Text bearbeitet wird: Die Sch. sollen auf der Grundlage der Skizze ihre persönliche *Freiheitsstatue* gestalten. Dies kann geschehen, indem z.B. ein Fundament der Statue gestaltet wird (durch Texte, Zitate oder Bilder), das jene Voraussetzungen zum Ausdruck bringt, durch die eine wie auch immer geartete Freiheit erst möglich wird: Historische oder zivilisatorische Fortschritte, gesetzliche Regelungen oder Bedingungen des Denkens und Verhaltens können hier ihren Ort finden. Das Gesetzbuch, das die Statue in ihren Händen hält, kann ebenfalls inhaltlich gefüllt werden: Merksätze, die das Selbstverständnis und die Lebenshaltung der Sch. zum Ausdruck bringen, haben hier ihren Platz. Die Wolke an der Fackelspitze hingegen symbolisiert die bislang unerreichten Wünsche, die Träume und Ideale der Sch.: Hier sollte eingetragen werden, was sich die Einzelnen künftig an „Freiheit" erhoffen. Da es sich hier – anders als bei der „Freiheitscollage" – um individuelle Arbeitsergebnissse handelt, sollten auch diese – z.B. an einer Wand – aufgehängt werden und für den weiteren Verlauf der Unterrichtssequenz präsent sein.

⇨ Das Gefühl absoluter Freiheit kann für die Sch. attraktiv sein; Einschränkungen und Sachzwänge werden häufig als Erwachsenenperspektive und spießige Konvention abqualifiziert. Es ist sinnvoll, die Dimension determinierender Sachzwänge behutsam und nicht „von oben" einzuführen, um Zugänge nicht zu versperren. Die *Karikatur* **M 14** setzt deshalb einen Kontrapunkt zur absoluten Freiheit, indem das (zuvor erarbeitete) Ideal mit der Realität der Sch. konfrontiert wird. Sie werden aufgefordert, einen Tagesablauf im Hinblick auf Freiheiten und Zwänge zu beschreiben: Sie werden ein Spannungsverhältnis zwischen ihrer gegenwärtigen Situation und ihrem Ideal von freiem Leben feststellen. Dieses Spannungsverhältnis lässt sich durch eine anschließende Schreibübung fruchtbar machen, in der die Sch. festhalten sollen, was sie alles ändern werden, wenn sie nicht mehr bei den Eltern wohnen und selbständig sind.

⇨ Die Realität des Selbständigseins führt **M 15** ein, indem hier den Sch. ein authentisches *Zeugnis eines 18-jährigen Mädchens* präsentiert wird, das außerhalb des Elternhauses die neue Erfahrung der Selbständigkeit macht. Der Text sollte einerseits einen Anlass bieten, über ähnliche Erfahrungen und Situationen, wie sie die Sch. vielleicht im Freundes- oder Verwandtenkreis gesammelt haben, zu sprechen. Den Schwerpunkt des Unterrichtsgesprächs sollten dabei allerdings zwei Aspekte bilden: Welchen Zugewinn an Freiheit hat die neue (Wohn-)Situation für die Betroffenen? Und auf der anderen Seite: Welchen neuen Zwängen unterliegen sie jetzt? Es wäre nützlich, diese beiden Problemkreise stichwort- oder thesenartig zu füllen und tabellarisch gegenüberzustellen. Die Sch. könnten auch zu einer Abschätzung der Vor- und Nachteile angehalten werden: Hat sich der Auszug und die neue Selbständigkeit tatsächlich „gelohnt“?

H. Freiheit als Problem

⇨ Hier liegt vermutlich der Schwerpunkt der Reflexion über Freiheit, so weit es die Sch. unmittelbar angeht. Auf Gewohnheiten, die als Zwänge empfunden werden, zu verzichten, ist einerseits Ausdruck unmittelbarer Freiheit, zugleich aber auch ein Verlust an Komfort und Sicherheit: Freiheit gefährdet Stabilität. Der Text von *Novalis* **M 16** vertieft diesen Aspekt und soll noch einmal Anlass geben über die Opposition von „bequemer Sklaverei“ und „gefährlicher Freiheit“ nachzudenken. (Eventuell ist **M 16** auch als zusätzlicher Impuls zu verwenden, sofern die Lerngruppe die Abwägung von Freiheiten und Zwängen noch nicht im Rahmen von **M 15** bearbeitet hat.)

Als zusätzlicher Schwerpunkt kann sich hier die Klärung der Frage ergeben, warum das Pferd von der „Schimäre der Freiheit“ spricht: Ist Freiheit überhaupt möglich? Ist nicht eine neue Freiheit tatsächlich der Beginn eines neuen Abhängigkeitsverhältnisses unter anderen Vorzeichen?

⇨ Wird der Mensch überhaupt je aus irgendwelchen Sachzwängen entlassen? **M 17** bietet zu diesem Problemkreis unterschiedliche Impulse in Form von *Karikaturen.* (Hier bietet sich außerdem eine Rückkoppelung zum vorherigen Themenkreis „Erziehung“ an).

So stellt sich die Frage, ob eine Erziehung, die auf Freiheit zielt, in eben ihrem Beharren auf Freiheit den Edukanden nicht unzulässig prägt und ihn genau in jene Ecke der Determination drängt, aus der sie ihn angeblich doch befreien möchte. Dieser abstrakte Gedanke sollte in die Leitfrage transformiert werden, ob Freiheit überhaupt „erlernbar“ ist bzw. wie Freiheit „eingeübt“ werden kann. Ist die Schule hierfür geeignet und – wenn ja – in welcher Form? Ist Freiheit überhaupt allen Menschen vermittelbar oder sind Barrieren vorhanden, an denen alle Freiheitsappelle wirkungslos verhallen? (siehe den dritten Schüler in der unteren Reihe!)

Die untere Karikatur zielt auf die öffentlichen Bekenntnisse zur Freiheit, wie sie z.B. in der Werbung anzutreffen sind: Die Menschen gehorchen institutionellen und ökonomischen Zwängen, während die Werbung lautstark die (materiellen) Freiheiten heraushebt. Handelt es sich hier wirklich um Freiheit oder wird Freiheit zum leeren Begriff, der verkaufsfördernd instrumentalisiert wird? (Ein Querverweis zum Portman-Text **M 8** ist lohnenswert!) Die Sch. können hier eine Fülle weiterer Belege anführen, wo Freiheit zum Thema der Werbung gemacht wird.

Eine Leitfrage könnte dann die Opposition von Versprechungen und neuen Zwängen sein, die Abhängigkeit von einem materiellen Status. Ein zusätzlicher Impuls ist in diesem Zusammenhang die Aussage des Sokrates: „Wie viele Dinge gibt es doch, derer ich nicht bedarf!“ Freiheit – dies wäre als Problem zu diskutieren – ist dann nicht die Freiheit sich jeden materiellen Wunsch zu erfüllen, sondern im Gegenteil die bewusste Enthaltsamkeit, die Souveränität, sich nicht durch Angebote und Versprechungen „verführen“ zu lassen. Schließlich ist Freiheit – dies macht die dritte Karikatur deutlich – zumeist nur auf Kosten der Unfreiheit anderer zu erreichen: Die Freiheit des Herrschers fußt auf der Unfreiheit des Knechts, die Freiheit des Egomanen auf der Bereitschaft seiner Umwelt, Ansprüche zu reduzieren. Die Sch. sollten hier eigene Beispiele finden, inwiefern sich Freiheit und Unfreiheit bedingen bzw. in einem Wechsel-Wirkungs-Verhältnis stehen.

⇨ Gerade der letzte Gedanke wird durch **M 18** auf eine allgemeine Ebene gehoben. Der Auszug aus dem *Leviathan* schildert ein Szenarium, bei dem die konkurrierenden Freiheitsansprüche einen Krieg aller gegen alle auslösen. Eine Lösung ist nur durch den partiellen Verzicht auf Freiheitsansprüche möglich; *Th. Hobbes* spricht von einer „einschränkenden Macht“. Die Sch. sollen den Text in seinen Aussagen verstehen und das beschriebene Szenarium kritisch diskutieren. Der Schwerpunkt sollte allerdings der Lösung der Frage gewidmet sein, was dies für eine Macht sein kann und wie die Einschränkung tatsächlich aussehen kann, ohne dass daraus eine Unterdrückung resultiert: Die Sch. machen Vorschläge und verständigen sich im Unterrichtsgespräch über die unterschiedlichen Angebote, die schriftlich (Tafel oder Kurzprotokolle) festgehalten werden.

⇨ Zwar bezieht sich der Text auf einen gesellschaftlichen Zustand, er gilt in seiner Problemstellung jedoch auch für kleinere Sozialgefüge wie die Familie. Ist es möglich, so ist deshalb in einem nächsten Schritt zu fragen, dass auch in familiären Konflikten, in denen die Freiheit einzelner Familienmitglieder beschnitten werden, so etwas wie einen Vertrag oder eine regulierende Macht zu installieren? Die Sch. sollen mit dieser Frage handlungsorientiert umgehen, indem sie in einer Gruppenarbeit realistische *Konfliktsituationen* und deren Lösungen erarbeiten (**M 19**). Sodann werden diese Szenarien den anderen Sch. vorgespielt. Dabei ist darauf zu achten, dass es nicht bei der szenischen Präsentation bleibt, sondern in einer anschließenden Diskussion die angebotenen Lösungen geprüft und ggf. Alternativen erarbeitet werden.

⇨ Der spielerische Umgang mit dem Thema bietet den Sch. die Möglichkeit, ihr nunmehr angesammeltes Wissen zum Thema Freiheit, die Erfahrung unterschiedlicher Ansprüche und die Erkenntnis von der Notwendigkeit des Respekts gegenüber alternativen Freiheitsansprüchen praktisch umzusetzen. Auf einer eher kognitiven Ebene geschieht dies durch **M 20**: Die Sch. nehmen schriftlich Stellung zu Aussagen, die zentrale Elemente der Sequenz pointieren.
Auf diese Weise ist nicht nur ein Lernerfolg (i.S. der Fähigkeit zu differenzierter Argumentation) überprüfbar, sondern es besteht die Möglichkeit, in einer abschließenden Diskussion der Ergebnisse das Freiheitsverständnis der anderen Sch. wahrzunehmen und sich frei, d.h. souverän und tolerant zu diesen Sichtweisen zu verhalten.

5. Das Thema in Schulbüchern und Unterrichtsmaterialien

- Erwachsen werden, zusammengest. und bearb. v. Margarete Knödler-Pasch, Klett, Leipzig u.a. 1997.
- Münnix, Gabriele: Nirgendwo? Gesellschaft und Ethik. Philosophie für Einsteiger, Klett, Leipzig u.a. 1997.
- Nink, Hermann (Hg.): Standpunkte der Ethik, Schöningh, Paderborn 1994.
- Zusammen leben, zusammengest. und bearb. v. Gisela Aslam-Malik, Klett, Leipzig u.a. 1995.

6. Materialien und Medien

- Beutler, Kurt / Horster, Detlef (Hg.): Pädagogik und Ethik, Reclam, Stuttgart 1996.
- Kaspar Hauser, Video, mit Andre Eisermann, 135 min., Deutschland 1994.
- Lied „Freiheit“ von Marius Müller-Westernhagen.

Was ist Erziehung? Ist Erziehung wirklich nötig?

© Erich Rauschenbach, Berlin.

Arnold Gehlen: Der Mensch als Mängelwesen

Man hat schon lange bemerkt, dass der Mensch sozusagen einen Ausnahmefall darstellt. Die Fortschritte der Natur bestehen sonst in der organischen Spezialisierung der Arten, also in der Ausbildung immer leistungsfähigerer natürlicher Anpassungen an bestimmte Umwelten. Ein tierischer Organismus „hält sich" kraft seiner spezifischen Organisation in einem Gefüge von Bedingungen, in das er „eingepasst" ist.

Von einer „Einpassung" des Menschen in einen dieser Gattung von Natur her zugeordneten speziellen Komplex natürlicher Lebensbedingungen kann gar keine Rede sein. So wie sich die tierische, organische Spezialisierung und die ihr jeweils zugeschnittene Umwelt zueinander verhalten, so muss man die Unspezialisiertheit und morphologische Hilflosigkeit des Menschen in seiner Kultursphäre sehen. Da diese aber ein Inbegriff urwüchsiger Tatbestände ist, die der Mensch ins Lebensdienliche verändert hat, so gibt es von vornherein gar keine natürlichen Grenzbedingungen menschlicher Lebensfähigkeit, sondern nur technische Grenzbedingungen: nicht in der Natur, sondern in den Graden der Bereicherung und Verbesserung seiner kulturschaffenden Tätigkeit, zuerst der Denkmittel und Sachmittel, liegen die Grenzen menschlicher Ausbreitung.

Der Mensch ist also organisch „Mängelwesen" (Herder), er wäre in jeder natürlichen Umwelt lebensunfähig, und so muss er sich eine zweite Natur, eine künstlich bearbeitete und passend gemachte Ersatzwelt, die seiner versagenden organischen Ausstattung entgegenkommt, erst schaffen, und er tut dies überall, wo wir ihn sehen. Er lebt sozusagen in einer künstlich entgifteten, handlich gemachten und von ihm ins Lebensdienliche veränderten Natur, die eben die Kultursphäre ist. Man kann auch sagen, dass er biologisch zur Naturbeherrschung gezwungen ist.

Aus: Anthropologische Forschungen, S. 46ff.; ©1961 by Rowohlt Taschenbuch Verlag GmbH.

M 3

Erziehung – eine Lexikondefinition

Erziehung (als Prozess) bzw. Erziehen bezeichnet eine soziale Interaktion zw. Menschen, in der ein oder mehrere Erzieher im Idealfall planvoll und zielgerichtet (intentional) versuchen, bei dem zu Erziehenden unter Berücksichtigung seiner menschl. Eigenart ein erwünschtes Verhalten zu entfalten oder zu verstärken. Durch E. wird der zu Erziehende einerseits gezielt an die in seiner sozialen Umwelt als gültig anerkannten Normen angepasst, andererseits, bei einer richtig verstandenen E., auch zu einer kritischen Haltung gegenüber seiner Umwelt und ihren Normen ermutigt. Ihm werden die in dieser Umwelt als notwendig und normal erachteten Verhaltensformen als Werte vorgestellt; er soll die Verhaltenserwartungen seiner sozialen Umwelt kennen und beurteilen lernen und gegebenenfalls als begründet anerkennen und in bewusster Entscheidung erfüllen lernen.

Aus: Meyers Taschenlexikon in 24 Bänden, Meyers Lexikonverlag, Mannheim, 1.Auflage von 1981 (gekürzt).

M 4

Caspar Hauser

„Die Erscheinung dieses Fündlings auf der Oberwelt, am zweyten Pfingsttage, d. 26. May 1828, in Nürnberg, wohin er unter Führung eines Unbekannten, der ihn plötzlich verließ, während der Nacht aus seinem dunkelen, unterirdischen siebenzehnjährigen Aufenthaltsorte (Unterwelt) geführt worden, gehört unter diejenigen Begebenheiten, die als Thatsache völlig bewiesen sind, wiewohl sie wegen mancher rätselhaften Dunkelheit und Seltsamkeit von Vielen für eine Fabel oder geradezu für einen listigen Betrug gehalten werden soll. Hauser gehört unter diejenigen Menschen, wie die Naturforscher, Psychologen und Ärzte noch nie, solange die Welt steht, einen Menschen in seiner Eigenthümlichkeit zu beobachten Gelegenheit gefunden haben.“

Allgemeiner Anzeiger und Nationalzeitung der Deutschen, Nr. 317 vom 19.11.1832; Abb.: zeitgenössisch; beide Materialien aus: Reihe Philosophie - Ethik - Werte und Normen, Vom Menschen, H.2: Der Mensch lebt in seiner Welt, hg.v. Gerburg Böhrs u.a., Klett, Leipzig 1993, S. 5f.

M 5

Bertolt Brecht: Was ein Kind gesagt bekommt

Der liebe Gott sieht alles.
Man spart für den Fall des Falles.
Die werden nichts, die nichts taugen.
Schmökern ist schlecht für die Augen.
Kohlentragen stärkt die Glieder.
Die schöne Kinderzeit, die kommt nicht wieder.
Man lacht nicht über ein Gebrechen.
Du sollst Erwachsenen nicht widersprechen.
Man greift nicht zuerst in die Schüssel bei Tisch.
Sonntagsspaziergang macht frisch.
Zum Alter ist man ehrerbötig.
Süßigkeiten sind für den Körper nicht nötig.
Kartoffeln sind gesund.
Ein Kind hält den Mund.

Aus: Gesammelte Werke, Bd.14, hg. v. Werner Hecht u.a., © Suhrkamp Verlag, Frankfurt a.M. 1993, S. 361; Abbildung aus: Wilhelm Busch, Und die Moral von der Geschicht, Bertelsmann, München 1982, S. 39.

M 6

Strenge Erziehung –
aber letztlich richtig und gut!

Liebevolle Erziehung –
leider total gescheitert!

Bei der Erziehung –
das musste ja schief gehen!

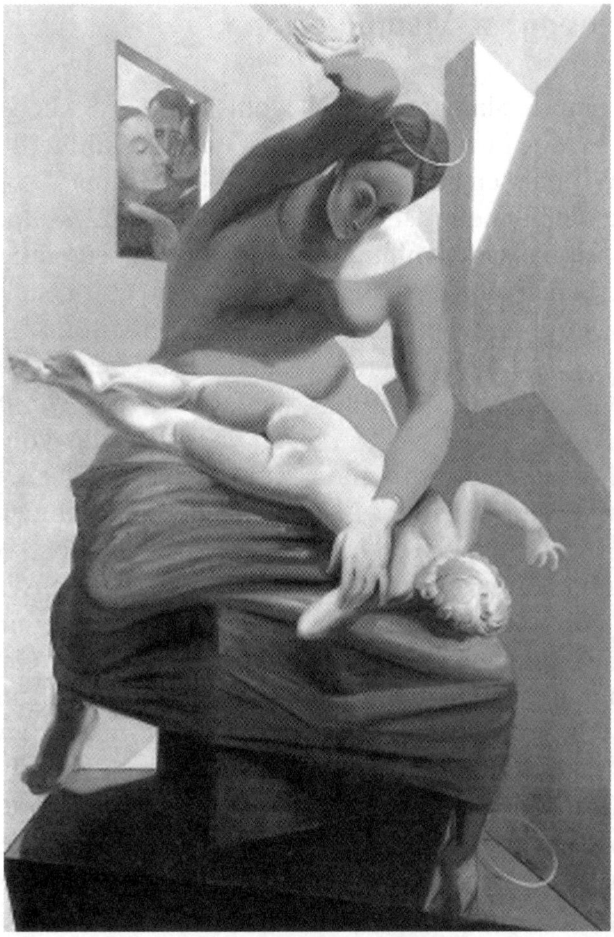

Max Ernst, Die Jungfrau züchtigt das Jesuskind, 1926; © VG Bild-Kunst, Bonn 2000.

Käthe Kollwitz, Mutter mit Kind, 1916; VG Bild-Kunst, Bonn 2000.

Adolf Portmann: Erziehung ist Manipulation **M 8**

„Manipulation" ist heute ein Schlagwort und steht für alle Möglichkeiten des Einflusses auf Menschengruppen bereit. Wir müssen also angeben, welcher ihrer Aspekte hier gemeint ist. Wir wollen in dieser Umschau nur das als Manipulation bezeichnen, was dem Einzelnen oder einer Gruppe als Beeinflussung widerfährt, der er entweder völlig hilflos ausgeliefert ist oder die mindestens weitgehend passiv erfahren, erlitten wird.

Ich denke an Manipulationen, die wir alle erfahren, die uns sehr direkt angehen und von denen wir darum gewöhnlich nicht sprechen, wenn das Schlagwort „Manipulation" auftritt!

Ich meine die schlichte, normale, menschliche Individualentwicklung, die jedes Einzelwesen durchlebt und die das Leben des Einzelnen wesentlich mitformt. Denn: Manipulation ist ein Grundphänomen unseres Menschseins. Das Geschick des Neugeborenen führt uns das drastisch vor Augen. Dieses Neugeborene, das in die Welt seiner Gruppe hineinwachsen muss, ist ja völlig von der Hilfe dieser Gruppe abhängig. Manipulation ist der einzige Weg, auf dem das Kind zum vollwertigen Menschen werden kann. Ich brauche nur wenige Fakten zusammenzustellen: etwa die Dressur zu der von der Gruppe geforderten Hygiene, zum Sauberkeitsverhalten sowohl wie das Stehen, Gehen, Sprechen – alles das entsteht unter dem Einfluss der Lenkung durch die Gruppe.

Mit dem in Kulturländern zwangsmäßigen Eintritt in die eigentliche Schulungszeit setzt im Abendland eine neue umfassende Manipulation ein – die Prägung des Individuums zum Sozialglied, eine bedeutungsvolle Manipulation in dem Sinn, den wir eingangs gegeben haben, denn sie geht aus von einer Macht, der sich das Kind nicht entziehen, zu deren Entscheidung es nicht Stellung nehmen kann.

Es darf uns nicht verwundern, dass die Antwort der heranwachsenden Generation eine entsprechende Breite von verschiedensten Spielarten zeigt. Das Angebot von Möglichkeiten der Flucht in die Bewegung, in den Rausch oder in den Protest durch Verweigerung ist groß!

Dass der merkantile Geist der herrschenden Generation dieses Trachten nach der Eigenständigkeit der Jugendzeit kräftig ausnützt und die Jugend zu einem wesentlichen Faktor des allgemeinen Konsums macht, indem er so weit wie möglich Gewinn bringende Erfüllungen ihrer Wünsche offeriert, das ist eine Sache für sich, eine neue Form der massiven suggestiven Manipulation der Revoltierenden.

Aus: Adolf Portmann, Manipulation als Grundphänomen des Menschen (Aufsatz), Arche, Zürich 1969, S. 8ff. (gekürzt); © M. New / S. Migot, Basel.

M 9

„Ingo im Rollenkonflikt", Zeichnung von W. Kurowski, aus: Arbeitsbuch: Politik. 7.–10. Schuljahr, Bagel, Düsseldorf 1976.

Immanuel Kant: Die Unmündigkeit des Menschen

M 10

Aufklärung ist der Ausgang des Menschen aus seiner selbst verschuldeten Unmündigkeit. Unmündigkeit ist das Unvermögen, sich seines Verstandes ohne Leitung eines anderen zu bedienen. Selbst verschuldet ist diese Unmündigkeit, wenn die Ursache derselben nicht am Mangel des Verstandes, sondern der Entschließung und des Mutes liegt, sich seiner ohne Leitung eines andern zu bedienen. Sapere aude! Habe Mut, dich deines eigenen Verstandes zu bedienen!

Faulheit und Feigheit sind die Ursachen, warum ein so großer Teil der Menschen gerne zeitlebens unmündig bleiben; und warum es anderen so leicht wird, sich zu deren Vormündern aufzuwerfen. Es ist so bequem, unmündig zu sein. Habe ich ein Buch, das für mich Verstand hat, einen Seelsorger, der für mich Gewissen hat, einen Arzt, der für mich die Diät beurteilt usw., so brauche ich mich ja nicht selbst zu bemühen. Ich habe nicht nötig zu denken, wenn ich nur bezahlen kann; andere werden das verdrießliche Geschäft schon für mich übernehmen. Dass der bei weitem größte Teil der Menschen den Schritt zur Mündigkeit außer dem, dass er beschwerlich ist, auch für sehr gefährlich halte: dafür sorgen schon jene Vormünder, die die Oberaufsicht über sie gütigst auf sich genommen haben. Nachdem sie ihr Hausvieh zuerst dumm gemacht haben und sorgfältig verhüteten, dass diese ruhigen Geschöpfe ja keinen Schritt außer dem Gängelwesen, darin sie sie einsperreten, wagen durften, so zeigen sie ihnen nachher die Gefahr, die ihnen drohet, wenn sie es versuchen, allein zu gehen.

Es ist also für jeden einzelnen Menschen schwer, sich aus der ihm beinahe zur Natur gewordenen Unmündigkeit herauszuarbeiten. Er hat sie sogar lieb gewonnen und ist vorderhand wirklich unfähig, sich seines eigenen Verstandes zu bedienen, weil man ihn niemals den Versuch davon machen ließ. Daher gibt es nur wenige, denen es gelungen ist, durch eigene Bearbeitung ihres Geistes sich aus der Unmündigkeit herauszuentwickeln und dennoch einen sicheren Gang zu tun.

Aus: Immanuel Kant, Beantwortung der Frage: Was ist Aufklärung?, Werke, Bd. 9, hg. v. Wilhelm Weischedel, Wissenschaftliche Buchgesellschaft, Darmstadt 1983, S. 53f.

M 11

my own song

ich will nicht sein
so wie ihr mich wollt
ich will nicht ihr sein
so wie ihr mich wollt
ich will nicht sein wie ihr
so wie ihr mich wollt
ich will nicht sein wie ihr seid
so wie ihr mich wollt
ich will nicht sein wie ihr sein wollt
so wie ihr mich wollt
nicht wie ihr mich wollt
wie ich sein will will ich sein
nicht wie ihr mich wollt
wie ich bin will ich sein
nicht wie ihr mich wollt
wie ich will ich sein
nicht wie ihr mich wollt
ich will ich sein
nicht wie ihr mich wollt will ich sein
ich will sein.

Aus: Ernst Jandl, poetische werke in 10 bänden, hg. v. K. Siblewski, Luchterhand Literaturverlag, München 1997, Bd. 8 („selbstporträt des schachspielers als trinkende uhr“), S. 223.

M 12

Johann Gottlieb Fichte: Die Freiheit des Menschen

Dass ich bestimmt sein sollte, ein Weiser und Guter, oder ein Tor und Lasterhafter, zu sein, dass ich an dieser Bestimmung nichts ändern, von dem ersteren kein Verdienst, und an dem letzteren keine Schuld haben sollte, – dies war es, was mich mit Abscheu und Entsetzen erfüllte.

Jene Freiheit, die gar nicht meine eigene, sondern die einer fremden Kraft außer mir, und selbst an dieser nur eine bedingte, nur eine halbe Freiheit war, – sie war es, die mir nicht genügte. Ich selbst, dasjenige, dessen ich mir als meiner selbst, als meiner Person bewusst bin, und welches in jenem Lehrgebäude als bloße Äußerung eines Höheren erscheint, – ich selbst will selbständig, – nicht an einem anderen, und durch ein anderes, sondern für mich selbst Etwas sein; und will, als solches, selbst der letzte Grund meiner Bestimmungen sein. Den Rang, welchen in jenem Lehrgebäude jede ursprüngliche Naturkraft einnimmt, will ich selbst einnehmen. Welche von beiden Meinungen soll ich ergreifen? Bin ich frei und selbständig, oder bin ich nichts an mir selbst, und lediglich Erscheinung einer fremden Kraft? Das System der Freiheit befriedigt, das entgegengesetzte tötet und vernichtet mein Herz. Kalt und tot dastehen, und dem Wechsel der Begebenheiten nur zusehen, ein träger Spiegel der vorüberfliehenden Gestalten – dieses Dasein ist mir unerträglich, ich verschmähe und verwünsche es. Ich will lieben, ich will mich in Teilnahme verlieren, mich freuen und mich betrüben. Ich will alles aufs Beste machen; will mich meiner freuen, wenn ich recht getan habe; will mich über mich betrüben, wenn ich unrecht tat. Es ist in mir ein Trieb zu absoluter, unabhängiger Selbsttätigkeit. Nichts ist mir unausstehlicher, als nur an einem anderen, für ein anderes, und durch ein anderes zu sein: Ich will für und durch mich selbst etwas sein und werden. Diesen Trieb fühle ich, sowie ich nur mich selbst wahrnehme; er ist unzertrennlich vereinigt mit dem Bewusstsein meiner selbst.

Aus: Werke, Bd. 3, Felix Meiner, Leipzig o.J., S.25ff.

M 13

Freiheit –
das heißt für mich ...

M 14

Aus: „Ivan Steiger sieht die Bibel", Verlag Katholisches Bibelwerk und Deutsche Bibelgesellschaft, Stuttgart.

Beschreibe deinen gestrigen Tagesablauf: Wann warst du frei, etwas selbst zu entscheiden, wann hast du dich bevormundet gefühlt?

Die neue Selbständigkeit (Anna, 18, Schülerin) M 15

Vor einem Jahr bin ich aus einem 2000-Seelen-Dorf in Bayern nach Hamburg gezogen. Ich gehe jetzt hier zum Gymnasium und wohne in einer Zweier-WG. Meine Eltern haben den Umzugsplan unterstützt, weil sie merkten, dass ich in unserem kleinen Dorf nicht glücklich war. Dort gab es nur wenige kulturelle Angebote und die meisten habe ich selber organisiert, habe das Jugendzentrum mitgeleitet und Theater gespielt. Freiheit heißt für mich jetzt: ein Konzert zu besuchen, ohne hinterher die Abrechnung machen zu müssen.

In Hamburg finde ich gleich Gesinnte, muss keine Einzelkämpferin mehr sein, das gibt mir Kraft und ein Gefühl von Freiheit. In der WG habe ich mehr Freiheiten als zu Hause bei meinen Eltern. Gleichzeitig erlebe ich neue Zwänge: Jetzt kann ich zwar bis morgens um sieben fernsehen oder mitten in der Nacht mit meinem Mitbewohner Musik machen. Und wenn ich eine Woche lang nur Reis mit Ketchup esse, mischt sich niemand ein.

Aber ich stecke auch in mehr Abhängigkeiten als vorher. Früher konnte ich Verantwortung manchmal abgeben, jetzt bin ich immer und überall allein zuständig. Wenn ich krank bin, muss ich zur Apotheke gehen, dafür sorgen, dass genug zu essen im Haus ist, und natürlich alleine die Fehlzeiten in der Schule verantworten. Es ist keine Mutter da, die mich pflegt. Auch wenn es Ärger gibt in der Schule oder mit dem Vermieter, kann ich nicht meine Eltern vorschicken. Vor allem aber bin ich gezwungen, für meinen Lebensunterhalt zu arbeiten. Meine Eltern zahlen mir Miete und Telefon, für Essen und alles andere muss ich selbst aufkommen. Das bedeutet vier- bis fünfmal die Woche putzen gehen nach der Schule.

Mein Begriff von Freiheit hat sich seit dem Umzug verändert. Früher war er mehr von materiellen und räumlichen Dingen geprägt, ich empfand es als Einschränkung, abends zehn Kilometer mit dem Rad über Land fahren zu müssen, weil es keinen Bus gab. Heute fühle ich mich frei, weil ich so lebe, wie ich möchte, und durch das, was ich tue. Die neuen Zwänge, denen ich unterworfen bin, nehme ich dafür gern in Kauf. Wegzuziehen war die richtige Entscheidung.

Aus: Brigitte Young Miss, Nr. 12/1998, S. 54.

M 16

Novalis: Das philosophische Pferd

Ein Wolf sagte zu einem Pferde: „Warum bleibst du denn dem Menschen so treu, der dich doch sehr plagt, und suchst nicht lieber die Freiheit?“ Wer würde mich wohl in der Wildnis gegen dich und deinesgleichen verteidigen“, antwortete das philosophische Pferd, „wer mich pflegen, wenn ich krank wäre, wo fände ich solches gutes, nahrhaftes Futter, wo einen warmen Stall? Ich lasse dir gern für das alles, das mir meine Sklaverei verschafft, deine Chimäre von Freiheit. Und selbst die Arbeit, die ich habe, ist sie ein Unglück?“

Aus: Novalis, Der Kuckuck sprach zur Nachtigall, Aufbau, Berlin/Weimar 1988, S. 153.

M 17

(b) Dr. Jan Tomaschoff, CCC, München.

(a) Klaus Pitter, CCC, München.

(c) Jean-Jaques Sempé, aus: Sempé Konsumenten, © 1973 by Diogenes Verlag AG, Zürich.

M 18

Thomas Hobbes: Freiheit als Krieg aller gegen alle

Die Natur hat die Menschen sowohl hinsichtlich der Körperkräfte wie der Geistesfähigkeiten untereinander gleichmäßig begabt; und wenngleich einige mehr Kraft oder Verstand als andere besitzen, so ist der hieraus entstehende Unterschied im Ganzen betrachtet dennoch nicht so groß, dass der eine sich diesen oder jenen Vorteil versprechen könnte, welchen der andere nicht auch zu erhoffen berechtigt sei. Bezüglich der körperlichen Kraft wird man gewiss selten einen so schwachen Menschen finden, der nicht durch List oder in Verbindung mit anderen, die mit ihm in gleicher Gefahr sind, auch den stärksten töten könnte.

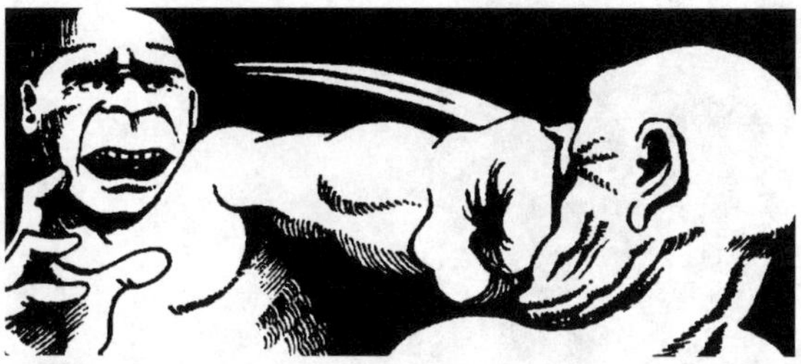

Hierauf gründet sich nun auch die Hoffnung, die ein jeder zur Befriedigung seiner Wünsche hegt. Sooft daher zwei ein und dasselbe wünschen, dessen sie aber beide nicht zugleich teilhaftig werden können, so wird einer des andern Feind, und um das gesetzte Ziel, welches mit der Selbsterhaltung immer verbunden ist, zu erreichen, werden beide danach trachten, sich den andern entweder unterwürfig zu machen oder ihn zu töten.

Bei dieser großen Furcht, welche die Menschen allgemein gegeneinander hegen, können sie sich nicht besser sichern, als dadurch, dass einer dem andern zuvorkommt oder so lange fortfährt, durch List und Gewalt sich alle anderen zu unterwerfen, als noch andere da sind, vor denen er sich zu fürchten hat. Dies ist aber nicht mehr, als was durch die Selbsterhaltung nötig und von jedermann zugegeben wird.

Hieraus ergibt sich, dass ohne eine einschränkende Macht der Zustand der Menschen ein solcher sei, wie er zuvor beschrieben wurde, nämlich ein Krieg aller gegen alle.

Aus: Thomas Hobbes, Leviathan, Philipp Reclam jun., Stuttgart 1970, S. 112ff.; Abb. aus: Richard Osborne, Philosophie. Eine Bildergeschichte für Einsteiger, W. Fink Verlag, München 1996, S. 93.

M 19

In jeder Familie gibt es Ärger. Du selbst hast ganz bestimmte Bedürfnisse und Wünsche und auch deine Geschwister oder die anderen Familienmitglieder wollen ihre Interessen, ihre „Freiheiten" oft genug durchsetzen.

Berichtet euch in Gruppen gegenseitig von Erfahrungen und Situationen, wo solche „Freiheits-Ansprüche" aufeinander prallten. Wählt eine Situation aus und überlegt gemeinsam, wie der Ärger gelöst werden kann und möglichst viele Beteiligte zufrieden gestellt werden können.

Verteilt nun entsprechende Rollen in der Gruppe und spielt euren Mitschüler/inne/n die Situation vor!

Eugene Delacroix, Die Freiheit führt das Volk, 1830.

Nehmt Stellung zu folgenden Aussagen:

- Lieber unfrei und zufrieden als frei und unzufrieden.
- Freiheit ist auch gefährlich.
- Zu viel Freiheit ist schädlich.
- Freiheit ist die Freiheit der Andersdenkenden.

„Der innere Richter“ – Gewissen und Verantwortung

1. Fachwissenschaftliche und didaktische Aspekte

Gewissen und Verantwortung – diese zwei Begriffe lassen sich komplementär betrachten. Stellt das *Gewissen* eher die innere Prüfinstanz zur Bewertung menschlicher Entscheidungen dar, meint *Verantwortung* den äußeren Aspekt, d. h. das Einstehen des Menschen für sein Handeln und dessen Folgen.

Der Begriff Verantwortung tritt in der Ethik des 20. Jahrhunderts zunehmend ins Blickfeld der Diskussion. Die Gründe dafür liegen in der Macht des Menschen, der mit Hilfe von Wissenschaft und Technik in immer stärkerem Ausmaß nicht nur über die eigene Natur, sondern auch über die gesamte Mitwelt, ja die Existenz des gesamten Planeten verfügen kann.

In philosophischer Hinsicht ergeben sich daraus Fragen, die v.a. an die Ethik bzw. bestimmte Spezialethiken (Tierethik, Medizinethik, Umweltethik etc.) weitergereicht werden.

Das Problemfeld Verantwortung wird deutlich, wenn man Verschiedenes unterscheidet (vgl. M. Sänger, s. u. 5.):

- den Träger von Verantwortung bzw. das *Verantwortungssubjekt*
- den Bezugspunkt von Verantwortung bzw. den *Verantwortungsbereich* sowie
- die Legitimation bzw. die *Verantwortungsinstanz.*

Im Zusammenhang mit dem *Verantwortungssubjekt* ergeben sich Fragen wie die nach Mündigkeit und Zurechnungsfähigkeit, die Sch. erfahrungsgemäß im Zusammenhang mit Schuld und Strafe thematisieren. Hinsichtlich der *Verantwortungsbereiche* stellen sich die aus den eingangs genannten Gründen brennenden Fragen nach der *Reichweite* von Verantwortung – insbesondere wegen der Macht des Menschen (s.o.) –, d.h. z.B. ob der Mensch für die Folgen seines Tuns auch in der Zukunft verantwortlich ist, oder ob auch Lebewesen, die nicht zur menschlichen Spezies gehören, in den Bereich menschlicher Verantwortung aufgenommen werden können bzw. müssen. Der Blick auf die *Verantwortungsinstanz* wird in dieser Jahrgangsstufe zunächst das eigene Ich, das eigene Gewissen in den Vordergrund stellen. Im Zusammenhang mit politisch-historischen Fragen ist es wichtig, den Sch. deutlich zu machen, dass das Gewissen keine angeborene, unfehlbare Prüfinstanz ist, sondern eine, die getäuscht, unterdrückt, manipuliert, missbraucht werden kann. Dabei geht es allerdings nicht in erster Linie um Beispiele aus der Historie (z.B. dem 3. Reich), sondern mehr um die individuellen Gegebenheiten und Erfahrungen, die die Sch. in sich und an anderen entdecken können. Die Thematisierung von Gott, der Gesellschaft, der Menschheit oder der Natur als Verantwortungsinstanzen kann in Themenbereichen der Oberstufe wieder aufgegriffen werden.

Um im Unterricht mit Sch. der 9./10. Jahrgangsstufe einen Ausgangspunkt zu finden, sollte man jedoch zunächst die allgemeine Bestimmung verwenden, wonach „Verantwortung die Bereitschaft und Verpflichtung des Menschen [bezeichnet], für sein Wollen und für sein Handeln und dessen Folgen einzustehen." (Schwoerbel, S. 168)

2. Intentionen

Die Sch. sollen
- die grundlegende Funktion des Gewissens als Prüfinstanz menschlicher Entscheidungen kennen lernen,
- anhand von Beispielen die Wirkungsweisen des menschlichen Gewissens erarbeiten,
- Grundkenntnisse über geistesgeschichtliche Ansätze zur Begründung des Gewissens erwerben und diese Ansätze kritisch bewerten,
- einen Überblick über die Dimensionen von Verantwortung erhalten und konkretisieren,
- über die Möglichkeiten verantwortungsvollen Handelns angesichts individueller und gesellschaftlicher Probleme kritisch reflektieren,
- in Rollenspielen die Möglichkeiten eines spielerischen, erprobenden Umgangs mit Konfliktsituationen nutzen lernen,
- in Gedankenexperimenten und Diskussionsrunden ihre Fähigkeit zu nachhaltiger Argumentation üben.

3. Literatur zur Vorbereitung

- Anzenbacher, Arno: Einführung in die Philosophie, Herder, Wien 1981, S. 262–266 (Kapitel 6.2.: Das Gewissen).
- Hastedt, Heiner / Martens, Ekkehard: Ethik. Ein Grundkurs, Rowohlt, Reinbek bei Hamburg 1994, S. 180–197 (Kapitel 7: Verantwortung).
- Hastedt, Heiner u.a. (Hg.): Ethisch handeln. Aspekte angewandter Ethik, Schroedel, Hannover 1991.
- Höffe, Otfried: Lexikon der Ethik, C.H. Beck, München 1992, S. 96ff. (Gewissen); S. 288f. (Verantwortung).
- Nagel, Thomas: Was bedeutet das alles? Eine ganz kurze Einführung in die Philosophie, Reclam, Stuttgart 1990.
- Pieper, Annemarie: Einführung in die Ethik, Francke, Tübingen 1991.
- Schischkoff, Georgi (Hg.): Philosophisches Wörterbuch, Kröner, Stuttgart 1991, S. 249 (Gewissen); S. 753 (Verantwortungsbewusstsein).
- Wittschier, Michael: es wa(h)r einmal. Märchen-Philosophie, Patmos, Düsseldorf 1997.

4. Unterrichtsideen

A. Einführung: Gewissen

⇨ Die *Karikatur* (**M 1**) kann als humorvoller Einstieg dienen.

⇨ Zum einen geht es darum, Sch. den Zugang zu einer Thematik, die einen abstrakten Titel trägt, zu erleichtern – im Gegensatz dazu stoßen Titel für Unterrichtseinheiten wie: „Gewalt", „Glück und Sinn", „Erwachsen werden" häufig von sich aus auf Interesse. Die

Motivation von Interesse soll also durch den *lebensweltlichen Bezug* auf Probleme, mit denen Sch. dieser Jahrgangsstufe konfrontiert werden können, erreicht werden. Zum anderen geht es uns um handlungsorientiertes Arbeiten: Arbeiten, das Produktivität, Kreativität und soziales Lernen fördert.
Mit der Möglichkeit, einen Text auszuwählen (**M 2–4**), bietet sich den Sch. die Gelegenheit, Schwerpunkte für die inhaltliche Ausgestaltung des Themas zu setzen.
Inhaltliche Ziele: Gewissenskonflikte als alltäglich, vor allem auch als innere Konflikte kennen lernen.

⇨ Ein anderer möglicher Einstieg könnte in Form einer *Umfrage* („Was sagt dir dein Gewissen?") erfolgen (**M 5**). Die Sch. werden damit aufgefordert, sich zu hinterfragen und zu Einzelsituationen Stellung zu nehmen.

⇨ *Philosophische Positionen*: Die Sch. arbeiten selbstständig in Kleingruppen. **M 6–8** werden gruppenweise so ausgegeben, dass sich alle Sch. einer Gruppe gemeinsam mit einem Philosophen beschäftigen. So entstehen *Expertengruppen*. Das Material lässt sich je nach Gruppenstruktur differenzieren.
Die Sch. bearbeiten die Arbeitsaufträge zu **M 6–8** und entwerfen z. B. ein Tafel- oder ein Folienbild. Diese Aufzeichnungen werden der Klasse anschließend durch einen Gruppensprecher erklärt und von den Sch. übernommen. Dabei können Fragen an die „Experten" gerichtet werden.
Nach Vorstellung der Ergebnisse der drei Arbeitsgruppen kann an dieser Stelle über die Frage eines kollektiven Gewissens bzw. einer kollektiven Schuld diskutiert werden (z. B. 3. Reich). Dieser Vorschlag ist einerseits im Interesse der Sch. begründet, andererseits sehen die Lehrpläne für das Fach Geschichte das Thema für diese Altersstufe vor.

B. Gewissensentscheidungen und verantwortliches Handeln

⇨ Nach der lebensweltlichen und philosophischen Betrachtung des Themas „Gewissen" sollen die Sch. versuchen, *eigene Definitionen* des Begriffes zu erarbeiten sowie ihr Vorverständnis vom Begriff „Verantwortung" darzulegen.
Zu diesem Zweck wird die Vorstellung einer Extremsituation – das Überleben einer Gruppe unter schwierigsten Bedingungen – erzeugt. In Anlehnung an moderne Planspiele werden die Schülergruppen im Gedankenexperiment vor *Entscheidungssituationen* (**M 9**) gestellt, die den Widerspruch zwischen Gewissensentscheidung und Überlebenswillen herausfordern bzw. die Problematik verantwortlichen Handelns in Krisensituationen deutlich machen.
In einer abschließenden Reflexion versuchen die Sch., die Begriffe „Gewissen" und „Verantwortung" zu explizieren.

C. Aspekte von Verantwortung

⇨ L. stellt die wesentlichen Aspekte der „Schülerdefinitionen" als Tafel- oder Folienbild dar (Bsp. s.u.), wobei als handlungsleitend für die weitere Unterrichtsgestaltung in Klasse 9/10 der Aspekt „verantwortlich für" angesetzt werden kann.
Gemeinsam mit den Sch. werden Beispiele für diesen Aspekt erarbeitet, die zum Teil direkt im Unterrichtsgespräch problematisiert werden oder als thematische Orientierung für Projektarbeiten (siehe Punkt E.) genutzt werden können.
Mögliche Themenbereiche: Verantwortung für Menschen, Dinge, Tiere, Natur, eigene Entscheidungen, Sexualität, Abtreibung, Behinderte, Kriminalität, Mord, Diebstahl, Drogen usw.
Ein möglicher Impuls zur Ideensammlung kann auch über bildliche Darstellungen erfolgen (Bilder zerstörter Umwelt, hilfsbedürftiger Personen ...).

Tafelbild:

Wer? (Träger der Verantwortung) – z.B. Ich, Gruppe, Gesellschaft | Wofür? (Verantwortungsbereich) – z.B. Menschen, Dinge, Natur, Entscheidungen | Wovor? (Verantwortungsinstanz) – z.B. Gewissen, Gott, Eltern, Staat

D. Fallbeispiele

⇨ Schwerpunkt: Gruppenarbeit „Fahrerflucht"
In Form von handlungsorientiertem Unterricht setzen sich die Sch. intensiv mit Begriffen wie *Opfer, Täter, Handeln, Unterlassen, Schuld, Gewissen, Motive, Strafe* auseinander. Sie werden gleichzeitig aufgefordert, zu bestimmten Handlungen und Entscheidungen Stellung zu nehmen, sich möglicherweise zu identifizieren, sich in Personen hineinzuversetzen.
Es bieten sich verschiedene Materialien an, die als Einstieg in die Thematik oder als Grundlage für die selbstständige Beschäftigung der Sch. verwendet werden können. Ziel ist es, sich nach der gemeinsamen Diskussion in Einzel-, Partner- oder Gruppenarbeit produktiv mit der Problematik auseinander zu setzen und das Ergebnis anschließend zu präsentieren.

Einstiegsmöglichkeiten/Motivationen:
1. **M 10** – Bild *„Fahrerflucht"*
2. **M 11** – Text *Generalvertreter Ellebracht begeht Fahrerflucht* lesen und anhand der Leseaufgaben darüber sprechen
3. *Hörspiel* „Fahrerflucht" von Alfred Andersch (siehe 6. Materialien und Medien).

Vorschläge für Arbeitsaufträge:
A) Fortsetzung des Hörspiels
B) Das Mädchen hat überlebt. (a. Versetzt euch in die Person und gebt ihre Gedanken und Gefühle wieder; b. mögliche Begegnung von Mädchen und Fahrer nach dem Unfall)
C) Die Sicht eines Angehörigen des Opfers.
D) Der Polizeibericht.
E) Der Täter wird verhört.
F) Gerichtsverhandlung.
Das sollten allerdings nur Angebote sein. Den Sch. muss die Möglichkeit bleiben, eigene Ideen verwirklichen zu können.

⇨ *„Gerichtsverhandlung"* (**M 12**)
Eine zweite Möglichkeit, die wahlweise, aber auch ergänzend eingesetzt werden kann, ist die Inszenierung einer Gerichtsverhandlung als Rollenspiel.
Die Sch. sollen Einsicht gewinnen in die Möglichkeit unterschiedlicher Bewertung von „verantwortlichem Handeln".
Die Methode des Rollenspiels eröffnet die Möglichkeit, Situationen und Entscheidungsmomente kreativ zu gestalten sowie – gerade in Gestalt einer Gerichtsverhandlung – unterschiedliche Perspektiven und Motive nachvollziehbar darzustellen, außerdem wird so die Fähigkeit zur überzeugenden Argumentation geschult.
Das Arbeitsblatt gibt die Situationsbeschreibung und einleitende Problemfragen vor, zusätzlich muss noch die Einteilung der Gruppen sowie die Rollenverteilung innerhalb der Gruppen vorgenommen werden:

- Gruppe „Anklage": Staatsanwalt; Zeugen, die gegen den Angeklagten aussagen; evtl. Angehörige des getöteten Offiziers usw.
- Gruppe „Verteidigung": Anwälte, Angehörige, Freunde des Angeklagten;
- Gruppe „Gericht": mindestens zwei Richter, evtl. ein Gerichtsdiener
- der „Angeklagte".

E. Fächerübergreifende Aspekte des Themas / Projektvorschlag

⇨ *„Haben Tiere Rechte?"*
Biologie / Sozialkunde u. Ä. / Ethik: Aus den

genannten Fächern sollen rechtliche Aspekte, biologisches Wissen und philosophische Argumente zusammengetragen werden.
Ein zweiter, handlungsorientierter Schwerpunkt der Arbeit sollte in der Auseinandersetzung bzw. Begegnung mit Menschen liegen, die mit dieser Problematik konfrontiert sind. Hier bietet sich die Befragung von Tierärzten, Naturwissenschaftlern, Tierschützern, Rechtsanwälten einerseits sowie Mitschülern, Lehrern und Einwohnern des Heimatortes andererseits an.
Die Einstieg in die Problematik kann mit Hilfe der Materialien **M 13** und **M 14** – Dokumentationen von *Tierschutzaktionen* – erfolgen. **M 15** und **M 16** bieten *Arbeitsaufträge* für Gruppen in der Projektphase.
M 17 bietet weiterführende *philosophische Aspekte*.

5. Das Thema in Schulbüchern und Unterrichtsmaterialien

- Breun, Richard (Hg.): Leben leben. Ethik 9/10, Klett, Leipzig 1997, S. 163–186 (Kapitel 7: Wie treffe ich Entscheidungen im Leben?).
- Brüning, Barbara u. a. (Hg.): Ethik 9/10, Cornelsen, Berlin 1998, S. 36–53 (Kapitel 3: Gewissen und Verantwortung).
- Engelmann, Reiner (Hg.): Tatort Klassenzimmer. Texte gegen Gewalt in der Schule. Arena, Würzburg 1995.
- Gerber, Uwe u.a. (Hg.): auf andere achten. ethik 9/10, Diesterweg, Frankfurt a.M. 1997, S. 32–67, 90–139 (Kapitel 2: Gewissenhaft leben; Kapitel 4: Brennpunkte gesellschaftlicher Verantwortung).
- Heller, Bruno: Grundfragen philosophischer Ethik, Bayerischer Schulbuch Verlag, München 1998, S. 135–202 (Kapitel 4: Ethik der Verantwortung).
- Hubig, Christoph (Hg.), Ethik. Klassen 9/10, Gymnasium, Militzke, Leipzig 1998, S. 75–96 (Kapitel 5: Gewissen und Verantwortung).
- Kähler, Jutta / Nordhofen, Susanne: Geschichten zum Philosophieren, Reclam, Stuttgart 1994.
- Münnix, Gabriele: Wirklich? Erkenntnis und Ethik, Klett, Leipzig 1996, S. 80–108 (Kapitel 4: Gewalt, Gewissen, Verantwortung).
- Nink, Hermann (Hg.): Standpunkte der Ethik. Oberstufe, Schöningh, Paderborn 1994, S. 325–336 (Kapitel 12.1.: Verantwortung als ethisches Prinzip).
- Sänger, Monika: Der Begriff Verantwortung, in: Kurswissen Prakt. Phil./Ethik, Klett, Stuttgart 1994, S. 164ff.
- Savater, Fernando: Tu was du willst. Ethik für die Erwachsenen von morgen, Campus, Frankfurt a.M. 1993.
- Schwoerbel, W. u.a.: Ethik 3. Lehr- und Arbeitsbuch für den Ethikunterricht an allgemeinbildenden und beruflichen Gymnasien in der Klasse 13, Stam, Köln 1994, S. 167–271 (Kapitel 4: Wissenschaft und Verantwortung).
- Stoltenberg, Annemarie (Hg.): Gegen den Strom. Texte zur Courage im Alltag, Rowohlt, Reinbek bei Hamburg 1995.

6. Materialien und Medien

- Andersch, Alfred: Fahrerflucht. Ein Hörspiel (Kassette), Der Hörverlag, Stuttgart 1995. Laufzeit: ca. 57 Minuten.
- Andersch, Alfred: Fahrerflucht (Textauszüge), in: Leseheft 8, Cornelsen, Berlin 1993, S. 56–64.
- Aslam-Malik, Gisela: Gewissen. Lesehefte Ethik – Werte und Normen – Philosophie, Klett, Leipzig 1995.
- Conrad, Franziska: Gewissen und Verantwortung. Ein handlungsorientierter Unterrichtsvorschlag für die Klassen 9/10, in: Ethik & Unterricht. Die Zeitschrift für die Fächergruppe Ethik/ Praktische Philosophie/ Werte und Normen/ LER, 3/1996, S. 18–23.

M 1

Auf wen der Mensch hört

© Ton Smits, Eindhoven.

M 2

Tanja und die Schülervertretung

Tanja, 15 Jahre, hat sich dieses Schuljahr vorgenommen, für die Wahlen zur SV zu kandidieren. Mit ihren Eltern hat sie viel darüber diskutiert, dass es wichtig sei, sich zu engagieren und es nicht nur beim Schimpfen zu belassen. Als sie ihre Kandidatur anmeldet, bekommt sie plötzlich ein mulmiges Gefühl: Wird sie es schaffen, vor der versammelten Schülerschaft eine Wahlrede zu halten? Wird sie sich durchsetzen können gegenüber Mitschülern und Mitschülerinnen? Sie beschließt, noch ein Jahr mit der Kandidatur zu warten. Zu Hause hat sie ein schlechtes Gewissen. Hat sie vielleicht zu schnell vor den möglichen Schwierigkeiten gekniffen?

Um sich über ihre Motive und Gefühle klar zu werden, schreibt sie in ihr Tagebuch über ihren Konflikt.

Schreibe diesen Tagebucheintrag aus Tanjas Sicht.

M 3

Klassensprecher Holger im Konflikt

Holger ist glücklich darüber, von der großen Mehrheit der Klasse zum Klassensprecher gewählt worden zu sein. Aber bald geht der Zoff los.

Die Klasse hat zu Schuljahresbeginn einen neuen Mathelehrer bekommen. Er lispelt und ist auch sonst nicht „Big Mac". Die „Clique", eine ziemlich einflussreiche Gruppe in der Klasse, beschließt, den Mathelehrer zu bestreiken. Es sollen keine Hausaufgaben mehr gemacht werden, bei der nächsten Mathearbeit soll jeder ein leeres Blatt abgeben und ab sofort soll in der Mathestunde das „S" gelispelt werden.

Holger findet das nicht in Ordnung, weil der Mathelehrer eigentlich ein netter Kerl ist und die Clique sich gerade an den Schwächsten austobt.

Er überlegt lange, ob er was unternehmen soll. Er fürchtet, dass die anderen ihn „Streber" nennen und ihm vorwerfen, er wolle sich bei den Lehrern lieb Kind machen, wenn er sich gegen die Clique stellt. Andererseits widerspricht das Verhalten der anderen seinem Gerechtigkeitsgefühl; er weiß, dass er ein furchtbar schlechtes Gewissen haben wird, wenn er nichts sagt oder tut.

Holger erzählt zu Hause seiner Freundin die Geschichte und seinen Konflikt. Die Freundin stellt ihre Sicht der Dinge dar und erklärt, was sie an Holgers Stelle täte.

Verfasst zu zweit ein Gespräch, wie es sich zwischen Holger und seiner Freundin hätte abspielen können.

M 4

Oliver und Lisa

Oliver fühlt sich mies. Ihm geht der gestrige Abend nicht aus dem Kopf. Er war mit seiner neuen Freundin Lisa zusammen in ihrem Zimmer. Es war sehr schön. Sie schmusten miteinander; dann wollte er mit ihr schlafen. Auch Lisa wollte gern, aber sie verlangte, dass er ein Kondom benutzen sollte. Oliver wollte lieber ohne und drängelte Lisa ein bisschen. Schließlich gab sie nach, wahrscheinlich um ihn nicht vor den Kopf zu stoßen. Jetzt denkt Oliver daran, dass Lisa sich vielleicht Sorgen macht, ob sie schwanger sei. Jetzt findet er sein gestriges Verhalten ziemlich egoistisch. Schließlich schreibt er Lisa einen Brief, in dem er seine momentane Gefühlslage und die Gründe dafür schildert.

Schreibe diesen Brief aus Olivers Sicht.

M 2–4 aus: Franziska Conrad, Gewissen und Verantwortung, in: Ethik & Unterricht 3 /1996. Diesterweg, Frankfurt a.M. 1996, S. 19.

Fragebogen: Was sagt dir dein Gewissen?

Denke kurz über die folgenden Probleme bzw. Situationen nach und kreuze dann in der Tabelle an, ob dein Gewissen belastet wäre!

Problem / Situation	Das belastet mein Gewissen ... gar nicht	etwas	ziemlich	sehr stark
Ladendiebstahl – ich habe eine Kleinigkeit eingesteckt.				
Im Test habe ich eine 6 geschrieben, meinen Eltern sage ich nichts, damit ich keinen Ärger kriege.				
In den Ferien habe ich mich heimlich verliebt, mein Freund/meine Freundin dürfen davon nichts erfahren.				
Auf dem Schulhof verprügeln drei Jungen einen anderen – ich greife nicht ein.				
Mein bester Freund kifft schon ziemlich lange, natürlich heimlich. Seine Eltern fragen mich besorgt, ob ich eine Ahnung hätte, was mit ihm los sei. Ich verneine, um ihn nicht zu verraten.				
Ich fahre regelmäßig schwarz, damit spare ich das Geld für bessere Dinge.				
Müll trennen ist mir viel zu lästig, außerdem machen andere das auch nicht.				
Mein Lehrer lobt mich wiederholt vor der ganzen Klasse: Ich sei im Gegensatz zu fast allen anderen fleißig und wirklich gut.				

Aufgaben:

1. Füllt den Fragebogen anonym aus und wertet anschließend die Ergebnisse aus. Diskutiert darüber, wie die Ergebnisse zu beurteilen sind!
2. Führt den Test in eurer Jahrgangsstufe durch!
3. Diskutiert folgende These: „Niemand kann ein 100%ig reines Gewissen haben!“

M 6

Immanuel Kant: Gewissen als Gerichtshof des Menschen

Jeder Mensch hat Gewissen und findet sich durch einen inneren Richter beobachtet, bedroht und überhaupt im Respekt (mit Furcht verbundener Achtung) gehalten, und diese über die Gesetze in ihm wachende Gewalt ist nicht etwas, was er sich selbst (willkürlich) macht, sondern ist seinem Wesen einverleibt. Es folgt ihm wie sein Schatten, wenn er zu entfliehen gedenkt. Er kann sich zwar durch Lüste und Zerstreuungen betäuben oder in Schlaf bringen, aber nicht vermeiden, dann und wann zu sich selbst zu kommen oder zu erwachen, wo er alsbald die furchtbare Stimme desselben vernimmt. Er kann es, in seiner äußersten Verworfenheit, allenfalls dahin bringen, sich daran gar nicht mehr zu kehren, aber sie zu hören, kann er doch nicht vermeiden.

Aus: Metaphysik der Sitten, Suhrkamp Verlag, Frankfurt a.M. 1962, S. 45.

M 7

Friedrich Nietzsche: Glaube an Autoritäten als Quelle des Gewissens

Der Inhalt unseres Gewissens ist alles, was in den Jahren der Kindheit von uns ohne Grund regelmäßig gefordert wurde durch Personen, die wir verehrten oder fürchteten. Vom Gewissen aus wird also jenes Gefühl des Wesens erregt („dieses muss ich tun, dieses lassen"), welches nicht fragt, warum muss ich?

Der Glaube an Autoritäten ist die Quelle des Gewissens: Es ist also nicht die Stimme Gottes in der Brust des Menschen, sondern die Stimme eines Menschen im Menschen.

Aus: Werke in 2 Bd., Bd. 1, Carl Hanser Verlag, München – Wien 1990.

M 8

Wilhelm Weischedel: Gewissen als Streitfrage

Soziologen, Psychologen, Philosophen, Theologen stehen im ungeschlichteten Streit darüber, was das Gewissen sei, ob man es als höchstes Prinzip für das Handeln anerkennen oder als Täuschung verwerfen müsse, ob man seinen Ursprung nur im Menschen oder etwa in einer überirdischen Welt zu suchen habe. Auch im Urteil des alltäglichen Lebens schwanken die Beurteilungen des Gewissens und die Erfahrungen mit ihm beträchtlich. Der eine wird vom Gewissen geplagt; der andere pfeift darauf. Einige sind für ihr Gewissen gestorben; andere haben seinen Spruch sorglos in den Wind geschlagen. Mancher schüttelt es ab, weil es ihm unbequem ist; andere aber möchten alles eher entbehren als ihr Gewissen, das ihnen als untrügliche Richtschnur in der Verwirrung des Lebens dient.

Aus: Skeptische Ethik, Suhrkamp Verlag, Frankfurt a.M. 1980[2].

- *Untersucht die Erklärungen zum Gewissen in Gruppenarbeit und erläutert in eigenen Worten, was das Besondere am Gedankengang des Autors ist.*
- *Welcher Ausführung zum Gewissen stimmst du selbst zu? Begründe deine Antwort!*
- *Finde Beispiele für diese Gewissenserklärung!*

Stellt euch vor, eure Gruppe oder Klasse macht eine Flugreise, das Flugzeug hat einen technischen Defekt und stürzt im Urwald ab. Die Schülerinnen und Schüler überstehen das Unglück bis auf einige leicht verletzte unversehrt. Die genaue Position der Absturzstelle ist unbekannt, vorher fielen die Funkgeräte aus. An Bord sind Nahrungsmittel die – wenn sie streng eingeteilt werden – für einige Wochen reichen. Einige Werkzeuge (Macheten, Hacken ...), ein Gewehr mit Munition, ein Verbandskasten, ein Kompass, Landkarten werden aus dem Wrack geborgen.
Diskutiert in Eurer Gruppe, wie das Überleben geregelt werden soll! Diskutiert und erarbeitet für jede der vorgegebenen Situationen eine Entscheidung. Schreibt die gefundenen Lösungen sowie eine kurze Begründung, warum ihr euch so entscheiden würdet, in Stichpunkten auf.
Formuliert im Anschluss eine eigene Definition für „Gewissen" und „Verantwortung".

Situation Nr. 1: „Da man sich zu schnell in endlose Diskussionen verliert, wenn alle gleich viel zu sagen haben, schlage ich vor, dass wir einen einzigen Chef wählen, der entscheidet", fordert einer von den Schülern. Sofort beginnt eine hitzige Diskussion, nach welchen Kriterien man den Chef aussuchen und bestimmen sollte und ob man überhaupt einen Chef brauche.

Wie entscheidet ihr?

Situation Nr. 2: Ihr teilt die Nahrungsvorräte streng ein, um möglichst lange davon zehren zu können. Einer von euch wird nun beim Diebstahl von Lebensmitteln aus dem gemeinsamen Vorrat erwischt. Er rechtfertigt sich so: „Ich bin größer und schwerer als die anderen, also muss ich auch mehr zu essen bekommen als die Kleineren."

Wie reagiert die Gruppe?

Situation Nr. 3: Einige Schüler drücken sich vor den gemeinsamen Aufgaben (z. B. Bau der Unterkünfte und Heranschaffen von Baumaterial ...) Bei der Essensausgabe fordern sie – wie selbstverständlich – denselben Anteil an Nahrung für sich. Einer der „Arbeiter" fordert genau das Gegenteil: „Nur der soll Essen bekommen, der arbeitet!"

Wie entscheidet die Gruppe ?

Situation Nr. 4: Eine Gruppe von euch wird losgeschickt, um in der Umgebung nach zusätzlicher Nahrung zu suchen. Diese Gruppe findet eine Stelle im Urwald, wo es zahlreiche Obstbäume gibt. Die Gruppenmitglieder schlagen sich den Bauch voll, sammeln einige Früchte auf und kehren nach einigen Stunden ins Lager zurück. Sie sind aber nicht bereit, den anderen den Standort der Bäume mitzuteilen und die Früchte an die anderen zu verteilen. Für jede Frucht verlangen sie stattdessen Dienste oder Geld.

Wie verhält sich die Mehrheit gegenüber dieser Gruppe ?

Situation Nr. 5: In der Gruppe gibt es Streit. Einige Wenige wollen sich auf den Weg machen, um Hilfe zu holen, andere sagen, wir müssen beim Flugzeugwrack bleiben, weil wir nur so gefunden werden können. Sicherlich seien schon Suchflugzeuge unterwegs.
Weil einige von euch verletzt sind und nicht genug feste Schuhe für alle da sind, ist es unmöglich, dass die ganze Klasse sich auf den Weg macht.

Lasst ihr die kleine Gruppe fortziehen? Welche Ausrüstung soll sie mitnehmen?

Situation Nr. 6: Einer in der Klasse dreht durch und droht, sich aus Verzweiflung und Angst umzubringen. Nur mit Mühe gelingt es anderen, ihn vor dem Selbstmord zu retten. Er kann sich jedoch gar nicht wieder beruhigen und will jede neue Chance zum Selbstmord nutzen.

Versucht ihr, neue Selbstmordversuche zu verhindern? Wenn ja, wie?

Situation Nr.7: Die Lebensmittel im Lager werden knapp. Einige von euch haben deshalb fauliges Wasser und giftige Früchte zu sich genommen. Sie sind deshalb schwer erkrankt und liegen schon mehrere Tage mit hohem Fieber hilflos am Boden. Eine Besserung ist nicht abzusehen. Jemand schlägt vor, den Kranken die Nahrung zu entziehen, um dem Rest bessere Überlebenschancen zu ermöglichen; schließlich hätte eigenes Verschulden sie in ihr Unglück getrieben.

Folgt die Mehrheit der Gruppe diesem Vorschlag?

Beschreibt das Geschehen auf dem Foto. Was könnte passiert sein?
Gebt eure Gefühle und Eindrücke wieder, die ihr beim Betrachten des Fotos habt.

© *Keystone, Hamburg*

Generalvertreter Ellebracht begeht Fahrerflucht

Ich habe nicht auf die neue Breite geachtet, dachte Ellebracht. Nur deswegen ist es so gekommen.

Der hemdsärmelige Mann hob die rechte Hand vom Lenkrad ab und wischte sich hastig über die Brust. Als er die Hand zurücklegte, spürte er, dass sie noch immer schweißig war, so schweißig wie sein Gesicht und sein Körper. Schweißig vor Angst. Nur wegen der Breite ist alles so gekommen, dachte der Mann wieder. Er dachte es hastig. Er dachte es so, wie man stammelt. Die Breite des Wagens, diese neue, unbekannte Breite. Ich hätte das bedenken sollen.

Jäh drückte der Fuß Ellebrachts auf die Bremse. Der Wagen kreischte und stand. Eine Handbreit vor dem Rotlicht, das vor dem Eisenbahnübergang warnte.

Fehlte gerade noch!, dachte Ellebracht. Fehlte gerade noch, dass ich nun wegen einer so geringen Sache wie Überfahren eines Stopplichtes von der Polizei bemerkt werde. Das wäre entsetzlich. Nach der Sache von vorhin ...

Mit hohlem Heulen raste ein D-Zug vorbei. Ein paar zerrissene Lichtreflexe, ein Stuckern, ein verwehter Pfiff. Die Ampel klickte auf Grün um. Ellebracht ließ seinen Wagen nach vorn schießen. Als er aufgeregt den Schalthebel in den dritten Gang hineinstieß, hatte er die Kupplung zu nachlässig betätigt. Im Getriebe knirschte es hässlich. Bei dem Geräusch bekam Ellebracht einen üblen Geschmack auf der Zunge. Hört sich an wie vorhin, dachte er. Hört sich an wie vorhin, als ich die Breite des Wagens nicht richtig eingeschätzt hatte. Dadurch ist es passiert. Aber das wäre jedem so gegangen. Bis gestern hatte ich den Volkswagen gefahren. Immer nur den Volkswagen, sechs Jahre lang. Und heute Morgen zum ersten Male diesen breiten Straßenkreuzer. Mit dem VW wäre ich an dem Radfahrer glatt vorbeigekommen. Aber so ... Fahr langsamer, kommandierte Ellebracht sich selbst. Schließlich passiert noch ein neues Unglück in den nächsten Minuten. Jetzt, wo du bald bei Karin bist und den Kindern.

Karin und die Kinder. Ellebrachts Schläfen pochten. Er versuchte sich zu beruhigen: Du musstest weg von der Unfallstelle, gerade wegen Karin und der Kinder. Denn was wird, wenn du vor Gericht und ins Gefängnis musst? Die vier Glas Bier, die du während der Konferenz getrunken hast, hätten bei der Blutprobe für deine Schuld gezeugt, und dann? Der Aufstieg deines Geschäfts wäre abgeknickt worden. Nicht etwa darum, weil man etwas Ehrenrühriges in deinem Unfall gesehen hätte. ...

Kavaliersdelikt! Nein, nicht vor der Schädigung meines Rufes fürchte ich mich.

Aber die vier oder sechs Wochen, die ich vielleicht im Gefängnis sitzen muss, die verderben mir das Konzept! Während der Zeit schickt die Konkurrenz ganze Vertreterkolonnen in meinen Bezirk und würgt mich ab. Und was dann? Wie wird es dann mit diesem Wagen? Und mit dem neuen Haus? Und was sagt Ursula, die wir aufs Pensionat in die Schweiz schicken wollten?

„Du hast richtig gehandelt!", sagte Ellebracht jetzt laut zu sich selbst und er verstärkte den Druck auf das Gaspedal. „Du hast so gehandelt, wie man es als Familienvater von dir erwartet."

Verdammte Rotlichter!, dachte Ellebracht weiter und brachte den Wagen zum Stehen. Ich will nach Hause. Ich kann erst ruhig durchatmen, wenn der Wagen in der Garage steht und ich bei der Familie bin.

Und wann ist der Mann mit dem Fahrrad bei seiner Familie? Der Mann, der mit ausgebreiteten Armen wie ein Kreuz am Straßenrand gelegen hat? Der Mann, der nur ein wenig den Kopf herumdrehte – du hast es im Rückspiegel deutlich gesehen – als du den bereits abgestoppten Wagen wieder anfahren ließest, weil dir die wahnsinnige Angst vor den Folgen dieses Unfalls im Nacken saß? Du, wann ist dieser Mann bei seiner Familie?

Jetzt werd bloß nicht sentimental!, dachte Ellebracht. Jetzt werd bloß nicht dramatisch! Bist doch ein nüchterner Geschäftsmann! Ellebracht sah stur nach vorn und erschrak. Da war ein Kreuz. ... So ein Kreuz, wie es der Mann vorhin gewesen war. Ellebracht versuchte zu grinsen. Kriege sich bloß wieder ein, dachte er. Du siehst doch, was es ist. Das war mal das Firmenzeichen auf der Kühlerhaube. Es ist von dem Zusammenprall mit dem Fahrrad abgeknickt worden und hat sich zu einem Kreuz verbogen.

Ellebracht konnte nicht anders. Er musste immerfort auf dieses Kreuz starren. Ich steige aus und biege das Ding wieder zurecht. Schon tastete seine Hand zum Türgriff, als er zusammenzuckte. Am Kreuz schillerte es, verstärkt durch das Licht der Signalampel.

„Ich muss nach Hause", stöhnte Ellebracht und schwitzte noch mehr. „Wann kommt denn endlich Grün?"

Die feuchten Finger zuckten zum Hemdkragen, versuchten, den Knopf hinter der Krawatte zu lösen. Aber der Perlmutterknopf entglitt einige Male dem Zugriff. ...

Der Schwitzende riss einfach den Hemdkragen auf und fuhr an.

Das Kreuz macht mich verrückt, dachte er. Ich kann das nicht mehr sehen! Und wie der Mann dalag. Ob man ihn jetzt schon gefunden hat? Ob er schon so kalt und starr ist wie das Kreuz vor mir?

Ellebracht stoppte. Diesmal war kein Rotlicht da. Nichts. ...

„Ich kann so nicht nach Hause!", flüsterte der Schwitzende. „Ich kann so nicht zu Karin und den Kindern zurück. Ich kann so zu niemandem zurück!"

Ein anderer Wagen überholte Ellebracht. Eine grelle Hupe schmerzte.

Ich kann das Kreuz nicht zurechtbiegen und dabei in das Blut greifen. Ich bringe das nicht fertig. Ich kann nicht eher zu irgendeinem zurück, bis ich bei dem Mann gewesen bin.

Ellebracht spürte, wie seine Hände trocken wurden und sich fest um das Lenkrad legten. Ohne Mühe wendete der Mann den schweren Wagen und jagte die Straße zurück. ...

Aus: Josef Reding, Nennt mich nicht Nigger, Paulus, Recklinghausen 1964.

1. Was sind die ersten Reaktionen Ellebrachts auf den Unfall (äußerlich, innerlich)? Mit welchen Argumenten versucht er sich zu beruhigen oder gar von der Verantwortung für den Unfall freizusprechen?
2. Welche Fakten sind Ellebracht bekannt?
3. Wie wertet er zunächst?
4. Durch welche Vorstellungen kommt er zum Widerruf seiner ersten Entscheidung? Weshalb kann man hier von einem „mündigen" Gewissen sprechen?

M 12

Während des Zweiten Weltkrieges erhielt eine französische Truppeneinheit wenige Tage vor der Kapitulation Frankreichs (1940) den Befehl aus Paris, den sinnlosen Kampf einzustellen, die Waffen zu vernichten und sich den Deutschen zu ergeben. Als die Soldaten bereits dabei waren, diesen Befehl auszuführen, erschien ein hoher Offizier und erteilte einen Gegenbefehl: Verteidigung bis zum letzten Blutstropfen! Die Leute murrten. Da zog der Offizier seine Pistole. Die Männer waren kriegsmüde und wussten, dass das Weiterkämpfen sinnlos war. Was aber sollten sie tun? Da riss ein junger Soldat seinen Karabiner hoch und schoss den Offizier nieder. Dann ließ er sich mit der Truppe gefangen nehmen. Zehn Jahre gingen ins Land. Der Vorfall war längst vergessen, die Zeugen waren verstreut und wollten sich auch nicht mehr an diese trüben Tage erinnern. Der Soldat aber, der seinerzeit den Offizier erschossen hatte, war längst aus der Kriegsgefangenschaft heimgekehrt, hatte sich ein Geschäft aufgebaut, geheiratet und eine Familie gegründet. Und dann ging er eines Tages hin und stellte sich dem Gericht.

Aus: Von der Meisterung des Lebens, Burckhardthaus, Gelnhausen 1957.

- Beurteile die Haltung des jungen Soldaten: Ist er ein Held, ein Retter, ein Meuterer, ein Verräter, ein Mörder ...?
- Versuche, Gründe für seine Entscheidung, sich dem Gericht zu stellen, zu formulieren.
- Spielt die Gerichtsverhandlung nach.

M 13

Protest gegen nicht tiergerechte Käfighaltung auf einem Tiermarkt in Burgdorf/Hannover; © dpa.

a) Bericht über eine Tierschützerin

„Silke, Vorsitzende der Tierrechtsorganisation Animal Peace lebt *vegan*, was die Hochpotenz von vegetarisch ist. Nichts vom Tier. Auf dem Teller nicht, aber auch kein Leder an den Füßen und keine Wolle auf der Haut. Lebensziel der studierten Juristin: Was Sklaven, Frauen, Kinder und zuletzt geistig Behinderten in Jahrtausenden ethischer Entwicklung langsam zugestanden wurde, soll auch für die schwächsten unserer Mit-Lebewesen gelten – das Grundrecht auf Freiheit. Und damit das Ende ihrer Ausbeutung als Arbeitssklaven und Fleischlieferanten, als Unterhaltungsnummern in Zoo und Zirkus, als bequeme Liebesobjekte für Großstadtsingles. ‚Ja, auch die ganz normale Tierliebe ist oft Wahnsinn pur', sagt Silke. Menschen, die mit Tieren nichts am Hut haben, seien ihr daher oft lieber als Freaks, die ihren Katzen-Darling im Mini-Apartment halten. Wie viele Tiere sie hat? ‚Keins.' Wie bitte? Allein hier im Wohnzimmer mit Fernblick über Bieder-Land mit Apfelbäumen rekeln, dehnen, schnurren, putzen, dösen sieben Miezen. Und Dino, weißer Hund mit schwarzen Augen schnüffelt an meiner Tasche, die ich (wg. Leder!) verschämt hinter den Sessel geschoben habe. ‚Man kann Tiere ebenso wenig wie Menschen besitzen', sagt Silke, ‚man kann ihnen höchstens Asyl bieten.'

Ich muss an meinen Kater denken, der jetzt zu Hause schmollt. Lebenslänglich in Wohnungshaft! Das habe ich bisher noch nie so gesehen. Abschied von Silke, die nach Süddeutschland düst, zur geplanten Störaktion bei einem Military-Reitturnier. ‚Wir werden uns an ein besonders brutales Hindernis ketten.'"

Mit frdl. Genehmigung von: Animal Peace e.V. (www.animal-peace.org).

b) Tierschützer streiten mit dem Zirkusdirektor

„Tierschützer der Saalestadt belagerten am Sonntag kurzzeitig das Gelände des Zirkus Berolina an der Eissporthalle. Besatzungen von zwei Polizeifahrzeugen beobachteten den Streit mit dem Geschäftsführer des Unternehmens, Torsten Koch. Ihm warfen die Demonstranten um Yves Bauer eine unzeitgemäße und nicht artgerechte Haltung von Tigern, Elefanten und Kamelen vor.

Der verbale Schlagabtausch an der Absperrung brachte, wie von beiden Seiten erwartet, keine Annäherung. Die Aktivisten Gisela Parusel und Simone Müller entrollten ein Spruchband mit der Aufschrift ‚Zirkustiere – Sklaven der Manege'. Außerdem hatten die Tierschützer, zu ihnen gesellte sich der Entertainer Günthi Krause, viele Flugblätter im Gepäck. Allerdings standen kaum 40 Männer, Frauen und Kinder auf dem Platz. Passanten, die Karten kaufen wollten, ergriffen Partei für den Zirkus. Matthias Arndt, der mit Klein-Felix zur Kasse wollte, rief: ‚Wollt ihr den Kindern den letzten Spaß verderben?' Damit provozierte er unter anderem Renate Mühlbrett, die 14 Jahre Elefanten im Zoo betreut habe. Sie zeigte einen so genannten Bullenhaken, der dazu diene, die Dickhäuter unter Schmerzen gefügig zu machen."

Mitteldeutsche Zeitung, Halle, vom 25.11.1996.

M 15

Erarbeitet in Gruppen, wie sich *Philosophen* (z.B. Arthur Schopenhauer, Jeremy Bentham, Albert Schweitzer, Peter Singer u.a.) zur Frage der Verantwortung gegenüber Tieren geäußert haben!

Bereitet eine anschauliche Präsentation vor: Kurzreferat, ergänzt durch Folienbilder, Collagen, fiktive Interviews mit dem Autor etc.! Sammelt geeignete Materialien und wählt sie gemeinsam aus!

Diskutiert eure Ergebnisse in einem Kolloqium! Folgende Punkte sollten dabei zur Sprache kommen:

- Welche Rolle spielt das menschliche Gewissen in Bezug auf die Tierwelt?
- Kann sich der Mensch ein schlechtes Gewissen Tieren gegenüber leisten?
- Haben Tiere Rechte?
- Hat der Mensch eine besondere Verantwortung gegenüber den Tieren?

M 16

Vorschläge für Zielgruppen:

a) Tierärzte, Naturwissenschaftler, Tierschützer, Rechtsanwälte
b) Mitschüler, Lehrer und Einwohner des Heimatortes

Vorschläge für Fragen:

(1) Inwiefern haben Sie beruflich oder privat mit Tieren zu tun?
(2) Wie bewerten Sie das Verhältnis Mensch – Tier?
(3) Können Sie Beispiele nennen, die belegen, dass der Mensch hinsichtlich seines Umgangs mit Tieren ein schlechtes Gewissen haben muss oder gibt es Gründe für eine gutes Gewissen?
(4) Beschreiben Sie, inwiefern der Mensch Verantwortung gegenüber Tieren hat.

Dieser Fragebogen muss ergänzt bzw. modifiziert werden.
Wichtig ist dabei die Absprache innerhalb der Projektgruppe, um möglichst viele Zielgruppen zu befragen.

a) Jeremy Bentham: Das Kriterium der Leidensfähigkeit

„Der Tag könnte kommen, an dem die übrigen Kreaturen jene Rechte erlangen werden, die man ihnen nur mit tyrannischer Hand vorenthalten konnte. Die Franzosen haben bereits entdeckt, dass die Schwärze der Haut kein Grund dafür ist, jemanden schutzlos der Laune eines Peinigers auszuliefern. Es mag der Tag kommen, da man erkennt, dass die Zahl der Beine, der Haarwuchs oder das Ende des os sacrum gleichermaßen unzureichende Gründe sind, ein fühlendes Wesen demselben Schicksal zu überlassen. Was sonst ist es, das hier die unüberwindbare Trennlinie ziehen sollte? Ist es die Fähigkeit zu denken oder vielleicht die Fähigkeit zu sprechen? Aber ein ausgewachsenes Pferd oder ein Hund sind unvergleichlich vernünftigere Lebewesen als ein Kind, das erst einen Tag, eine Woche oder selbst einen Monat alt ist. Aber selbst vorausgesetzt, sie wären anders, was würde es nützen? Die Frage ist nicht: Können sie denken? Oder können sie sprechen?, sondern: Können sie leiden?“

J. Bentham, An Introduction to the Principles of Morals and Legislation, Oxford 1789, aus: Peter Singer, Praktische Ethik, Philipp Reclam jun., Stuttgart 1984, S. 72.

- Bewertet den Vergleich von Mensch und Tier, z.B. als stichhaltig, relevant, sachlich angebracht, erlaubt etc., und zieht dabei auch andere Philosophen zu Rate.
- Erörtert die Stichhaltigkeit des Kriteriums der Leidensfähigkeit, indem ihr biologische Aspekte miteinbezieht.

b) Albert Schweitzer: Die Forderung nach Mitgefühl mit den Tieren

„Gegenüber den Geschöpfen der Natur geraten wir unausgesetzt in Situationen, die uns zwingen, Leiden zu verursachen und dem Leben Schaden zu tun. Der Bauer kann nicht alle Tiere leben lassen, die in seiner Herde zur Welt kommen; er kann nur die behalten, für die er Futter hat und deren Aufzucht ihm einen Ertrag verspricht. In vielen Fällen geraten wir sogar in die Zwangslage, Leben zu vernichten, um anderes Leben zu erhalten. Wer einen hilflosen Vogel in Pflege nimmt, sieht sich genötigt, Insekten oder Fische zu töten, um ihn zu füttern. Indem er so handelt, verhält er sich nach freiem Ermessen. Mit welchem Recht opfert er eine Vielzahl lebender Wesen, um ein Einziges zu retten? Und wenn er Tiere ausrottet, die er für schädlich hält, um andere zu schützen, steht er vor der gleichen Gewissensfrage. Die bisherige Ethik ist unvollkommen, weil sie es nur mit dem Verhalten der Menschen zum Menschen zu tun zu haben glaubte. In Wirklichkeit aber handelt es sich darum, wie der Mensch sich zu allem Leben, in seinem Bereich befindlichen Leben, verhält. Ethisch ist er nur, wenn ihm das Leben als solches heilig ist, das der Menschen und das aller Kreatur.“

Aus: Die Ehrfurcht vor dem Leben. Beck'sche Reihe Nr. 255, C.H. Beck'sche Verlagsbuchhandlung, München - ISBN 3-406-35779-2.

- Erarbeitet eine Übersicht, wie sich das Verhältnis Mensch – Tier gestalten kann.
- Erarbeitet Positionen zu der Frage, ob A. Schweitzers Prinzip der „Ehrfurcht“ nur auf der Basis des christlichen Glaubens möglich ist.

„Ganz in Weiß" – Liebe und Partnerschaft

1. Fachwissenschaftliche und didaktische Aspekte

In der Alltagssprache ist „Liebe" ein besonders häufig gebrauchter Begriff, der in verschiedenen Kontexten mit unterschiedlichen Bedeutungen und Konnotationen verwendet wird – dementsprechend unscharf ist dieses Bedeutungsspektrum. Als „Liebe" werden Empfindungen und Gefühle sowie die aktive Zuwendung zu Personen oder Dingen bezeichnet. Verschiedene Arten der Liebe lassen sich mit Blick auf die Objekte der Zuwendung unterscheiden, z.B. Selbstliebe, Nächstenliebe, Heimatliebe, Freiheitsliebe usw. Ein anderes Kriterium kann die spezifische Form der Zuwendung sein, z.B. geistige Liebe, egoistische Liebe, sinnliche oder mystische Liebe. In der Umgangssprache relativiert die menschliche Kommunikation den Begriff Liebe häufig zu einer bloßen Variante einer etwas gesteigerten Wertschätzung. In diesem Sinne kann man ein bestimmtes Getränk, einen Garten oder ein Theaterstück „lieben".

Eine eher systematische Unterscheidung differenziert zwischen Liebe als (1) *sinnlicher Erfahrung*, als (2) *Gefühl* und als (3) *ethischer Grundhaltung*; letztere Form steht in einem engen Bezug zur klassischen Auffassung von Tugend.

Als sinnliche Empfindung ist Liebe verknüpft mit der Sexualität; insbesondere das Anschauen oder Berühren eines geliebten Menschen lösen entsprechende Empfindungen aus. Gefühle der Liebe sind dagegen wesentlich vielfältiger, da sie sich auf unterschiedliche Objekte in verschiedenartigen Gegenstandsbereichen beziehen können, etwa in Kunst und Musik, Religion und Mystik, Natur und Kontemplation. Hier ist Liebe ein emotionaler Ausdruck für höchste Wertschätzung, die einer verbalen Artikulation nur bedingt zugänglich ist.

Bereits in der *griechischen Philosophie* wird Liebe als ethische Grundhaltung zu einem zentralen Begriff der Moralität. Für Hesiod, Platon und Aristoteles ist „Eros" jene kosmische Kraft, die wie ein Naturgesetz wirkt. Dagegen bezeichnet „Philia" bei Aristoteles jene freundschaftliche Liebe, die auf Gegenseitigkeit und Gleichheit der beteiligten Personen beruht. Im *Christentum* bildet das Liebesgebot (vgl. Markus 12,31; Matthäus 22,39) eine wesentliche Grundlage des Menschenbildes; die Aufforderung, selbst seine Feinde zu lieben, artikuliert eine der weitreichendsten Intentionen im Zusammenhang mit dem Begriff „Liebe".

Im Unterricht des 9. Jahrganges sollten zunächst jene Vorstellungen von Liebe thematisiert werden, die den Sch. Bezüge zu ihrer Erfahrung ermöglichen.

Viele Sch. der neunten Klasse haben bereits erste erotische bzw. sexuelle Erfahrungen. Gleichgeschlechtliche Kinderfreundschaften verlieren an Bedeutung zugunsten der subjektiv neuen Formen partnerschaftlicher Beziehungen. Jugendliche beginnen in dieser Phase die eigene

Persönlichkeit anders, verändert und neuartig zu empfinden, sie definieren sich zunehmend mit Blick auf tatsächliche oder angestrebte Partnerschaften, auf entsprechende Dispositionen und Wunschbilder.

Die Selbst- und Fremdwahrnehmung der Jugendlichen orientiert sich weitgehend an Kriterien einer Attraktivität innerhalb der Peer-Group, hierbei spielen zunächst äußere Merkmale eine wichtige, bestimmende Rolle. Deshalb konzentriert sich das Interesse in dieser Altersgruppe oft auf die Kleidung, die Wahl der Frisur und die Auswahl modischer Accessoires. Gleichzeitig möchten viele Jugendliche damit ihren Idolen aus der Pop- und Rockkultur entsprechen; sie meinen, dadurch eine höheren Selbstwert zu erlangen.

Ihre Vorstellungen von partnerschaftlichem Verhalten, von Liebesbeziehungen, von emotionalem Geben und Nehmen, aber auch vom „richtigen“ Konfliktverhalten sind häufig eher von romantischen Klischeevorstellungen geprägt oder durch medial vermittelte Rollenidentitäten gekennzeichnet.

In diesem Lebensabschnitt stellen sich den Jugendlichen zahlreiche und vielfältige Fragen hinsichtlich ihres Selbstwertgefühls, ihrer Lebens- und Sinnorientierung. Diese Fragen können von den Erwachsenen nicht immer und von den Medien fast nie sinnvoll bzw. für den Jugendlichen zufriedenstellend beantwortet werden. Ihre Unsicherheit überspielen sie dann durch übertriebene Selbstdarstellungen oder durch Rückzug in die Passivität.

Im Konflikt von Autonomie und Nähe sind sie immer wieder vor die Frage gestellt, wie viel der eigenen Wünsche durchgesetzt werden sollten und die des anderen berücksichtigt werden können oder müssen, ohne sich dabei selbst aufzugeben oder in Frage zu stellen. Von besonderer Bedeutung ist daher einerseits die Wahrnehmung von und Auseinandersetzung mit eigenen Bedürfnissen sowie die Kenntnis und Akzeptanz der Bedürfnisse des Partners oder der Partnerin.

Es soll die Einsicht vermittelt werden, dass *eine Beziehung erleben* zum einen bedeutet, Vertrauen, Geborgenheit, Rücksichtnahme und Wohlbefinden zu schenken und zu empfangen, dass es zum anderen aber auch nötig ist, *eine Beziehung zu leben*, d.h., sich über gemeinsame Ziele, Vorstellungen und Absichten immer wieder neu zu verständigen.

In diesem Zusammenhang wird deutlich, dass es mit Enttäuschungen, z.B. durch Treuebruch, Eifersucht oder unerfüllten Erwartungen verbunden sein kann, sich auf jemanden einzulassen und jeder Mensch individuelle Strategien entwickelt, um darauf zu reagieren. Bei den Sch. ist deshalb die Fähigkeit zur Entwicklung tolerierbarer Strategien und verantwortungsbewusster Entscheidungen zu fördern.

Obwohl viele Jugendliche *Ehe* in ihrer sozialen Umgebung öfter problematisch erlebt haben, erscheint den meisten die Heirat und Gründung einer Familie als erstrebenswert. Ausgehend davon soll erarbeitet werden, dass die *Familie* einerseits Geborgenheit größtmöglichen Ausmaßes spenden kann, andererseits als Form der staatlich institutionalisierten Partnerschaft aber auch ethischer Verantwortung und rechtlichen Konsequenzen unterworfen ist. Ein Vergleich mit Hochzeitsritualen und Eheversprechen in anderen Religionen können dazu die Sichtweise der Sch. erweitern.

Es soll ihnen deutlich werden, dass zum Fortbestand einer Zweierbeziehung soziale Fähigkeiten eingebracht werden müssen, dass aber auch die Möglichkeit des Scheiterns einer Beziehung besteht. Neben den intrapsychischen Konsequenzen (z.B.Verlust des Selbstvertrauens, Zweifel an eigenen Fähigkeiten) hat eine Ehescheidung auch rechtliche und finanzielle Folgen. Den Jugendlichen ist dabei zu vermitteln, dass Schuldzuweisungen in diesem Zusammenhang zwar eine Ventilfunktion haben können, sich die Energien aller Betroffenen aber auf die verantwortungsvolle Planung eines neuen Lebensabschnitts richten sollten, um psychische Stabilität zu gewährleisten.

Neben den heterosexuellen Beziehungen gibt es homosexuelle Partnerschaften, die sich zunehmend mit der Forderung nach Gleichstellung an die Öffentlichkeit wenden. Sch. zeigen hier oft bezüglich der Wahrnehmung eigener sexueller Bedürfnisse große Unsicherheiten und folgen dem Klischee der Abwertung solcher Lebensgemeinschaften. Die unterrichtliche Aufgabe muss deshalb die Erziehung zur Achtung und Toleranz für andere sowie zum Mut zur Wahrnehmung und Äußerung eigener Wünsche sein.

2. Intentionen

Die Sch. sollen

- sich der eigenen Wünsche und Erwartungen für eine Partnerschaft bewusst werden und diese reflektieren,
- Wünsche und Erwartungen anderer mit Empathie wahrnehmen, aber auch kritisch prüfen,
- Angebote und Darstellungen in Medien zum Thema analysieren und kritisch prüfen,
- angemessene Verhaltensregeln kennen lernen und entwickeln, um auf Konflikte in einer Partnerschaft zu reagieren,
- verschiedene Eheversprechen hinsichtlich der besonderen persönlichen Verantwortung kennen lernen,
- psychische und soziale Folgen einer Trennung reflektieren können,
- zu einer toleranten Haltung gegenüber gleichgeschlechtlichen Partnerschaften finden.

3. Literatur zur Vorbereitung

- Bancroft, John: Grundlagen und Probleme der menschlichen Sexualität, Enke, Stuttgart 1985.
- Dietz, Linus J.: Sexualerziehung, aber wie?, Prögel, Ansbach 1985.
- Fricke, Senta u.a. (Pro Familia): Sexualerziehung in der Praxis, Bund-Verlag, Köln 1980.
- Kentler, Helmut (Hg.): Sexualwesen Mensch, Piper, München 1988.
- Kluge, Norbert: Handbuch der Sexualpädagogik (2 Bd.), Schwann, Düsseldorf 1984.
- Kutzleb, Ulrike u.a.: Zeit für Zärtlichkeit. Spielerische Übungen für Liebe und Zärtlichkeit, Peter Hammer, Wuppertal 1989[3].
- Martial, Ingbert von: Sexualerziehung in der Schule und Elternrecht, Lang, Frankfurt a.M. 1990.
- Phillips, Ina: Körpersprache der Seele. Übungen und Spiele zur Sexualität, Peter Hammer, Wuppertal 1989.

Literatur für Schülerinnen und Schüler

- Amendt, Günther: Das Sex Buch, Rowohlt, Reinbek b. Hamburg 1996.
- Bell, Ruth (Hg.): Wie wir werden – was wir fühlen, Rowohlt, Reinbek 1991.
- Bruckner, Helmut/Rathgeber, Richard: Total verknallt ... und keine Ahnung? Falken, Niedernhausen 1993.
- Bundeszentrale für gesundheitliche Aufklärung (Hg.): Über den Umgang mit Liebe, Sexualität, Verhütung und Schwangerschaft, Köln 1995.
- Pro Familia (Hg.): Sex und so ..., Hannover 1992.
- Schneider, Sylvia: So ist das mit den Jungen. So ist das mit den Mädchen. Ein Aufklärungsbuch ab 8, Arena, Würzburg 2000.

4. Unterrichtsideen

Die unterrichtliche Beschäftigung mit dem Thema „Partnerschaft und Sexualität" erfordert von den Sch. ein hohes Maß an Eigenreflexion. Es ist daher von Vorteil, möglichst viele Sequenzen anzubieten, die die emotionale Stabilität in der Gruppe fördern, z.B. Interaktionsspiele (s. z.B. **M 18**), Fantasiereisen etc.

Die Materialien in den Abschnitten A-D können zum einen jeweils *gruppenarbeitsteilig* angeboten werden, zum anderen aber auch für *Lernstationen* verwendet werden.

„Stationsarbeit" ist eine Form der freien Arbeit. Alle zu bearbeitenden Materialien des Kapitels werden vom Unterrichtenden an einzelnen

Stationen aufgebaut und von den Sch. nach eigener Wahl der Reihenfolge und der Gruppenzusammensetzung bearbeitet. Am Ende der Arbeit werden die erzielten „Ergebnisse" veröffentlicht, d.h. der gesamten Lerngruppe dargeboten oder zur Diskussion gestellt.

Es ist darauf zu achten, dass das Lernen mit möglichst vielen Sinnen initiiert werden kann. Die Arbeit an Lernstationen stärkt die Selbstverantwortung der Lernenden im Hinblick auf das zu erstellende Produkt und erweitert die Methodenkompetenz. Sie bietet eine Möglichkeit, auf unterschiedliches Lerntempo und individuelle Schwerpunkte einzugehen.

(Zur weiteren Information siehe auch: Irmtraut Hegele (Hg.), Lernziel: Stationenarbeit, Beltz Praxis, Weinheim/Basel 1999[4].)

A. Rollenerwartungen an Mädchen und Jungen

Die Materialien **M 1-7** behandeln unterschiedliche Erwartungen, denen Mädchen und Jungen ausgesetzt sind und die sich zu einem großen inneren Druck entwickeln können. Sie sollen durch tatsächliche Lebensläufe und eigene Erfahrungen überprüft und relativiert werden. In der Reflexion werden die eigenen Standpunkte überprüft und gefestigt.

⇨ *Anmachen – acht Tipps für den Erfolg beim ersten Treff* (**M 1**)*:*
- Partneraufgabe: Spielt einen Tipp für den ersten Treff nach. Die Mitschüler der Klasse müssen erraten, welcher Tipp es ist.
- Gibt es einen Tipp, den ihr brauchbar findet?
- Formuliert zuerst in gleichgeschlechtlichen Gruppen eine alternative, brauchbarere Antwort auf Philips Frage: „Was muss ich beim ersten Treff beachten?" Vergleicht eure Antworten anschließend mit den anderen.
- Partnerarbeit und Schreibmeditation mit je einem Mädchen und einem Jungen: Kann man überhaupt planen, wie man sich verhalten soll / will? Schreibt eure Meinung mit einer kurzen Begründung auf.
- Diskutiert eure Ergebnisse und versucht, ungeklärte Probleme oder Fragen möglichst genau zu formulieren.
- Umfrage im neunten Jahrgang: Was hältst du beim ersten Treffen für besonders wichtig oder Erfolg versprechend?
- Bei ausreichender Zeit, z.B. in einer Projektwoche: Aufnahme mit Videokamera oder Kassettenrecorder. Umsetzung der Tipps für den ersten Treff in eine Fotogeschichte.

⇨ Einteilung in homogene Gruppen: „Was erwarten wir von den Mädchen / Jungen der Klasse?" Formulierung von Schlagwörtern und Auswertung.

⇨ *Spieglein, Spieglein ...* (**M 2**), alternativ oder gruppenarbeitsteilig:
- Lest den Text laut und mit Betonung vor! Welcher Eindruck ergibt sich für euch?
- Schreibmeditation: Eine „richtige Frau", ein „richtiger Mann" – was stellst du dir darunter vor?

⇨ *Ein Junge weint nicht* (**M 3**) / *Lied vom Mannsein* (**M 4**) Die Texte sind nicht ganz einfach:
- Lest zunächst still und anschließend laut mit einer Betonung, die zu den Texten passt!
- Schreibt die Texte so um, dass die Aussageabsicht noch deutlicher wird – z.B. in Form eines Briefes oder einer Tagebuchnotiz.
- alternativ oder gruppenarbeitsteilig: Gestaltet Situationen, die mit zwei Alternativen enden:
  1. Deine Freunde raten dir, cool zu bleiben.
  2. Ein guter Freund / eine gute Freundin hilft dir, dich deinen Gefühlen hinzugeben.

⇨ In Kleingruppenarbeit auf A3-Bättern ein Cluster erstellen: *„Der richtige Mann" – „Die richtige Frau"*; anschließende Diskussion in der Lerngruppe über die Ergebnisse.

⇨ Die *Liedtexte* **M 5** und **M 6** können alternativ oder gruppenarbeitsteilig bearbeitet werden. (CD etc. besorgen und vorspielen!)

M 5, *Männer sind Schweine*:
- Welche Eigenschaften werden Männern zugeschrieben?
- Verteilt die Rollen *Mann, Mutter, Freundin* und spielt das Lied als szenisches Spiel.
- Warum wird dieses Lied von Männern gesungen?
- Welche Eigenschaften dieses Männerbildes stimmen?
- Kreative Gestaltungsaufgabe: Formuliert eine Strophe über die Klischees, die über Frauen bestehen.

M 6, Männer:
- Lückentext: Hörverständnisübung
- Welche „Vokabeln“ werden Männern im Allgemeinen zugeschrieben?
- Welche weiteren Eigenschaften werden den Männern in dem Lied zugestanden?
- Bewertet die genannten Eigenschaften in gleichgeschlechtlichen Gruppen nach **M 6**.
- Rückschau auf die an die Jungen und Mädchen der Lerngruppe formulierten Erwartungen (s.o.).
- Schreibmeditation: „Ein Mann ...“ / „Eine Frau ...“ Die Schülerinnen und Schüler dürfen sich eine der beiden Überschriften aussuchen.

B. Partnerschaftliche Beziehung und Ehe

Mit Hilfe von **M 7-9** können einige traditionelle Aspekte der Eheschließung in verschiedenen Zusammenhängen erarbeitet werden. Es wird deutlich, dass man am Fortbestand einer dauerhaften Partnerschaft kontinuierlich arbeiten und sich über gemeinsame Ziele verständigen muss. Dazu ist es aber zunächst nötig, individuelle Ansprüche zu kennen, sie verbalisieren und angemessen vertreten zu können. Verklärte Formen der Ehe (-schließung), z.B. durch Medien, sollen hier kritisch betrachtet werden.

⇨ *Partnerschaftsanzeigen*:
- Auf welche Eigenschaften wird in Partnerschaftsanzeigen besonders Wert gelegt?
- Angenommen, du gibst eine Anzeige auf – welche Eigenschaften würdest du besonders erwähnen, welche würdest du verschweigen?

⇨ *Rabenaus wundersame Erlebnisse* (**M 7**):
- In Gruppenarbeit Cluster anfertigen: „Ehe bedeutet ...“
- Beispiele für Ehen bei Prominenten suchen, die sich von den allgemeinen Vorstellungen über Ehe deutlich unterscheiden.

⇨ *Anagramm „Ehe“* (**M 8**):
- Beschreibe die Grafik und erläutere ausführlich, welche Aussageabsicht aus deiner Sicht deutlich wird.
- Partnerarbeit: Interpretiert die Grafik! Beschreibt, wo ihr einer Meinung seid und wo nicht.
- Gruppenarbeit: Stellt eine Partnerschaft symbolisch als Weg dar und kennzeichnet verschiedene Ereignisse, die ein wie in **M 8** veranschaulichtes Verhalten erfordern.
- Vertiefung / Problematisierung: Wie verändert sich die Aussage, wenn man die Grafik um 180° dreht?
- fachübergreifend mit Kunst: Stellt Partnerschaften grafisch / symbolisch dar.

⇨ *Hochzeiten* (**M 9**): Traditionelle Aspekte von Hochzeiten in verschiedenen Religionen:
- Welche Versprechen geben sich Mann und Frau durch die Eheschließung?
- Nach welchem Eheversprechen würdet ihr am liebsten heiraten?
- Formuliert ein eigenes Eheversprechen.
- Stellt einen (Ehe-)Rechte / (Ehe-)Pflichten-Katalog auf.
- Ein Hochzeitsbuch anlegen: freie Texte und Bilder zu symbolischen Handlungen während der Hochzeit (z.B. Ringe tauschen) sammeln.
- Auswertung von Heiratsanzeigen
- Vergleich von Hochzeitskleidung
- kreative Gestaltungsaufgabe: Entwerft Hochzeitskleidung, die eine bestimmte Aussage erkennen lässt.

C. Umgang mit Enttäuschungen

Anhand von *Einzelbeispielen* (**M 10–15**) soll herausgestellt werden, dass – verursacht durch wechselwirksames Verhalten – Gefühle häufig enttäuscht werden können. Schuldzuweisungen haben dabei eine Entlastungsfunktion, jedoch muss die Handlungskompetenz bezüglich der Verarbeitung von Trauer erweitert und mit Hilfe tatsächlicher Strategien erprobt werden.

⇨ Arbeitsteilige Gruppenarbeit zu **M 10**, *Anagramm „Eifersucht"*, und **M 11**, *Ich sitz am Telefon*:
- Wann entsteht das Gefühl von Eifersucht?
- (fachübergreifend:) „Wie fühlt sich Eifersucht an?" – Herstellung einer „Fühlstraße" für Hände und/oder Füße; kreative Gestaltungsaufgabe: Eine Fühlstraße wird auf festem Untergrund, z.B. Karton, Linoleumplatten oder Fliesen angelegt und mit Materialien beklebt, die taktil Gefühlsassoziationen zulassen (in diesem Fall z.B. Draht, Schleifpapier, evtl. Scherben usw.)
- Situationen nachspielen lassen, in denen Eifersucht entsteht und verschiedene Lösungsmöglichkeiten (positive und negative) erarbeiten.
- Stellt Eifersucht als Pantomime dar, die Mitschüler und Mitschülerinnen entschlüsseln, durch welches Bild Eifersucht dargestellt wird.
- speziell zu **M 10**: „Silbenfremdsprache": Formt aus deutschen Silben (-keit, -bar, -lich, neu-, ver-, ge-, usw.) neue Begriffe, die Eifersucht, Liebe, Trennung, Verknalltsein ... ausdrücken; Partnerarbeit: Versucht, die Bedeutung der Silbenkombination eures Partners zu erkennen; erstellt anschließend ein Cluster mit den neuen Begriffen; Variante: Englische Silben dürfen eingebaut werden.

⇨ *Rollenspiel* (**M 12**):
- Bildet Kleingruppen und bereitet je eine Rolle vor. Spielt anschließend die vorgegebene Situation im Rollenspiel.
- Bedenkt bei der Auswertung: Wurden alle Rollen überzeugend und realitätsnah dargestellt? Welche Alternativen hätte es zum Ausgang der Situation geben können?

Ziel: Es soll herausgearbeitet werden, dass zunächst jeder individuelle Standpunkt bezüglich des Themas „Emotionen – Sexualität – Partnerschaft" seine Berechtigung hat, es aber im Sinne konstruktiver Konfliktlösung nötig ist, eigene Ziele klar vertreten und mit anderen Standpunkten abgleichen zu können.

⇨ *ritt er da nicht eben?* (**M 13**), *Sachliche Romanze* (**M 14**), *Meine Eltern ...* (**M 15**): Gruppenarbeit zum Umgang mit Enttäuschungen: alternativ oder gruppenarbeitsteilig.
- Satzanfangsspiele: Die Lehrerin gibt den Satzanfang „Ich habe Angst, wenn ...", anschließend den Anfang „Ich fühle mich geborgen, wenn ...". Jeder Schüler/jede Schülerin im Sitzkreis muss jeden Satz einmal beenden.
- Wie könnte die enttäuschende Situation entstanden sein?
- Darstellung von enttäuschten Gefühlen als dunklen Fleck, Erarbeitung von Wegen aus der Dunkelheit: grafische oder verbale Darstellung der Wege ins Licht.

D. Homosexualität

⇨ *Das Andersrum* (**M 16**) beschreibt Schwierigkeiten im Umgang mit Homosexualität.
Es ist darauf zu achten, dass die unterrichtliche Behandlung des Themas einer Klischeebildung entgegenwirkt und sie nicht verstärkt.
Der epische Text bietet hier die Möglichkeit, über die dargestellte Problematik einen persönlichen Standpunkt zu entwickeln und diesen am literarischen Beispiel in der Gruppe zu vertreten, ohne dabei von sich selbst zu viel preisgeben zu müssen.
Aufgaben zu **M 16**:
- Welchen Diskriminierungen sind homosexuelle Menschen und Paare ausgesetzt?
- Anonyme Befragung in der Klasse: Warum reagieren wir betreten, wenn wir erfahren, jemand sei homosexuell, nicht

aber, wenn wir erfahren, jemand sei heterosexuell?
- Wie reagiert die Öffentlichkeit, wenn Prominente sich outen?
- Aufgabe für Experten-Teams: Sammelt Fallbeispiele, z.B. Diskriminierung von homosexuellen Menschen, durch § 175, während der NS-Zeit usw.

E. Anhang

⇨ Spiel: *Was würdest du tun?* (**M 17**) zur Förderung der ethischen Urteilsbildung durch Bewertung einzelner Ereignisse und Transfer auf neue Situationen. (Benötigt werden Würfel und Spielfiguren.)
- Entwerft weitere Fragekarten für das Spiel.
- Reflexion nach Durchführung des Spiels: Was fällt uns offenbar besonders schwer? Was ertragen wir fast nicht? Welche Hemmung ist eher geringfügig?

⇨ Ein Beispiel für *Interaktionsspiele* (**M 18**)

5. Das Thema in Schulbüchern und Unterrichtsmaterialien

- Aslam-Malik, Gisela u.a. (Hg.): Erwachsen werden, Klett, Stuttgart 1986 (Kap. III).
- Breun, Richard (Hg.): Leben leben. Ethik 9/10, Klett, Leipzig u.a. 1997 (Kap. 2).
- Gerber, Uwe u.a. (Hg.): auf andere achten. Ethik 9/10, Diesterweg, Frankfurt a.M. 1997 (Kap. 3).
- Gerber, Uwe u.a. (Hg.): ethik 9/10, Diesterweg/Kösel, Frankfurt a.M./München 1986 (Kap. 6).
- Kätzel, Siegfried (Hg.): Ethik. Klasse 9/10, Militzke, Leipzig 1994 (Kap. 6).

6. Materialien und Medien

- Bundeszentrale für gesundheitliche Aufklärung (Hg.): Über den Umgang mit Liebe, Sexualität, Verhütung und Schwangerschaft, Köln 1995.
- Christmann, Wolfgang (Hg.): Sexualität. Lust, Kultur, Moral, Verlag Beate Christmann, Ilsede 1992.
- Pro Familia (Hg.): Sex und so ..., Hannover 1992.

Anmachen!? – Erst volle Power, dann peinliche Sendepause

Philip, 16:
Schwierigkeiten, an Mädchen ranzukommen, hat der 16-jährige Realschüler keine. Im Gegenteil: „Im Anmachen und Anquatschen bin ich große Klasse. Nur beim ersten Treff bin ich der totale Versager. Es ist mir jetzt schon ein paar Mal passiert, dass wir uns in einem Café, einer Kneipe in zähen Gesprächen total gelangweilt haben. Absoluter Horror. Ein Satz – und dann wieder Funkstille. An ein zweites Treffen war nach dieser Peinlichkeit gar nicht mehr zu denken."

Philips Frage: „Was muss ich beim ersten Treffen mit einem Mädchen beachten?"

Acht Tipps für den Erfolg beim ersten Treff

Es gibt ein paar Tipps, Philip, die man durchaus beachten muss, wenn ein Date mit einem Mädchen erfolgreich verlaufen soll:

1. Tipp: Der richtige Chip im Kopf

Entscheidend für den Erfolg oder Misserfolg beim 1. Treff ist deine eigene Einstellung. Programmiere dich mit dem richtigen Satz: „Ich zeige dem Mädchen, dass ich sehr stark an ihr interessiert bin. Und ich zeige ihr, dass ich an vielen anderen Dingen im Leben interessiert bin!" Diesen Satz musst du beim ersten Treffen einlösen.

2. Tipp: Komplimente

Dein Interesse zeigst du durch kleine Komplimente. Ihr habt euch zum Beispiel in einem Café verabredet. Du kommst an, siehst sie, begrüßt sie – bitte nicht mit einem Küsschen auf die Wange, das wäre verfrüht. Schüttle ihr die Hand oder lächle sie an. Und dann kommt der berühmte erste Satz. Und der sollte gleich ein Kompliment beinhalten. Zum Beispiel: „Finde ich prima, dass wir uns heute endlich mal treffen. Toll siehst du aus. Bisher hab' ich dich ja meistens von weitem gesehen und da ist mir gar nicht aufgefallen, was du für schöne Augen (Haare, Mund, u.ä.) hast."

3. Tipp: Powern

Ihr sitzt jetzt gemeinsam am Tisch, habt Kaffee oder Cola bestellt. Und jetzt musst du den zweiten Teil deines Leitsatzes einlösen: Zeige dem Mädchen, dass du an vielen Dingen im Leben auch interessiert bist. Du musst mit deinen Interessen rausrücken. Denn ein Mädchen kann sich nur dann in einen Typen verlieben, wenn er auch ein Eigenleben hat. Wie schaffst du es nun, in den Augen eines Mädchens als toller Typ dazustehen? Ganz einfach. Präsentiere dich selber als tollen Typen. Genauso wie du das Mädchen loben sollst, genauso darfst du dich auch selber loben. Beim ersten Treffen sind gut dosiertes Angeben und Powern nicht nur erlaubt, sondern sogar erwünscht. Wer seine Traumfrau nämlich gleich mit Problemen vollquatscht, wirkt öde!

4. Tipp: Null Problemo

Probleme wie Schulschwierigkeiten, Stress mit den Eltern, vielleicht sogar eine schmerzhafte Liebesenttäuschung haben beim ersten Treffen einfach nichts zu suchen. Ausnahme: Du glänzt bei der Bewältigung des Problems selber als Held. Beispiel: „Letzten Winter hab ich mir beim Schifahren das Bein gebrochen. War das eine Gaudi mit dem Gips. Du glaubst es nicht, aber man sieht die Welt aus einer völlig neuen Perspektive."

5. Tipp: Meinung äußern

Scheue dich nicht, deine Meinung zu sagen. Dem Mädchen nach dem Mund zu reden, wäre fatal. Dass du alles toll findest, was sie von sich gibt, wäre unglaubwürdig und unehrlich. Ihre Meinung bitte nicht verdonnern, so nach dem Motto: „Das ist ja das Allerletzte, was du da erzählst." Nein, kritisch kommentieren: „Das finde ich gut. Das finde ich nicht gut." Damit zeigst du deine Unabhängigkeit. Eine eigene Meinung zu haben, macht dich attraktiv.

6. Tipp: Körperkontakt

Die Sache mit den Komplimenten zwischendurch bitte nicht vernachlässigen. Überschütte sie damit nicht, das wirkt unehrlich. Aber jetzt, nachdem ihr miteinander geredet habt, vertrauter geworden seid, darfst du wieder „angreifen“ mit Komplimenten. Und diesmal verbinde sie mit Berührungen, mit Körperkontakt. Nimm zum Beispiel einfach mal ihre Hände und sag: „Schöne Hände hast du, deine Fingernägel sind sehr gepflegt.“ Der Körperkontakt und die Bemerkungen sollten wie zufällig erscheinen, auf keinen Fall in plumpe Annäherungsversuche ausarten.

7. Tipp: Abwechslung

Und wenn du in kurzer Zeit ein wahres Feuerwerk abgebrannt hast, dann ist es Zeit, Abwechslung in das Treffen zu bringen. Für das Mädchen ist das aufregend und spannend. Verhalte dich nach dem Motto: In der Kürze liegt die Würze. Brich das Treffen ab. Wenn sie es allzusehr bedauert, dass ihr euch jetzt schon trennen müsst, dann darfst du ihr großzügig anbieten, dich noch ein Stückchen zu begleiten, damit gibst du zu erkennen, dass du selbstständig bist – und das macht dich attraktiv.

8. Tipp: Der richtige Abschied

Zum Abschied ist das Bussi auf jeden Fall angesagt. Mit einem Kompliment, wie schön es war. Aber ohne weitere konkrete Verabredung. Sag: „Es wäre schön, wenn du bald wieder Zeit hättest. Wir rufen uns zusammen.“ Der Eindruck, den du beim ersten Treffen hinterlassen hast, muss hochkochen. Warte zwei Tage. Wenn das Mädchen vorher nicht angerufen hat, dann rufe du sie an.

M 2

SPIEGLEIN, SPIEGLEIN...

... an der Wand, wer ist die Schönste im ganzen Land? Diese Frage der bösen Königin aus Schneewittchen darfst Du getrost übernehmen!

Natürlich verbringst Du nicht den ganzen Tag vor dem Spiegel. Aber wenn Du davor sitzt, solltest Du ein paar Dinge beachten!
Stimmt das Licht?
Den Spiegel immer nahe an ein Fenster stellen!
Ist der Spiegel groß genug?
Du solltest Dich darin ganz sehen können!
Gibt es einen Handspiegel in der Nähe?
Du brauchst ihn nicht nur, wenn Du Dich von vorne und hinten betrachten willst, sondern auch, wenn's ans Augenbrauenzupfen geht!

Aus: Biggi 2. Was Mädchen alles erleben, Gustav H. Lübbe GmbH & Co, Bergisch Gladbach o.J., S. 38.

M 3

Ein Junge weint nicht

„Ein Junge weint nicht“, hat Papa immer gesagt.
„Mensch, bleib cool!“, hat Eric gesagt.
„Lass dich bloß nicht anmachen!“, hat Dirk gesagt.

Ganz lange habe ich mich irgendwie danach gerichtet,
hab den starken Mann gespielt,
hab mir die Tränen verkniffen
und die Gefühle.
Bis ich Marja getroffen habe.
Marja hat gesagt, man müsste weinen.
Wir alle seien doch Menschen.
Der Unterschied sei doch gar nicht so groß.

Ich habe darüber nachgedacht.
Ich habe langsam akzeptiert, dass ich Gefühle habe –
starke Gefühle.

Ich habe geweint.

Aus: Christine Hagemann / Elisabeth Zöllner, Ich bin ich, Bernward Verlag, Hildesheim 1993, S. 46.

M 4

Das Lied vom Mannsein

Ich bin, seit ich was von mir weiß,
auf Kraft und Siegen programmiert,
Im Sagen groß, das Herz zumeist
auf breite Schultern reduziert.

Natürlich: Denker und modern,
rein hirnlich schon im rechten Gleis.
Verteufelt nur, dass meine Lust
von meinem Hirn so wenig weiß.

So fruchtbar lang den feuchten Traum
von meiner Herrlichkeit geträumt
und dabei nebenbei den Anschluss
an die Liebe fast versäumt.

Kumpanen, Prost! Und jetzt geht's rund
und warum solln wir uns kastriern!
Ich proste mit. Doch hab ich Angst,
mich wieder mal selbst anzuschmiern.

Ich sag mir: Freund, was ist denn los,
hör auf zu jammern, Mann ist Mann!
Nur manchmal widert mich der Zwang
zu diesem Mannsein ziemlich an.

Konstantin Wecker

Männer sind Schweine

Hallo, mein Schatz, ich liebe dich,
du bist die Einzige für mich,
die ander'n find ich alle doof,
deswegen mach' ich dir den Hof.
Du bist so anders, ganz speziell,
ich merke sowas immer schnell,
jetzt zieh dich aus und leg dich hin,
weil ich so verliebt in dich bin.
Gleich wird es dunkel, bald ist es Nacht,
da ist ein Wort der Warnung angebracht.

Männer sind Schweine, traue ihnen nicht,
mein Kind,
sie wollen alle nur das eine, weil Männer
nun mal so sind.

Ein Mann fühlt sich erst dann als Mann,
wenn er es dir besorgen kann,
er lügt, dass sich die Balken biegen,
nur um dich ins Bett zu kriegen.
Und dann am nächsten Morgen weiß er
nicht einmal mehr, wie du heißt
rücksichtslos und ungehemmt,
Gefühle sind ihm völlig fremd.

Für ihn ist Liebe gleich Samenverlust,
Mädchen, sei dir dessen stets bewusst:

Männer sind Schweine, frage nicht
nach Sonnenschein,

Ausnahmen gibt's leider keine,
in jedem Mann steckt auch immer ein Schwein.
Männer sind Säue, glaube ihnen nicht ein Wort,
sie schwör'n dir ewige Treue und dann am
nächsten Morgen sind sie fort.

Männer? Diese schrecklichen haarigen Biester,
die einen antatschen müssen?
Und dabei wollen sie alle dasselbe von einem
Mädchen.

Und falls du noch den Fehler machst
und dir 'nen Ehemann anlachst,
mutiert dein Rosenkörper hier
bald nach der Hochzeit auch zum Tier.

Da zeigt er dann sein wahres Ich
ganz unrasiert und widerlich,
trinkt Bier, sieht fern und wird schnell fett
und rülpst und furzt ins Ehebett.
Dann hast du King Kong zum Ehemann,
drum sag' ich dir, denk' bitte stets daran:

Männer sind Schweine, traue ihnen nicht...

Männer sind Ratten, begegne ihnen nur mit List,
sie wollen alles begatten, was nicht bei Drei auf
den Bäumen ist.

Männer sind Schweine, frage nicht
nach Sonnenschein ...

Männer sind Autos, nur ohne Reserverad.

PMS Musikverlags GmbH, produziert von Uwe Hoffmann und Die Ärzte, 1998.

Männer

Männer nehmen in den Arm,
Männer geben ______________________,
Männer ______________heimlich,
Männer brauchen viel ________________.
Männer sind so ______________________,
Männer sind auf dieser Welt einfach __________________.

Männer ______________ Frauen,
Männer stehen ständig unter Strom,
Männer _____________ wie blöde,
Männer __________________ am Telefon.
Männer sind allzeit bereit,
Männer _______________ durch ihr Geld und ihre Lässigkeit.

Männer haben's schwer, nimm's leicht,
außen _____________ und innen ganz ___________,
werden als __________schon auf ______________geeicht,
wann ist ein Mann ein Mann?
Wann ist ein Mann ein Mann?

Männer haben ______________,
Männer sind furchtbar _____________,
Männer können alles,
Männer krieg'n ______________________.
Männer sind ____________ Streiter,
müssen durch jede Wand, müssen immer weiter.

Männer führen ______________,
Männer sind schon als Baby __________,
Männer rauchen ______________,
Männer sind _________________,
Männer bauen ______________,
Männer machen alles ganz genau.

Männer kriegen ________________,
Männer kriegen ____________________,
Männer sind auch Menschen,
Männer sind etwas _________________,
Männer sind so verletzlich,
Männer sind auf dieser Welt einfach unersetzlich.

Text u. Musik: Herbert Grönemeyer; © Grönland Musikverlag/EMI KICK Musikverlag.

M 7

Rabenaus wundersame Erlebnisse

Hannoversche Allgemeine vom 26.01.99; © Dithard von Rabenau.

M 8

Aus: Siegfried Macht, Dein Name ist DuBistBeiMir, Don Bosco Verlag, München 1985, S.112; © beim Autor.

Eine hinduistische Hochzeit

Der Bräutigam betet und bittet:
Du musst Kaiserin[1] für den Schwiegervater, die Schwiegermutter und für die Geschwister werden. Meine Seele wird deine und deine soll meine, dein Herz soll vereinigt werden mit meinem. Mit voller Konzentration sollen wir die Wörter/Sätze verfolgen[2]. Brihaspati[3] sei mit uns. Stell dich auf meine Profession[4] ein. Mein Herz soll mit deinem Herzen, meine Knochen mit deinen Knochen, mein Fleisch mit deinem Fleisch und meine Haut mit deiner Haut verbunden werden. Prajapati[5] schenk uns Kinder. Sonne verbinde uns bis ins hohe Alter. Als Glück Bringende sollst du das Haus des Ehemannes betreten. Sei wohl wollend zu den Menschen und zu den Tieren.

Braut und Bräutigam beten zusammen: Alle Götter sollen unsere Herzen öffnen. Wind, Wasser und Saraswati[6] mögen unsere Herzen verbinden.

1 Kaiserin = sie hat für alle Fürsorge da zu sein
2 unsere guten Vorsätze verfolgen
3 Gott der Kunst und der Kreativität
4 Aufgaben, Beruf
5 Gott, der die Hochzeit stattfinden lässt
6 Göttin des Lernens

Originalquelle (mdl. überliefert)

Eine muslimische Hochzeit

Das zukünftige Paar:
„Wir danken Allah, wir erbitten Hilfe und Vergebung von ihm. Wen Allah auf den richtigen Weg leitet, den kann keiner abweichen lassen. Und wenn einer selbst vom Weg kommt, der wird den richtigen Weg finden.

Ich bezeuge, dass es keinen Zweiten wie Allah gibt und wiederum bezeuge ich, dass Mohammed sein Prophet und Überbringer ist."

Imam:
„Ihr Gläubigen, fürchtet Allah und sterbt als Moslems. Ihr Menschen, fürchtet Allah, der euch von nur einem Paar und deren Nachkommen hergeleitet hat. Hütet euch vor dem, von dem ihr so viel erbittet und davor, die Verbindung in der Verwandtschaft zu lösen. Es ist nicht daran zu zweifeln, dass Allah euch sieht.

Ihr Gläubigen, fürchtet euch vor Allah und sprecht nur Wahres, damit Allah euch Gutes tut und eure Sünden vergebt. Wer die Worte Allahs und die seiner Propheten befolgt, dem wird Großes gelungen sein."

Der Imam fragt den zukünftigen Ehemann drei Mal, ob er die Frau als Ehefrau akzeptiert.

Dann wird die Frau drei Mal gefragt, ob sie den Mann als Ehemann akzeptiert.

Imam:
„Nun verheiratet eure Witwen und die heiratsfähigen unter euren Sklaven, männliche wie auch weibliche. Wenn sie arm sind, wird Allah sie aus seiner Fülle reich machen, denn Allah ist freigiebig und allwissend."

Aus: Peygamberimizin Sünnetinden Evlilik („Heirat nach den Bräuchen unseres Propheten [Mohammed]"), Dr. A. Öztark, Ankara 1995.

Eine christliche Hochzeit

Pfarrer: „Mit diesen Worten bezeugt die Heilige Schrift, dass die Ehe eine gute Gabe Gottes ist. Auch eure Ehe will Gott schützen und segnen. Deshalb frage ich euch vor Gott und dieser Gemeinde: (zum Bräutigam:) N.N., willst du N.N., die Gott dir anvertraut, als deine Ehefrau lieben und ehren und die Ehe mit ihr nach Gottes Gebot und Verheißung führen – in guten und in bösen Tagen –, bis der Tod euch scheidet, so antworte: Ja, mit Gottes Hilfe."

Bräutigam: „Ja, mit Gottes Hilfe."

Pfarrer: (zur Braut) Ebenso frage ich dich, N.N., willst du N.N., den Gott dir anvertraut, als deinen Ehemann lieben und ehren und die Ehe mit ihm nach Gottes Gebot und Verheißung führen – in guten und in bösen Tagen –, bis der Tod euch scheidet, so antworte: Ja, mit Gottes Hilfe."

Braut: „Ja, mit Gottes Hilfe."

Aus: Agende für ev.-luther. Kirchen und Gemeinden, Bd. 3: Die Amtshandlungen, Teil 2: Die Trauung, Luther. Verlagshaus, Hannover 1988, S. 31.

M 10

EIFERSUCHT
FREIESUCHT
UFERSEICHT
SUCHTIEFER
TREUEFISCH
SCHUFTEREI
STECHFURIE
FEUERSTICH

Aus: Gudula Lorenz (Hg.), Das andere Gefühl. Eifersucht, Verlag Gudula Lorenz, Berlin 1983, S.167.

M 11

Ich sitz am Telefon

Ich sitz am Telefon
seit Stunden schon
und warte auf dich
Warum rufst' mich nicht an?
Warum kommst' nicht nach Haus?
So langsam
wird das jetzt zu viel für mich.

Ich hab schon mal gedacht
meine Liebe sei zu groß
Jetzt lauf ich hier Amok
und weiß nicht, was ist los.

Ich sitz am Telefon
seit Stunden schon
und warte auf dich ...

Da –
Licht im Treppenhaus!
Schon wieder aus ...
... war bloß nebenan.
Und im Fernseh'n
gibt's Küsse auf jedem Kanal

Vielleicht küsst du gerade
'n andern Mann?

Oder hatt'st du vielleicht
'n Unfall –
mit 'm Auto oder so?
Ich weiß nicht, was hier läuft
und ich fühl mich so k.o.

Ich sitze am Telefon
seit Stunden schon ...

Das ist mir bisher noch nie passiert
Sonst war ich immer der Typ,
auf den gewartet wird
Der mit 'nem kessen Spruch
und mit entwaffnendem Blick
morgens an der Tür stand
von 'ner schnellen Jagd zurück ...
Und der einfach sagt:
„War doch nur 'ne Nacht ...
Bin wieder da!
Alles klar?"

Rollenspiel

M 12

Sex-Skandal in der Schule

Wir befinden uns in einem kleinen Städtchen. An der dortigen Schule ist eine neue Lehrerin angestellt, die ihre Lehrerausbildung soeben beendet hat. Sie pflegt einen offenen Umgang mit ihrem Schülern und stellt erstaunt fest, dass die Jungen und Mädchen ihrer 8. Klasse sehr wenig Kenntnisse über ihr eigenes Sexualleben und das der anderen Menschen haben. Sie möchte dies ändern und beginnt mit einem allumfassenden Sexualkundeunterricht.

Es kommt, wie es kommen muss: Es kracht!

Einige Eltern beschweren sich beim Direktor über diese junge Person.

Zu diesem Anlass spielen wir die Klassenkonferenz in einem Rollenspiel:

1. Direktor – schon etwas älter, ist um den Ruf der Schule besorgt.
2. Die junge Lehrerin – findet nach wie vor richtig, was sie tut.
3. Vater, Sepp Müller – hat sich über die junge Lehrerin beschwert.
4. Mutter Miriam Schulze-Weißbach – ist mit ihren Kindern aufs Land gezogen, sehr liberal und aufgeschlossen.
5. Die Tochter von Sepp Müller – hatte dem Papi so einiges aus dem Unterricht erzählt.
6. Der Sohn von Miriam Schulze-Weißbach – hatte der Mutter ebenfalls über den Sexualerziehungsunterricht berichtet.
7. Der Rest: Schüler und Eltern der Klasse.

ritt er da nicht eben?

M 13

ritt er da nicht eben?
auf seinem stolzen schimmel
mit goldfließendem haar
und einem antlitz
aus milch und blut.

ritt er da nicht eben,
verwegen,
und kühn, ungebändigt
seine schwarzen locken,
unter sprühenden augen
der zigeunerbart
unter dem flatternden hemd
die schweißglänzende blanke brust.

ritt er da nicht eben,
den schimmernden rappen
kraftvoll bändigend,
das spiel seiner muskeln und
die behaarte brust
unter dem schneeweißen hemd.

ritt er da nicht eben?

der saum meines weißen kleides
sammelt den tau, der auch
meine füße netzt.
gänseblümchen
in meiner weißen hand,
sonnenstrahlen
in meinem güldenen haar
morgentau
in meinem jungfräulichen antlitz,
stehe ich auf grüner au
und warte.

ritt er da nicht eben?

der lahme gaul stolpert
und der rotgelockte
fällt mir
ungeschickt
vor die füße.
dann
hätte ich
ja auch jeans anziehen können.

Aus: Svende Merian, Der Tod des Märchenprinzen, © 1983 Rowohlt Taschenbuchverlag GmbH, Reinbek (keine Kopiervorlage).

M 14

Sachliche Romanze

Als sie einander acht Jahre kannten
(und man darf sagen: Sie kannten sich gut),
kam ihre Liebe plötzlich abhanden.
Wie bei andern Leuten ein Stock oder Hut.

Sie waren traurig, betrugen sich heiter,
versuchten Küsse, als ob nichts sei
und sahen sich an und wussten nicht weiter.
Da weinte sie schließlich. Und er stand dabei.

Vom Fenster aus konnte man Schiffen winken.
Er sagte, es wäre schon Viertel nach vier
und Zeit, irgendwo Kaffee zu trinken.
Nebenan übte ein Mensch Klavier.

Sie gingen ins kleinste Café am Ort
und rührten in ihren Tassen.
Am Abend saßen sie immer noch dort.
Sie saßen allein, sie sprachen kein Wort
und konnten es einfach nicht fassen.

Aus: Erich Kästner, Lärm im Spiegel, © Atrium Verlag, Zürich, und Thomas Kästner.

M 15

Meine Eltern verstehen sich nicht mehr.
Jeden Tag ist Kleinkrieg bei uns,
jeden Tag „dicke Luft".
Sie wollen sich trennen.
Mama meint, ich solle zu ihr kommen,
aber dann fehlt mir Papa.
Papa meint, ich könne ihn oft besuchen.
Aber jemanden besuchen ist nicht
mit ihm leben.
Manchmal habe ich das Gefühl,
als wollten sie mich beide nicht richtig.
Sie sind viel zu sehr mit sich beschäftigt,
mit sich und ihren Problemen.
Ich fühl mich allein.
Ich fühl mich verlassen.

Aus: Christine Hagemann/Elisabeth Zöllner, Ich bin ich, Bernward Verlag, Hildesheim 1983, S. 61.

Das Andersrum

Eines Tages erzählte mir ein Mädchen aus meiner Klasse, Silvia sei andersrum. Sie begleitete diesen Satz mit Gekicher und Gequiekse. Mein Magen senkte sich ein wenig und ein Flattern ging durch meinen Körper nach unten. Es war ein geheimnisvolles Wort – dieses Andersrum. Von nun an beobachtete ich Silvia öfters. Sie war mir vorher nie besonders aufgefallen, obwohl ich nur drei Bänke hinter ihr saß. Sie war ein großes stämmiges Mädchen, bestimmt einen ganzen Kopf größer als ich, mit derben strohigen Haaren, einer Tatsache, um die ich sie sofort glühend beneidete, denn meine eigenen Haare waren immer noch so dünn und fein wie die eines Kindes. Zu dieser Zeit saß Silvia alleine in der Bank, denn ihre Freundin war vor einigen Wochen aus F. weggezogen. Silvia hatte Mühe, ihre ganz schön langen Beine unter der niedrigen Bank unterzubringen. Ihre Kleidung war einfach unmöglich. Quergestreifte Röcke, in der Taille breit gefältelt und die Blusen – o Gott, zarte gerüschte Blusen! Ich konnte mitfühlen, wie sie litt. Mit trotzigen gehemmten Bewegungen segelte sie zur Tafel und zurück, mit einem Gesicht wie ein Unglücksrabe. Unsere Klasse spaltete sich in diesen Monaten in zwei Lager. Auf der einen Seite standen die Eingeweihten, das waren die, die schon mal ... (Kicher, Flüster, Kicher) und auf der andren Seite hockten die kleinen dummen Gänschen, kurz gesagt, die Jungfrauen. Ich hockte mittendrin. Mit meiner Freundin stand ich auf Kriegsfuß. Sie zog ständig einen Schwarm abgrundtief hässlicher, pickliger Jünglinge hinter sich her, von denen immer einer, wie ein Wunder, für mich reserviert schien. Auf diese Art und Weise kam ich zu meinem ersten Kuss, einem feuchten Schmatzer auf den Mund, bei dem es mich durch und durch schüttelte. Ich rannte fort, quer durch das Freibad, in dem wir uns gerade befanden und sprang mit einem Satz ins große Bassin. Bis zu diesem Zeitpunkt konnte ich überhaupt nicht schwimmen, aber an diesem Nachmittag lernte ich es. Sogar tauchen wollte ich plötzlich, denn ich wollte nicht gesehen werden, als die anderen oben am Rand vorbeiliefen und mich verzweifelt suchten. Schließlich hing ich zähneklappernd und mit blau gefrorenen Lippen am Beckenrand, bis meine Freundin mich herauszog. Ich war traurig und wusste nicht, warum. Mit einem Bein war ich noch Winnetou in unseren Karl-May-Spielen und mit dem anderen zog es mich bereits in ein Leben hinein, das ich nicht kannte. Nicht, dass ich hätte sagen können, dass ich mich besonders für Silvia interessierte. Es war nur diese geheimnisvolle Aura, die sie hatte, dass ich sie immer wieder beobachten musste. Ich fand sie nett und sie tat mir Leid, weil sie keine neue Freundin fand. Und das Andersrum imponierte mir mächtig, obwohl ich nicht genau wusste, was es eigentlich hieß. Es hing mit Frauen zusammen, so viel war mir klar und es hatte ein Hauch des Tragischen. Eines Tages ging ich durch die Straße, in der Silvia wohnte und zu meinem Schreck kam sie mir gerade entgegen. Blitzschnell überlegte ich, ob ich so tun sollte, als sähe ich sie nicht, aber dann entschied ich mich anders und sagte ihr guten Tag. Vielleicht begleitete sie mich ein Stück nach Hause. Es stellte sich heraus, dass sie gerade aus dem Hallenbad kam, ihre Haare waren noch feucht. Sie lud mich ein, mit ihr nach oben zu kommen, weil sie sich gleich die Haare fönen wollte. Niemand war bei ihr zu Hause. Mein Blick streifte durch die Wohnung und ich hörte nur mit halbem Ohr hin, als Silvia mir von ihrer Mutter und ihren Geschwistern erzählte. Während sie ihre Haare fönte, stöberte ich im Plattenständer. „Darf ich sie auflegen?“ Ich hielt Silvia eine Baez-Platte vors Gesicht. Ohne die Antwort abzuwarten, legte ich sie auf den Plattenteller. Silvia zeigte mir, wie der Plattenspieler eingeschaltet wurde. Es begann, gemütlich zu werden. wir rekelten uns auf dem bunten, flauschigen Teppich, der in der Mitte ihres Zimmers lag und immer wenn das Lied zu Ende war, sagte eine von uns: „Noch mal von vorne?“ und die andere nickte gelassen, wodurch wir die Platte bestimmt zwanzig Mal laufen ließen. Das Gespräch kam auf die Schule und was wir hinterher tun wollten. Ich zuckte die Schultern. Handelsschule. Vielleicht Wirtschaftsgymnasium. Oder Büro.

Ich wusste es nicht. Silvia wollte Sportlehrerin werden und ich fand, das passte zu ihr. In zwei Monaten war die Schule zu Ende und wir würden in alle Winde zerstreut werden. Auf dem kleinen Holztisch neben ihrer Couch sah ich ein Foto von Anette, ihrer früheren Freundin stehen. „Hast du etwas von Anette gehört?“, fragte ich und wies auf das Bild. Es war wohl dusselig von mir, denn sie antwortete gar nicht erst. „Nein“, erwiderte sie dann zögernd. „Ich glaube, es geht ihr gut. Sie hat wenig Zeit zum Schreiben.“ Ihre Stimme klang bedrückt. „Mensch, Silvia“, sagte ich. „Habt ihr euch gekracht, oder was? Nimm's nicht so ernst.“ „Wir haben uns nicht verkracht“, antwortete sie leise. „Mhm.“ Ich räusperte mich und wusste nicht, was ich sagen sollte. Unser Gespräch war plötzlich unterbrochen. Ich betrachtete angestrengt die Bilder an den Wänden. Gehen wollte ich nicht. Silvia spielte mit ihren Händen. „Hör mal, Silvia“, sagte ich nach einer Weile. „Ich weiß nicht, ob ich es dir sagen soll, aber vielleicht interessiert es dich. Es geht darum, was die anderen Mädchen in der Klasse über dich sagen. Willst du es hören?“ Silvia zuckte ein wenig zusammen. Ihre Augen wurden einige Grad wachsamer, aber sie nickte und sagte: „Ja. Erzähl's mir.“ „Sie sagen, du bist andersrum. Stimmt das?“ Ein fürchterliches Schweigen senkte sich über uns. Mein Gesicht lief plötzlich puterrot an und ich hatte das Gefühl, in einem Meer von Scham zu versinken. Jetzt war sie beleidigt. Lieber Himmel, was war ich dumm! Genauso wie die anderen Mädchen, die hinter ihrem Rücken über sie tuschelten. „Sag mal, weißt du eigentlich, was das ist, andersrum?“, fragte Silvia. Ich schüttelte den Kopf, mein Gesicht glühte. „Ich glaube nicht, dass ich es weiß“, murmelte ich. „Aber es ist bestimmt nichts Schlimmes, glaube ich. Was zwischen Frauen, stimmt's? Ich meine, wenn du ...“ Silvia gluckste zwischen Lachen und Tränen. „Diese blöden Gänse“, sagte sie. „Was weiß ich, wie sie es gemerkt haben. Anette ... Hey, dich scheint es gar nicht zu stören, was?“ Ich grinste. Es ging mir wieder besser. Anscheinend hatte ich sie doch nicht beleidigt. Ich nahm Anettes Foto und sagte hastig, damit das Thema nicht unterging: „Anette ... und du?“ Mein Herz zog sich zusammen. „Liebst du sie? Ich meine – wie Jungen Mädchen lieben?“ „Ich weiß nicht, wie Jungen Mädchen lieben“, erwiderte Silvia prompt. Mir blieb der Mund offen stehen. Schlagartig kam mir die Plumpheit meiner Frage zum Bewusstsein: „Ich auch nicht“, stotterte ich, „und ich will es auch gar nicht wissen.“ Silvia hob den Kopf. Mein Herz schlug bis zum Hals. Wir sahen uns eine Zeit lang in die Augen und ich glaube, es war das erste Mal in meinem Leben, dass ich begriff, was es hieß – das Leben. Es streifte mich ganz komisch, als sähe ich in ihren Augen plötzlich die Welt, die sich vor mir auftat. Ich sah etwas, was mir gehörte und dass es eine eigene, unverwechselbare Art gab, die Welt zu betrachten. Es klingelte. Silvia ging hinaus und als sie wieder uns Zimmer kam, sagte sie: „Meine Mutter ist gekommen. Sie fragt, ob du mit uns abendessen willst!“ „Nein, ich muss heim. Sonst gibt's Krach.“ Ich stand auf. „Tschüss“, sagte ich lahm. Ich merkte, wie meine Füße förmlich über den Teppich schleiften, so wenig Lust hatte ich zu gehen. „Tschüss“, sagte ich noch einmal und blieb vor Silvia stehen. Sie lächelte. „Wenn du dich zu mir herunterbückst, gebe ich dir einen Kuss“, sagte ich. „Sonst nicht.“ Das tat sie dann auch und ich drückte ihr einen sehr scheuen Kuss auf den Mund. Es sollte wohl so etwas wie ein Bund sein, dass ich jetzt auch dazugehörte oder so. Außerdem gefiel es mir. Dann ging ich nach Hause. Silvia sah ich nicht mehr wieder. Ich brach mir am nächsten Tag das Bein und verbrachte einige Wochen im Bett und zu Hause. Sie schrieb mir einmal einen kurzen Brief, weil die Schule nun bald zu Ende war und wir uns nicht mehr wiedersehen würden. In dem Brief stand, dass sie fortziehen wollte, in die gleiche Stadt, in der Anette wohnte. Einige Jahre später, als ich mit einigen alten Schulfreundinnen zusammen saß, kam die Rede auf Silvia und ich fragte, wie sie das denn mit Anette und ihr gemerkt hätten. Sie fielen aus allen Wolken. Das war das erste, was sie hörten. Nein, das Gerücht hatte einen anderen Grund gehabt. Es war entstanden, weil Silvia einen so starken Haarwuchs auf den Beinen hatte.

Narockh Lautenschlag

Aus: Anna Rheinsberg/Barbara Seifert (Hg.), Unbeschreiblich weiblich, © 1981 Rowohlt Taschenbuch Verlag GmbH, Reinbek, S. 203ff. (keine Kopiervorlage).

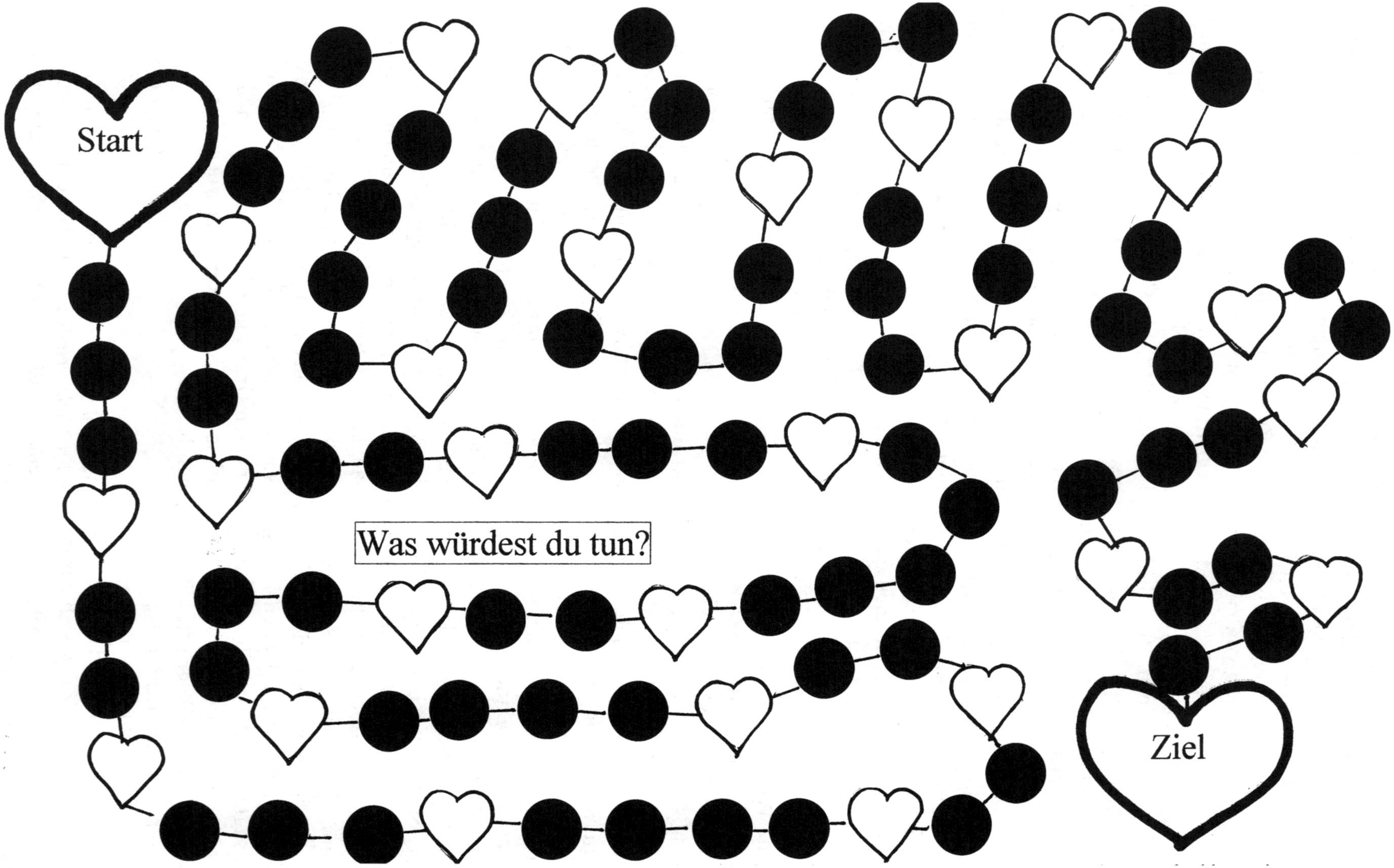

Spielregel: Wer auf ein Herz-Feld kommt, lässt sich von einem Mitspieler oder einer Mitspielerin eine Situationskarte vorlesen und erklärt, wie er sich verhalten würde. Beurteilt die Mehrheit der anderen diese Möglichkeit als gute Handlung, darf man zum nächsten Herz-Feld vorrücken.

Ein Freund erzählt dir auf dem Schulhof, dass deine Freundin am Wochenende mit einem anderen Jungen ausgiebig geknutscht hat.	Du findest die Freundin deines guten Freundes sehr attraktiv.
Du beobachtest, dass deine Mutter sehr eng mit einem anderen Mann tanzt.	Ein Mädchen aus der Klasse wird täglich gehänselt, weil sie einen großen Busen hat.
Dein Freund verlangt von dir, mit ihm ohne Verhütungsmittel zu schlafen.	Deine Freundin / dein Freund trennt sich ohne Begründung von dir.
Dein Freund hält nichts vom Streicheln oder Schmusen. Er behauptet, wer den Geschlechtsverkehr lange hinauszögert, sei ein Schlaffi.	Du bist endlich mit deinem Traumtypen verabredet, aber er unterhält sich kaum mit dir und trinkt still vor sich hin.
Du triffst dich mit einem Jungen, der ohne Pause von sich erzählt und auch nicht merkt, dass du kaum noch zuhörst.	Dein Freund / deine Freundin möchte dich heiraten, sobald ihr 18 seid.
Immer wenn du dich mit deiner festen Freundin alleine treffen willst, bringt sie ihre beste Freundin mit.	Dein Freund ist plötzlich sehr traurig und verschlossen, will aber nicht darüber sprechen.
Du sitzt mit deinen Eltern im Restaurant. Vom Nachbartisch sieht die ganze Zeit ein hübsches Mädchen herüber, die auch mit ihren Eltern da ist.	Du findest den Blonden aus der 10. Klasse gut, aber der bemerkt dich während der Pausen gar nicht.
Vor den Umkleidekabinen im Freibad fragt dich immer derselbe Typ, ob er mit in die Kabine darf.	Ein Typ, den du nicht leiden kannst, ruft dich täglich an.

Was sollen Jungen – was sollen Mädchen?

Ziele

Unsere Geschlechtsrollen werden nur zum Teil durch Biologie, Gene und Hormone festgelegt. Die Einflüsse von Eltern, Erwachsenen und von der Kultur sind viel stärker als die Macht der Chromosomen, der Anatomie, der Hormone. Die kritische Frage ist: Welche maskulinen und femininen Werte und Verhaltensweisen müssen Jungen und Mädchen annehmen, um ein freies und gutes Leben zu führen? Die beste Antwort können die Kinder selbst geben. Sie können für Herausforderungen des Lebens besser gewappnet sein, wenn sie nicht in zu enge Stereotype gepresst werden. Wenn die Kinder drei Jahre alt sind, haben sie die Grundlage ihrer Identität als Junge oder Mädchen schon gelernt. Zwischen drei und sechs Jahren können Kinder die unterschiedlichen Erwartungen von Eltern, Erwachsenen und anderen Kindern im Blick auf ihre Geschlechtsrolle bemerken. Und bereits mit fünf Jahren hat das Kind viele fest geprägte Vorstellungen, was zu einem Mädchen bzw. zu einem Jungen gehört. Je älter das Kind ist, desto schwieriger wird es, eigene Vorstellungen gegen frühe Prägungen zur Geltung zu bringen. Es ist daher wichtig, dem Kind möglichst früh zu helfen, eigene Vorstellungen zu entwickeln, wie es als Mädchen oder Junge leben möchte. In diesem Experiment können die Kinder ihre eigenen Vorstellungen mit denen der anderen Kinder vergleichen. Für Sie als Gruppenleiter ist das eine gute Gelegenheit festzustellen, wie weit die Kinder von den gängigen kulturellen Stereotypen über passende Geschlechtsrollen schon geprägt sind.

Teilnehmer: ab 8 Jahren
Zeit: ca. 45 Minuten

Anleitung

Was habt ihr schon alles darüber gelernt, was ein Mädchen tun kann und was ein Junge tun kann ...? Habt ihr von Frauen gehört, die ein Flugzeug lenken können. Die eine Rallye fahren? Einen Auspuff reparieren? Habt ihr von Männern gehört, die den Haushalt führen können? Babys großziehen? Kranke pflegen? ... Können Männer mehr als Frauen? Können Frauen mehr als Männer? ... Ich werde euch jetzt gleich ein paar Fragen stellen, auf die ihr vielleicht ganz verschiedene Antworten gebt. Steht auf, wenn ihr „Ja“ denkt.

1. Sollen Jungen groß und stark sein?
   (Fragen Sie bei jeder Runde die Kinder, die aufstehen bzw. sitzen bleiben nach ihrer Ansicht: Warum glaubst du das? Wie bist du darauf gekommen? Welche Vorteile hat das? Welche Nachteile hat das? Und machen Sie immer wieder aufmerksam auf mögliche Differenzen im Denken der Jungen und Mädchen Ihrer Gruppe. Wenn es Ihnen passend erscheint, können Sie einzelne Fragen zuerst den Mädchen stellen und dann den Jungen.)
2. Sollen Mädchen groß und stark sein?
3. Sollen Mädchen Kleider tragen, weil sie in Kleidern besser aussehen?
4. Soll man einen Jungen „weibisch“ nennen?
5. Sollen die Mädchen im Haus arbeiten, die Jungen draußen ?
6. Sollen Mädchen Cowboy spielen?
7. Sollen Jungen und Mädchen gemeinsam Sport treiben?
8. Sollen Jungen Harfe spielen lernen?
9. Sollen Junge lange Haare haben?
10. Sollen Frauen bei der Feuerwehr arbeiten?
11. Sollen Väter Babys füttern und wickeln?
12. Sollen Mütter eine kaputte Steckdose reparieren?
13. Sollen Jungen mit Puppen spielen?
14. Sollen Mädchen mit Autos spielen?
15. Sollen Jungen mit Fäusten kämpfen?
16. Sollen Mädchen mit Fäusten kämpfen?

Auswertung

Wie hat euch das Experiment gefallen?
Worüber denke ich nach?
Was hat mich aufgeregt?
Welche Frau oder welchen Mann bewundere ich?
Was möchte ich sonst noch sagen?

Aus: Sabine Alex / Klaus W. Vopel, Lehre mich nicht, lass mich lernen! Neue Interaktionsspiele Teil 2, Iskopress, Salzhausen 1995[3]; S. 112f.

Reden, Raufen, Randale – Jugend und Gewalt

1. Fachwissenschaftliche und didaktische Aspekte

Jugendgewalt hat es sicherlich immer schon gegeben: Manches steht in einer Tradition mit Kirmesprügeleien, Halbstarkenkrawallen, Stadionraufereien oder Demonstrationen; schon Sokrates soll bekanntlich vor den schlechten Manieren der Jugend, ihrer Missachtung der Autorität und ihrer Tyrannei der Eltern gewarnt haben. Aber die Delikte sind heute schwerwiegender geworden und seit 1984 hat sich die Zahl der Gewalttaten bei Jugendlichen verdreifacht; selbst bei den strafunmündigen Kindern unter 14 ist in diesem Zeitraum die Gewaltanwendung um 170% gestiegen. Alarmierend wird diese Zunahme vor allem durch die Tatsache, dass es sich hier nicht um Ladendiebstahl oder um Handtaschenraub handelt, sondern quasi um einen Krieg unter Kindern, für den die Bezeichnung ‚Konflikt' nicht mehr als ein Euphemismus ist. Raub, Erpressung und Brutalität sind die Realität und das Risiko für Schüler, beraubt zu werden, hat sich seit 1987 verfünffacht. Vieles dreht sich um die kleinen Glitzerdinge des Lebens, um Turnschuhe, Rucksäcke oder Markenartikel, die manche im Überfluss haben und andere wohl nie bekommen werden. Spekulationen über die Ursachen der Gewalt hängen vom Standpunkt des Betrachters ab. Es ist wenig sinnvoll, sich einer Aggressions- oder Gewalttheorie monokausal anzuvertrauen, da die Bedingungen – gerade in der Lebenswelt der Jugendlichen – komplex und häufig uneindeutig sind. Auf einer gleichsam ‚allgemeinen' Ebene kann davon ausgegangen werden, dass Gewalt das *Produkt eines kommunikativen Bezuges* ist: Sie signalisiert – in persönlicher oder allgemein-gesellschaftlicher Form – den Endpunkt eines (sozialen, ethnischen o.a.) Konflikts, der i.d.R. unkontrolliert eskaliert ist und der unterschiedliche Gründe besitzen kann. Neben schlichten kommunikativen Missverständnissen ist Gewalt aber auch häufig durch den Versuch motiviert, die individuellen Grenzen ‚auszukundschaften', die eigene Stärke und Macht zu erproben. Dass dabei die Grenzen des Gegenübers nur selten angemessen wahrgenommen werden, liegt auf der Hand.

Eine geradezu ‚klassische' Erklärung von Gewalt – die so genannte *Frustrations-Aggressions-Hypothese* – führt einen „Frustrationsstau" an, der sich in einem aggressiven oder brutalen Verhalten entlädt. Dabei ist es unerheblich, ob sich Frustration auf eine persönliche oder ‚private' Dimension bezieht (z.B. Liebeskummer, fehlendes Selbstvertrauen) oder ob sie durch soziale oder gesellschaftliche Strukturen bedingt wird (z. B. fehlende Anerkennung innerhalb einer Gruppe, soziale Benachteiligung, ethnische Differenzen, Zukunftsangst).

Mit dieser Hypothese verwandt ist ein Verständnis von Gewalt als *Abwehraggression*: Eine

Angst auslösende Situation soll eliminiert werden, indem nicht alternativ-konstruktive Handlungsmöglichkeiten bemüht, sondern indem die als angstauslösend empfundenen Situationsreize eliminiert werden. Gewalt wird hier eingesetzt, um die bedrohte Identität zu ‚retten', auch wenn es nicht die Ursachen, sondern die Anlässe sind, die der individuellen Wahrnehmung und Weltdeutung unterworfen werden.

In eine andere Richtung zielt die so genannte *Erlangungsaggression*: Der Täter eignet sich gewalttätig bestimmte Dinge an, die zumeist entweder eine Teilhabe an einem gesellschaftlichen Konsumstandard ermöglichen sollen, oder aber es ist der Versuch des Täters, gesellschaftliche oder persönliche Aufmerksamkeit zu erlangen.

Was auch immer die individuellen Gründe für gewalttätiges Verhalten sein mögen: Fest steht, dass eine veränderte kulturelle und soziale Situation nicht nur zu einem Anstieg von Gewalt, sondern auch zu einem gesunkenen Unrechtsbewusstsein und einer niedrigeren Hemmschwelle auf Seiten der Täter geführt haben. Konflikte erreichen heute schneller die Ebene der Gewalt und das Opfer wird selbst dann noch traktiert, wenn die Entscheidung eigentlich klar ist und der Unterlegene am Boden liegt. Diese ‚Verrohung' jugendlicher Gewalt kann man jenseits o.g. individueller Motive auch im Zusammenhang mit postmodernen Konfliktlinien sehen: Familiäre Bindungen verlieren immer mehr an Bedeutung, Familienverhältnisse werden konflikthaft und Eltern leben oft in wechselnden Beziehungen; ein nicht unbeträchtlicher Teil der Jugendlichen verbringt mehr Zeit mit Betreuungspersonen oder betreuenden Einrichtungen als mit den Eltern. An Jugendliche wird deshalb immer häufiger die Anforderung gestellt, sich auch in einem privaten, intimen Bereich auf wechselnde Bezugspersonen, Beziehungs- oder Wohnkonstellationen in emotionaler oder psycho-sozialer Hinsicht einstellen zu müssen. Dies kann zu Überforderungs- und Desintegrationserfahrungen führen, zu einer Form jener ‚Neuen Unübersichtlichkeit', zu einem Verlust fundamentaler Eindeutigkeit. Die ohnehin vorhandene Adoleszenzkrise wird durch diese *Entstrukturierung* und *Individualisierung*, durch das Herauslösen aus vorgegebenen Fixierungen zusätzlich radikalisiert. Und wo klassische Sozialisationsinstrumente ihre Verbindlichkeit verlieren, leidet auch das durch sie getragene Normensystem. Viele Jugendliche zeigen deshalb eine Verweigerungshaltung gegenüber der Erwachsenenwelt, Vorbehalte gegenüber dem ‚Sich-Einlassen' und dem Engagement. Die psychische Energie wird von den klassischen Sozialisationsagenturen Familie und Schule auf die Freizeit und – anders als früher – mehr auf die selbst gewählte Peer-Group gerichtet. Hier herrschen zwar ebenfalls (rigide) Gruppennormen, doch diese stehen eben oft in Konkurrenz zu traditionellen gesellschaftlichen Normen. Damit wird die Kluft zwischen der Erwachsenenwelt und der Lebenswelt der Jugendlichen erst recht brüchig. *Kontingenz* wird zu einer grundlegenden Erfahrung in einer Lebensphase, die eigentlich auf eine Ausprägung oder Stabilisierung des Werte- und Normensystems abzielen sollte. Viele Jugendliche greifen deshalb – um die Kluft wenigstens scheinbar zu überwinden – zu ‚fertigen', zu ‚kompletten' Lösungen, wie sie z.B. die durchkommerzialisierte Freizeit- und Spielindustrie anbietet. Hier ist die Welt klar strukturiert und spielerisch lässt sich selbst die Rolle des ‚Bösen' annehmen, ohne dass dies mit negativen Sanktionen in der Realität geahndet wird.

Der Rückzug in die überschaubare Gruppennorm oder auch in die Ersatzwirklichkeit des Spiels bleibt für viele Jugendliche nicht ohne Folgen: Hier eignen sie sich ein nur eingeschränktes soziales Erfahrungspotenzial an. Insbesondere fehlen ihnen realistische soziale Auseinandersetzungen, in denen auch Konfliktlösungsmuster gelernt werden müssen. Tauchen deshalb dann unübersichtliche Konfliktsituationen auf, kann nicht auf gewaltfreie Verhaltensrepertoires zurückgegriffen werden. Eine (allerdings wenig überprüfte) Rolle mag auch der verstärkte Medienkonsum spielen. Gerade die zunehmende Brutalisierung der Computerspiel-, Video- oder Fernsehwelt trifft auf eine Psyche bei Kindern und Jugendlichen, in der sich wesentliche Merkmale seelischer Reife und interaktioneller Kompetenz (differenzierte Wahrnehmung des anderen, Empathie etc.) nicht ausgebildet haben. Kommen andere Negativeinflüsse wie Misserfolg, Frust, familiäre Konflikterfahrung oder mangelnde Akzeptanz hinzu, kann eine brisante aggressive Mischung entstehen, bei der nachahmende Gewalt als Konfliktlösungstechnik und sozial gerechtfertigtes Mittel zur Durchsetzung eigener Wünsche legitim erscheint.

Natürlich reagiert die Öffentlichkeit auf diese verschärfte Lage: Mitunter ist sie ‚betroffen', häufiger aber konsumiert sie erlebnishungrig die mediale Aufbereitung eines gesellschaftlichen Schlüsselproblems und provoziert durch kommerzielle Darstellungsprinzipien (Dramatisierung, Emotionalisierung und Vereinfachung) Nachahmungstäter. Jugendgewalt wird darüber hinaus zum Gegenstand kontroverser pädagogischer Diskussionen; viele Schulen begnügen sich nicht mehr damit, über Gewalt als ein Phänomen zu sprechen (das zwar insgesamt vorhanden sei, in der jeweiligen ‚Bildungseinrichtung' allerdings nicht vorkomme), sondern sie realisieren erfolgreiche Anti-Gewalt-Programme, die den engen Bezirk des Unterrichts sprengen und tatsächliche Konsequenzen für die Lebenswelt der Schülerinnen und Schüler besitzen. Doch auch hier ist schnell die Grenze der didaktischen Möglichkeiten erreicht: Schule kann nicht die Aufgabe einer gesellschaftlichen Feuerwehr übernehmen und die Gewaltproblematik pädagogisch lösen; der Ethikunterricht ist nicht der Ort zur Schlichtung akuter und gewalttätiger Konflikte. Zudem sollte auch nicht erwartet werden, dass die unterrichtliche Thematisierung gewaltförderlicher Faktoren wie Arbeitslosigkeit, sozialer Konflikte oder gar Kontingenzerfahrung eine Veränderung des tatsächlichen Verhaltens problematischer Schüler bewirken kann. Und schließlich sind die Problemfelder oftmals zu komplex und interdependent, als dass eine produktive und nachhaltige Auseinandersetzung mit ihnen in der Sek I (unabhängig von der Schulform!) sinnvoll sein kann.

Was also bleibt? Es bleibt die Forderung nach einer Erziehung zur Empathie- und Konfliktfähigkeit, zur Stresstoleranz, die rechtzeitig Barrieren errichtet gegen die Anfälligkeit des Autoritarismus. Es bleibt die Forderung nach einer Vermittlung jener Einsicht, dass zum Zusammenleben in der Gesellschaft auch Konkurrenz und Konflikte gehören, dass nicht bei Konflikten die Flucht in utopische Harmoniemodelle der Gesellschaft anzutreten ist. Und es bleibt die Forderung nach einer Auseinandersetzung mit dem ‚Anderen', nach der Einübung multiperspektivischer Wahrnehmung, damit das Fremde nicht die Dimension des Bedrohlichen erhält.

2. Intentionen

Die Sch. sollen
- die eigenen Vorstellungen und Erfahrungen zum Thema Gewalt thematisieren und klären,
- unterschiedliche Begründungszusammenhänge für die Entstehung von Konflikten und gewalttätigem Verhalten kennen lernen und reflektieren,
- aus unterschiedlichen Perspektiven Situationen von Konfliktpartnern einschätzen und beurteilen,
- Angebote der modernen Erlebnisgesellschaft als konfliktverschärfende Faktoren kritisch reflektieren,
- unterschiedliche Möglichkeiten der Deeskalation erfahren, handlungsorientiert umsetzen und die Fähigkeit zur humanen und diskursiven Konfliktlösung entwickeln,
- Gewalt als ein Strukturelement der menschlichen Entwicklung verstehen und in seiner Ambivalenz beurteilen.

3. Literatur zur Vorbereitung

- Benz, Ute: Jugend, Gewalt und Fernsehen, Metropol Verlag, Berlin 1997.
- Bründel, Heidrun; Hurrelmann, Klaus: Gewalt macht Schule. Wie gehen wir mit aggressiven Kindern um?, Droemer/Knaur, München 1994.

- Frech, Siegfried: Aggression und Gewalt in der Schule, in: Unterrichtspraxis 8/93 [= Beilage zu b&w der GEW Baden-Württemberg 8/1993], S.59–63.
- Fritzsche, K.P./Knepper, H.: Die neue Furcht vor der Freiheit – Eine Herausforderung an die politische Bildung, in: Aus Politik und Zeitgeschichte, B 34 / 1993, S.13–24.
- Graham, John: Prävention von Jugendgewalt, in: DVJJ-Journal [Zeitschrift für Jugendkriminalität und Jugendhilfe] 8 (1997), H.2.
- Heitmeyer, Wilhelm u.a.: Die Bielefelder Rechtsextremismus-Studie, Juventa, Weinheim/München 1992.
- Heitmeyer, Wilhelm u.a.: Gewalt, Schattenseiten der Individualisierung bei Jugendlichen aus unterschiedlichen Milieus, Juventa, Weinheim/München 1998.
- Holtappels, Heinz u.a. (Hg.): Forschung über Gewalt an Schulen, Juventa, Weinheim/München 1997.
- Hurrelmann, Klaus u.a. (Hg.): Anti-Gewalt-Report, Beltz, Weinheim/Basel 1995.
- Olweus, Dan: Gewalt in der Schule, Huber, Bern 1996.
- Spreiter, Michael (Hg.): Waffenstillstand im Klassenzimmer. Vorschläge, Hilfestellungen, Prävention, Beltz, Weinheim/Basel 1993.

4. Unterrichtsideen

A. Annäherung an das Thema Gewalt

⇨ *Gewaltcollage*

Da Gewalt heute zu einem vieldiskutierten gesellschaftlichen Problemfeld geworden ist, das auf ein entsprechendes Erfahrungspotenzial vieler Sch. stößt, ist es sinnvoll, Beispiele und Definitionsversuche von Gewalt zunächst einmal durch die Lerngruppe selbst erarbeiten zu lassen. Dies kann z.B. durch ein Brainstorming geschehen, für das eine Abbildung „prügelnde Jugendliche" o.ä. als *Einstiegsimpuls* verwendet werden kann. Jeder Sch. soll hier Begriffe, Problemkreise oder Situationen benennen, die er mit Gewalt in Verbindung bringt.

Vorsichtig steuernd sollte darauf geachtet werden, dass nicht nur ausschließlich physische Formen von Gewalt thematisiert werden, sondern ebenfalls psychische wie Ausgrenzung, Mobbing etc.

Dann erhalten die Sch. (evtl. in Gruppen) den Arbeitsauftrag, Materialien wie z.B. Abbildungen aus Zeitschriften, Textauszüge, Zitate oder auch eigene Gedanken zusammenzutragen, die zu der erarbeiteten Struktur des Themas passen. Mit diesen Materialien wird eine Wandzeitung gestaltet: Auch dieses Arbeitsprodukt wird einen Gesprächs- und Klärungsbedarf bei den Sch. provozieren.

B. Die Entstehung von Konflikten und Gewalt

⇨ Die Entstehung von Konflikten und ihre Einmündung in Gewalt kann eine Vielzahl von Ursachen haben; häufig ist es jedoch eine misslungene Kommunikationssituation, die zur Eskalation beiträgt. Bestimmte Sachverhalte werden von den Konfliktpartnern aus einer je anderen Perspektive gesehen, und über das Verständnis von ‚Wirklichkeit' ist kein Konsens herstellbar. Mit diesem Grundproblem beschäftigt sich **M 1**: Die hier präsentierten *optischen Täuschungen* suggerieren z.T. eine bestimmte Form von ‚Wirklichkeit', die sich tatsächlich als trügerisch erweist.

So ist auf der Abbildung mit den *drei Figuren* die des Mädchens am größten; die Nichtbeachtung perspektivischer Regeln verstellt die tatsächlichen Proportionen. Einer ähnlichen Täuschung unterliegt der Betrachter bei der *scheinbaren Spirale*. Die weißen unterbrochenen Linien erscheinen jedoch nur deshalb spiralförmig infolge der speziellen Schraffierung des grauen Hintergrundes; tatsächlich stellen sie konzentrische Kreise dar. Das Vexierbild *Alte Frau, junge Frau* ist weniger eine optische Täuschung als vielmehr ein Beweis dafür, dass Menschen nur das sehen, was sie

auch sehen wollen: Je nachdem, worauf sich der Betrachter eingestellt hat, sieht er eine alte Frau im linken Seitenprofil oder eine junge Frau schräg von hinten. Nicht anders verhält es sich mit dem Satz *I love Paris in the springtime*: Dass hier der bestimmte Artikel verdoppelt ist, fällt durch die geometrische Anordnung kaum einem Betrachter beim lauten Lesen auf; manchen mag der Satz auch allzu bekannt erscheinen, als dass man den Fehler realisiert. Eine gewisse Vorkenntnis korrigiert gleichsam (unbewusst) den Fehler bzw. erzeugt einen relativ hohen Grad an Fehlertoleranz. Dies ist auch der Fall bei dem nur halb dargestellten Begriffs *monument*: Vorwissen und Vorannahmen steuern das Rezeptionsverhalten.
Alle optischen Phänomene spiegeln damit auch ein Grundproblem der menschlichen Interaktion: Falsche Bezugsgrößen, Prädispositionen, Festlegungen auf Konventionen oder unbewusstes Hinzufügen erschweren den Umgang und sind Anlass für Meinungsverschiedenheiten und Konflikte. Das Bewusstsein, die eigene Position immer auch hinterfragen und kritisch reflektieren zu müssen, könnte ein erster Schritt sein, das eigene Wertesystem nicht absolut zu setzen. Die Transferleistung von den optischen Täuschungen zum Problem der Entstehung von Konflikten werden sicherlich nur stärkere und reflexionsfreudige Lerngruppen erbringen; ist diese Transferleistung aber vollzogen, so ist das Lernergebnis auch eindrücklich und nachhaltig.

⇨ Einen höheren Grad der Unmittelbarkeit desselben Problems bietet *Die Geschichte mit dem Hammer* **M 2**: Konflikte werden oftmals durch Vorurteile erzeugt, die unabhängig von ‚wirklichen' Sachverhalten existieren. Unabhängig davon, ob man als Eröffnung dieser Teilsequenz über die Entstehung von Konflikten **M 1** oder auch **M 2** wählt, ist es wichtig, nach der Diskussion über das Phänomen zur Reflexion über die zugrunde liegende Struktur zu gelangen; im Zentrum sollte immer die Frage stehen, was man hier über die Funktion der Vorurteile bei der Konfliktentstehung lernen kann.

⇨ Ebenfalls (und vielleicht deshalb als zusätzliche Aufgabe, z.B. als Hausaufgabe geeignet) wird dies durch den *Cartoon* in **M 3** deutlich: Gefangen in der Welt ihrer Vorurteile sind die ‚Einheimischen' nicht mehr in der Lage, die eigenen Defizite zu erkennen.

⇨ Ein nächster Schritt will – mit Bezug auf *Schulz von Thun* und das sog. *Vier-Ohren-Modell* – eine gewisse Sensibilität für die Vielschichtigkeit menschlicher Interaktion schaffen. Konflikte entstehen eben oft auch dadurch, dass die Dialogpartner nur das wahrnehmen, was sie auch hören wollen: Eine Sachebene der ‚Botschaft' wird schnell verlassen und das Gehörte wird rigoros den eigenen Vorannahmen, der sog. ‚Beziehungsebene' unterworfen. **M 4** versucht dies durch ein Beispiel transparent zu machen. Es empfiehlt sich hier, am Beispiel der ‚grünen Ampel' die Begriffe *Inhaltsebene* und *Beziehungsebene* einzuführen und deutlich zu machen, auf wie unterschiedliche Weise eine Aussage verstanden und zu welchen Konsequenzen eine Verschiebung dieser Ebenen führen kann. Diese Einsicht soll durch die Sch. sodann auf eine konkrete Situation bezogen werden. Die Sch. sollten die Szene spielen, die Probleme des Dialogs benennen und dann (in Kleingruppen) Gesprächsvarianten entwickeln, die den Konflikt vielleicht doch auflösbar machen. Auch diese Varianten sollten wiederum gespielt und vom Plenum beurteilt werden.

⇨ Nach dieser gleichsam individuellen Dimension für die Entstehung von Konflikten wird die gesellschaftliche Dimension des Problems skizziert. Das kurze Gedicht *Leben?* (**M 5**) thematisiert eine negative Sozialisation durch Gewalt, Ausgrenzung und Unterdrückung, die als Erwachsener spiegelgleich weitergegeben wird. Die Eindringlichkeit des Textes fordert zur Stellungnahme auf. Dabei sind unterschiedliche Verfahren denkbar: Es lassen sich (in Kleingruppen) Standbilder erarbeiten, die die (sechs) unterschiedlichen Etappen darstellen. Die Analyse der Standbilder (der jeweiligen Gruppen) gibt Aufschluss über den physischen Habitus als Opfer oder als Täter.

Eine eher produktionsorientierte Variante könnte darin bestehen, in arbeitsteiliger Gruppenarbeit *Tagebucheinträge* zu verfassen, die die Situation und die Gefühle des Protagonisten als Jugendlicher (Opfer) und als Erwachsener (Täter) beschreiben. Hier wird wahrscheinlich in höherem Maße deutlich, dass die erfahrene Frustration die spätere Aggression vorbereitet.

⇨ Dies ist zugleich auch Gegenstand von **M 6**, dessen Bearbeitung auf eher kognitivem Wege das zuvor handlungs- oder produktionsorientiert Erarbeitete verankert. Der *Text von B. Hassenstein* zeigt, dass der Verlust von Sicherheit Angst und schließlich auch Aggression provoziert; ähnlich verhält es sich mit erfahrener Frustration. Die Sch. sollen zentrale Begriffe herausstellen, Thesen formulieren etc. Ein besonderes Augenmerk ist dabei auf die verallgemeinernde Tendenz des Textes zu richten: Es geht hier nicht nur um die Angst und die Frustration von Einzelmenschen, die sie letztlich gewalttätig werden lässt, sondern ebenfalls um soziale Gruppen oder Gesellschaften. Und Frustration führt auch dazu, dass die Bedrohten und die Verlierer des Wohlstands bestimmte gesellschaftliche Minderheiten zum Sündenbock der eigenen Situation machen. Die Sch. sollten hier viele individuelle, gesellschaftliche oder historische Beispiele anführen. Auch hier wäre eine Visualisierung der Ergebnisse in Form einer Wandzeitung denkbar.
Es ist vorstellbar, dass bereits im Zusammenhang mit **M 5** oder mit **M 6** die unmittelbare Situation der Sch. in der Schule als einem Ort, wo sie auch eine bestimmte Form von ‚Gewalt' erfahren, thematisiert wird.

⇨ Auf dem Hintergrund von **M 7** – *Texte und Bilder von W. Busch* – kann über die Formen schulischer Erziehung, vor allem aber über die Konsequenzen unterschiedlicher Erziehungsstile gesprochen werden. Zu diskutieren wäre z.B. die Frage, ob ausschließlich ein autoritärer Stil zu einem späteren Zeitpunkt eine Gewaltbereitschaft provoziert (Gewalt erzeugt wieder Gewalt) oder ob dies nicht auch ein extrem liberaler tut, der keine Verbindlichkeiten, Normen und Grenzen setzt (Provokation: Die Neonazis sind die Kinder der 68er!). Die Sch. sollten hier möglichst differenziert diskutieren und ihre Ergebnisse evtl. in eine schematische Übersicht bringen, die die positiven oder negativen Folgen auflistet.

⇨ Zu einer differenzierten Auseinandersetzung mit den Ursachen und Formen von Gewalt, wie sie die Sch. vielleicht häufig erfahren, soll die *Dilemmageschichte* in **M 8** anleiten. Es handelt sich um eine fast ‚alltägliche' Form von Belästigung, und auch um eine fast ‚alltägliche' Reaktion. Die Sch. sollen sich hier ein Urteil über Formen von Schuld und Angemessenheit des Verhaltens, über die Hintergründe und Rahmenbedingungen der Situation bilden. Sie sind eingeladen, eine Klassenkonferenz zu simulieren, die zu einer Bewertung des Verhaltens von Nadine und Thomas gelangen soll, eine ‚Strafe' aussprechen, aber auch eine Versöhnung der Kontrahenten herbeiführen soll. Die Rollen von Schulleiter, Klassenlehrer, Vertrauenslehrer, Klassensprecher, Mitschüler und Elternvertreter sind zu besetzen, und sie haben u.a. darüber zu befinden, ob nicht Nadine einen Teil der Schuld an der Eskalation des Konflikts trägt. Die Sch. sollen hier zu einer begründeten Klärung gelangen, obwohl es natürlich das ‚richtige' Ergebnis nicht gibt. Allenfalls ist es möglich, auf der Basis der bislang gewonnenen Einsichten zum Thema zu einer differenzierten Beurteilung zu gelangen.

⇨ Dieses Abwägen setzt voraus, dass sich die Sch. in eine fremde Position hineinversetzen und Empathie vielleicht auch für eine Haltung einnehmen, die ihnen eigentlich fremd ist. Diesen Zweck verfolgt auch **M 9**, das die Sch. anregt, eine hinlänglich bekannte Situation bewusst anders zu sehen. Deshalb soll das Märchen von *Hänsel und Gretel*, das von den Autoren aus der Perspektive der Opfer erzählt ist, nun in eine Täterperspektive gerückt werden. Hänsel und Gretel sollen hier von ihren Eltern verstoßene, unterprivilegierte und nun im Wald marodierende (Straßen-)Kinder sein, die sich am Eigentum einer alten Frau vergehen und diese letztlich töten. Diese Schreibübung zwingt zum Perspektivenwechsel, ist eine lustbetonte und unorthodoxe Auseinandersetzung mit dem Gesamtkomplex und leitet zudem – durch ihren wenig moralisierenden Charakter – auf das nächste Problemfeld über, innerhalb dessen die meisten Jugendlichen Gewalt nicht unbedingt als Negativum sehen.

C. Verstärkende Faktoren

⇨ Die Frage, ob Gewaltdarstellungen in Medien der ‚tatsächlichen' Gewalt Vorschub leisten, oder ob sie nicht vielmehr eine kompensatorische Funktion erfüllen, ist umstritten. Auf dieses Problem rekurriert der *Spiegel-Text* **M 10**, in dem ein unmittelbarer Konnex zwischen der Brutalisierung der Gesellschaft und den medialen Vorbildern hergestellt wird. Da alle Jugendlichen wahrscheinlich über eine extensive Video- und Fernseherfahrung verfügen, ist es sinnvoll, die Sch. zunächst über ihre Fernsehgewohnheiten, ihre Lieblingssendungen bzw. -filme und über Gewaltdarstellungen in diesen berichten zu lassen. Auch können die Sch. eine Stichprobe über die Häufigkeit von Gewalt im Fernsehen nehmen: Sie sollen unterschiedliche Programme sehen und die jeweiligen Gewaltdarstellungen verzeichnen. Zudem sollten sich die Sch. weitere Informationen (z.B. in einer Bücherei) über die im Artikel genannten amerikanischen Massaker beschaffen und diese Informationen im Hinblick auf den Themenzusammenhang auswerten und vorstellen. Auf diese Weise können zumindest vorsichtige Begründungszusammenhänge festgehalten werden, die sich auf die Schädlichkeit bzw. Unschädlichkeit der medialen Gewaltrezeption beziehen.
Die Unterrichtenden sollten hier vorsichtig und zurückhaltend agieren, denn nicht nur besitzen die Sch. vermutlich eine quantitativ höhere Medienkompetenz, sondern sie würden vermutlich auch nicht mehr offen und produktiv argumentieren, sobald der zivilisationskritische Zeigefinger erhoben wird.

⇨ Und dies trifft insbesondere die Auseinandersetzung mit dem Thema *Gewalt in PC-Spielen*, wie es in **M 11** vorgeschlagen wird. Hier dürfte die Kompetenz der Unterrichtenden in jeder Hinsicht deutlich unter derjenigen der Sch. liegen: Mehr als ein Informationsaustausch ist zunächst einmal kaum möglich. Als Einstiegsimpuls soll der Bericht über eines der z.Zt. erfolgreichsten Gewaltspiele auf dem Markt dienen: *Dungeon Keeper 2*. Das Besondere ist hier, dass die Spieler sich nicht den Deckmantel des Guten umwerfen müssen, um der Lust an der Gewalt zu frönen, sondern dies ungeniert und offen tun können. Das Unterrichtsgespräch sollte bei diesem oder anderen Beispielen auf die Klärung der Frage abzielen, warum Gewalt Spaß machen kann, wo die Grenzen medialer Gewaltdarstellung liegen bzw. wo diese Darstellungen zur Gefahr werden können. Auch die Frage nach einer möglichen Zensur hat hier ihren Ort.

D. Was soll man tun?

⇨ Wie sich ein Protagonist der drohenden Gewalteskalation entzieht, erfahren die Sch. zunächst anhand eines *literarischen Textes* in **M 12**. Hermann Hesses alter ego Heilner zieht sich abrupt und mit enormem Selbstbewusstsein aus einer Prügelei zurück; der Kontrahent wird mit Verachtung gestraft.
Unterrichtlich soll nicht der literarische Text im Zentrum stehen, sondern dieser bietet einen Gesprächsanlass, um den Rückzug Heilners und seine plötzliche Überlegenheit zu reflektieren; die Frage, warum er sich nicht schämt, sollte hier im Zentrum der Diskussion stehen. Das Unterrichtsgespräch sollte deutlich werden lassen, dass es eines größeren Mutes bedarf, sich entgegen der Gruppenerwartung aus der Prügelei zurückzuziehen, als diese fortzusetzen. Methodisch bietet es sich zudem an, Briefe oder Tagebucheintragungen verfassen zu lassen, die zum einen die Gefühlswelt Heilners nach seinem Rückzug schildern, zum anderen die Empfindungen des Kontrahenten Hartner.
Mut, die Kette der Gewalt durch Verzicht zu unterbrechen, ist nicht zuletzt auch eine

(durch Hesses Faszination der indischen Philosophie motivierte) Form von Gewaltlosigkeit, wie sie historisch Gandhi vertreten hat.

⇨ Diese Verankerung des Problemgehaltes des fiktionalen Textes in der Realität leistet deshalb ein kurzer Textauszug in **M 13**, in dem das Prinzip der Ahimsa kurz erklärt wird; die historische Person *Gandhi* und seine politischen Erfolge versichern darüber hinaus den Erfolg des Prinzips. Es ist deshalb sinnvoll, nach einer kurzen erneuten Diskussion über die Tragfähigkeit von ‚Nicht-Gewalt' die theoretische Diskussion durch historische Einsichten zu validieren und Informationen sowohl über Gandhi als auch über *Martin Luther King* zu beschaffen. Die Sch. präsentieren sich gegenseitig Problemhintergrund, Anliegen und Erfolg dieser beiden Menschen.

⇨ Die Notwendigkeit nicht-gewalttätiger Problemlösungen wird für die Sch. in einem dritten Schritt unmittelbar einsichtig, wenn sie in ausgewählten *Modellsituationen* Entscheidungen zu treffen haben. **M 14** präsentiert solche Situationen, bei denen es immer darauf ankommt, sich als Einzelner gegenüber dem Gruppenzwang zu behaupten und Argumente zu finden, nicht an der eingeforderten Gewalt teilzuhaben. Die Situationen werden in der Lerngruppe in arbeitsteiliger Gruppenarbeit besprochen und szenisch realisiert. Vier bis sechs Jugendliche vertreten dabei die Mehrheitsmeinung. Ein bis zwei Jugendliche argumentieren gegen diese Mehrheit. Eine kleine Beobachtungsgruppe (2–3 Jugendliche) notiert ihre Eindrücke und gibt sie nach dem Spiel wieder; sie soll damit die Gruppendiskussion initiieren. Es empfiehlt sich, mindestens zwei unterschiedliche Szenarien spielen zu lassen und – wenn die Gruppengröße ausreichend ist – jedes Szenario durch zwei Gruppen zu besetzen. Auf diese Weise werden nicht nur Problemfälle mit unterschiedlichen Ausgangslagen thematisiert, sondern es werden auch Varianten des gleichen Problemfalls deutlich. Entscheidend ist die anschließende Diskussion über die Situation und das Verhalten des ‚Außenseiters': Welche Möglichkeiten hatte er und wie hat er seine Position gegenüber der Gruppe behauptet? Hat er eingelenkt oder ist er standhaft geblieben? Welche Konsequenzen hat sein Verhalten? Die Zuschauer verhalten sich jeweils kritisch zu den Rollenspielen und versuchen Kriterien eines ‚richtigen' oder ‚angemessenen' Verhaltens in den Situationen aufzustellen.

⇨ Fünf geradezu klassische *Regeln für Konfliktpartner* finden sich in **M 15**. Diese sollen die Regeln der Sch. ergänzen oder vervollständigen. Sollten diese Regeln zuvor noch nicht genannt worden sein, bietet sich zudem eine kurze Diskussion der einzelnen Regeln und eine Verdeutlichung anhand von Beispielen an. Das Thema der Gewaltschlichtung und -vermeidung ist damit nun unmittelbar und ‚praktisch' in den Unterricht gestellt.

⇨ Sofern die Motivation einzelner Sch. ausreicht, wäre in einem weiteren Schritt über die Initiierung eines Projektes nachzudenken, dass in **M 16** am Beispiel eines Zeitungsberichts vorgestellt wird: *Streitschlichtung durch Sch.* Ziel eines solchen Projektes könnte es sein, dass einige Sch. gewonnen werden, in Zusammenarbeit mit einem entsprechend qualifizierten Lehrer sich zu *Mediatoren* zu schulen, um als feste Ansprechpartner für Sch. in Konfliktsituation zu fungieren; die unterrichtliche Beschäftigung hätte damit eine für die gesamte Schule relevante Dimension bekommen.

E. Problematisierung

⇨ Vor dem Hintergrund, dass Gewalt häufig auch ein Ausdruck eines verlorenen Normensystems ist, präsentiert **M 17** einen Bericht über den Umgang mit Gewalttätern, der auch in Deutschland immer attraktiver zu werden scheint: Das *Zero-Tolerance-Modell*, wie es im amerikanischen Glen Mills praktiziert wird. Diese rigide Form der Disziplinierung will in quasi-militärischer Form gewalttätigen Jugendlichen wieder jene Orientierung vermitteln, die für ein friedliches Zusammenleben notwendig ist. Doch die Methoden sind nicht unumstritten und dürften – je nach der Bildungs- und Sozialstruktur der Sch. – entweder auf Entsetzen oder auf Akzeptanz stoßen. Hier bedarf es einer klärenden Diskussion, die die Vor- und Nachteile herauszustellen hat. Insbesondere sollte über folgende Punkte gesprochen werden: Warum ist das Konzept Glen Mills so erfolgreich? Beseitigt dies die Ursachen gewalttätigen Verhaltens? Ist Lebensorientierung, die Vermittlung von Werten und Normen so überhaupt möglich?

⇨ Dass Gewalt zu ächten ist, wird hoffentlich ein Grundkonsens der Sch. sein. Gleichwohl kann es Situationen geben, in denen Gewalt unvermeidlich und vielleicht auch moralisch gerechtfertigt ist, in denen Gewalt der einzige Weg ist, um ein legitimes Ziel zu erreichen. Diesem Punkt widmet sich der kurze *Textauszug von Robert Spaemann* in **M 18**. Er soll als Impuls dienen, um die Sch. über Begründungen und moralische Rechtfertigungen eines möglichen Gewalteinsatzes nachdenken zu lassen. Beispiele sind im Bereich des Tier- und Umweltschutzes zu finden, bei der Gewalt z.B. gegen Ordnungsbehörden als das kleinere Übel billigend in Kauf genommen wird; auch erscheint Gewalt für den Schutz der Menschenrechte ein probates und legitimes Mittel zu sein, wie ein Hinweis auf den Nato-Einsatz in Jugoslawien zeigen kann.

⇨ Den Abschluss der UE zum Thema Gewalt markieren zwei *Zitate* in **M 19**, die eine pessimistische Dimension der Gesellschaft und des zivilisatorischen Fortschritts zeichnen. Die Frage, ob in diesem Staat alles mit Gewalt geklärt wird, sollte an die Sch. weitergegeben werden.
Zu beachten wäre allerdings hier, dass die personale Dimension verlassen wird zugunsten einer mehr strukturellen Dimension. So könnte zu klären sein, ob die staatliche Gewalt zunimmt und die Möglichkeiten des Einzelnen immer mehr beschneidet. Ebenfalls wäre zu diskutieren, warum die Gewalt in der Gesellschaft offenbar immer mehr auf dem Vormarsch ist. Dass sich Gewalt und Fortschritt bedingen, ist allerdings eine ebenso provokante wie halbrichtige These: Es ist abhängig davon, was unter Fortschritt zu verstehen ist. Ist der zivilisatorische Fortschritt, die Entwicklung der Technik und des Lebensstandards gemeint, so ist dies sicherlich abhängig vom Einsatz der Gewalt (Übergehen von Minderheiten, rücksichtslose Durchsetzung bestimmter Interessen, Eroberungen). Ist hingegen der Fortschritt des Denkens und des ethischen Handelns gemeint, so dürfte Gewalt eher hinderlich sein. Eine Sammlung unterschiedlicher Argumente der Sch. ist hier möglich.

5. Das Thema in Schulbüchern und Unterrichtsmaterialien

- Ethik. Sehen, werten, handeln, hg. v. Wolfgang Bender u.a., bsv, München 1990.
- Ethik. 7./8. Schuljahr, Cornelsen, Berlin 1997.
- Herausforderung Zusammenleben. Arbeitsbuch für den Ethikunterricht, hg. v. Philipp Wiesehöfer, Hirschgraben, Berlin 1982.
- Lesehefte Ethik – Werte und Normen – Philosophie. Bd.: Erwachsen werden, bearb. v. Margarete Knödler-Pasch, Klett, Stuttgart u.a. 1997.
- Lesehefte Ethik – Werte und Normen – Philosophie. Bd.: Zusammen leben, bearb. v. Gisela Aslam-Malik, Klett, Stuttgart u.a. 1995.
- Münnix, Gabriele: Nirgendwo? Gesellschaft und Ethik. Philosophie für Einsteiger, Klett, Stuttgart u.a. 1997.
- Münnix, Gabriele: Wirklich? Erkenntnis und Ethik. Philosophie für Einsteiger, Klett, Stuttgart u.a. 1996.

6. Materialien und Medien

Grundsätzlich ist es empfehlenswert, sich an das Kultus- oder Bildungsministerium des jeweiligen Bundeslandes zu wenden, um Studien zum Gewaltvorkommen sowie Präventionsprogramme (und Streitschlichtungs-Modelle) zu erhalten; die Schriften enthalten zumeist eine Fülle von Materialien und Unterrichtsanregungen. Ansprechpartner sind außerdem die Landesinstitute, die sich mit der Lehrerfort- und -weiterbildung befassen; die Adressen sind über die Schulämter zu erfahren.

- Engelmann, Reiner (Hg.): Tatort Klassenzimmer. Texte gegen Gewalt in der Schule, Arena, Würzburg 1994.
- Pädagogisches Zentrum Rheinland-Pfalz (Hg.): Streitschlichtung durch Schülerinnen und Schüler. Schüler regeln untereinander gewaltfrei und selbstverantwortlich ihren Streit, Bad Kreuznach 1997.
- Volker, Klaus: Jugend und Gewalt, Ehrenwirth, München 1996.

Was ist wirklich?

(a)

(b)

(c)

(d)

(e)

Abb. (a) u. (d) aus: I.D. Artamonow, Optische Täuschungen, Harri Deutsch GmbH, Frankfurt 1998, S. 50.71; (c) u. (e) aus: Geo 2/1996, S. 20.

M 2

Die Geschichte mit dem Hammer

Ein Mann will ein Bild aufhängen. Den Nagel hat er, nicht aber den Hammer. Der Nachbar hat einen. Also beschließt unser Mann hinüberzugehen und ihn auszuborgen. Doch da kommt ihm ein Zweifel: Was, wenn der Nachbar mir den Hammer nicht leihen will? Gestern schon grüßte er mich nur so flüchtig. Vielleicht war er in Eile. Aber vielleicht war die Eile nur vorgeschützt und er hat etwas gegen mich. Und was? Ich habe ihm nichts angetan, der bildet sich da etwas ein. Wenn jemand von mir ein Werkzeug borgen wollte, ich gäbe es ihm sofort. Und warum er nicht? Wie kann man einem Mitmenschen einen so einfachen Gefallen abschlagen? Leute wie dieser Kerl vergiften einem das Leben. Und dann bildet er sich noch ein, ich sei auf ihn angewiesen. Bloß weil er einen Hammer hat. Jetzt reicht's mir wirklich. – Und so stürmt er hinüber, läutet, der Nachbar öffnet, doch bevor er „Guten Tag" sagen kann, schreit ihn unser Mann an: „Behalten Sie Ihren Hammer, Sie Rüpel!"

Aus: Paul Watzlawick, Anleitung zum Unglücklichsein,

M 3

„Gastarbeiterkinder sind doof; die können nicht mal richtig Kartoffel schreiben!"

M 4

Manches kann man auch anders verstehen

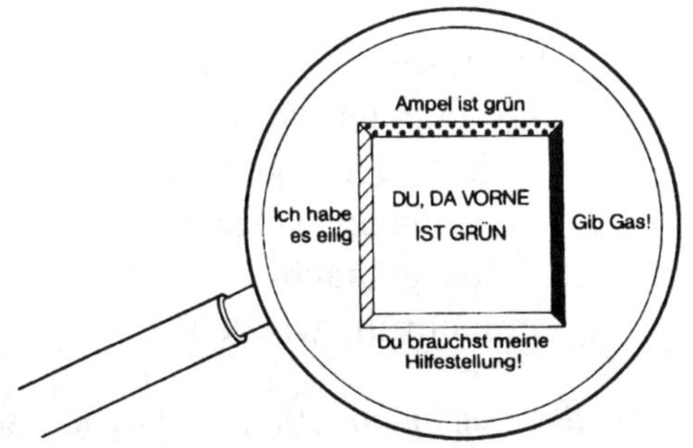

Aus: Friedemann Schulz von Thun, Miteinander reden 1, © 1981 by Rowohlt Taschenbuch Verlag GmbH, Reinbek, S. 25, 31 (keine Kopiervorlage).

Konfliktgespräche können einen unterschiedlichen Verlauf nehmen: je nachdem, wie man etwas versteht oder wie man etwas verstehen will.

Stelle Dir nun folgende Situation vor:

Thomas: Nadine, gib mir mal schnell deine Monatskarte. Ich muss mich total beeilen um die anderen rechtzeitig im Kino zu treffen.

Nadine: Warum hast du denn keine Fahrkarte?

Thomas: Merkst du eigentlich noch was? Es ist doch schon kurz nach acht! Alle Geschäfte haben längst zu!

Nadine: Dein Pech! Meine Karte kriegst du jedenfalls nicht! Als ich sie dir das letzte Mal geliehen habe, hat es drei Tage gedauert, bis ich sie wiederbekommen habe. Leih sie dir doch woanders!

Thomas: Du bist eine blöde Ziege! Wie kann man sich nur so anstellen.

Nadine: Und du bist ein egoistischer Kerl. Du meinst wohl, alles hat sich nach dir zu richten. Du kannst mich mal ...

Begründet, warum das Gespräch solch eine Richtung nimmt!
Entwickelt zu diesem Gesprächsbeispiel Varianten, die zu einem positiven Ende kommen.

M 5

Leben?

geboren
geschlagen worden
schule gegangen
ausgelacht worden
lehre gemacht
angebrüllt worden

frau geheiratet
angebrüllt
kinder gezeugt
geschlagen
lehrlinge ausgebildet
ausgelacht

alt geworden
gestorben

Aus: Reiner Engelmann (Hg.): Tatort Klassenzimmer. Texte gegen Gewalt in der Schule, Arena, Würzburg 1994, S. 156.

M 6

Kritische Reaktion

Eine andere Form der menschlichen Aggressivität, an deren biologischer Grundlage wir nicht zweifeln, ist die ‚kritische Reaktion', d. h. das Umschlagen von Angst in Aggression im Fall der Auswegslosigkeit. Auch die Alltagssprache kennt den ‚Mut der Verzweiflung'. An sich ist es eigentümlich, dass die Angst, eigentlich das Gegenteil von Mut, gerade dann in ihr Gegenteil (Angriff) umschlagen kann, wenn sie am allergrößten ist; aber diese Reaktionsweise ist auch vielen Tieren eigen und muss wohl auch dort durch eine bestimmte Verknüpfung von Nervenbahnen im Gehirn vorgebildet sein.

Auch der Mensch wird vornehmlich gerade dann aggressiv, wenn er in die Enge getrieben ist. Auch bei ihm stehen Angst und Aggressivität auf demselben Blatt. Hierdurch erklärt es sich auch, warum Kinder, die in den ersten Lebensjahren eine gleich bleibende mütterliche Betreuung entbehren mussten, später zu unkontrollierbarer Aggressivität neigen: Ihnen fehlte der für Kleinkinder einzig mögliche Hort der Sicherheit, das *bekannte* Gesicht der schätzenden Mutter. Dadurch ist für ihr ganzes späteres Leben die Angst permanent gesteigert. Sie äußert sich jedem Menschen und jeder sozialen Bindung gegenüber als Misstrauen und sie schlägt immer wieder in Aggressivität um. Dabei spielt es eine Rolle, dass der Übergang von der Angst zur Aggressivität subjektiv mit einem befreienden Gefühl verknüpft ist, vor allem, wenn es sich um gemeinsame Aktionen mehrerer ähnlich veranlagter Menschen handelt.

Eine [weitere] Form der Aggressivität mit biologischer Grundlage ist die ‚Frustration' durch Nichterfüllung von Bedürfnissen. In einer Bevölkerung kann der ‚Pegel der Aggressivität' und damit die Bereitschaft zur Sozialrevolution verschieden hoch sein je nach der Häufigkeit, mit der bestimmte entscheidende Bedürfnisse der Einzelmenschen, z. B. nach Sicherheit, unerfüllt bleiben oder gar verletzend zurückgewiesen werden. Die Wahrscheinlichkeit für extreme Reaktionen erhöht sich dann noch in dem Maße, wie Menschen vorhanden sind, die ‚nichts zu verlieren haben' und aus ihrer Verzweiflung heraus aktiv werden, aber auch in dem Maße, in dem die Bevölkerung auf Grund der Gesetzgebung in Gruppen zerrissen ist, die sich anderen Gruppen gegenüber als Feind fühlen können und dann zur kollektiven Gruppenaggression neigen.

Aus: B. Hassenstein, Das spezifisch Menschliche nach den Resultaten der Verhaltensforschung, in: Hans-Georg Gadamer/Paul Vogier (Hg.): Neue Anthropologie. Bd. 2, Georg Thieme Verlag, Stuttgart 1972, S. 82–86.

Paul und Peter denken froh:
Alter Junge, bist du so?
Keine Antwort geben sie,
Sondern machen bloß hihi!
Worauf er, der leise pfiff,
Wiederum das Wort ergriff.

„Dieweil ihr denn gesonnen“, so spricht er,
„Euch zu verhärten als Bösewichter,
So bin ich gesonnen, euch dahingegen
Allhier mal über das Pult zu legen,
Um solchermaßen mit einigen Streichen
Die harten Gemüter euch zu erweichen.“

Flugs hervor aus seinem Kleide,
Wie den Säbel aus der Scheide,
Zieht er seine harte, gute,
Schlanke, schwanke Haselrute,
Fasst mit kund'ger Hand im Nacken
Paul und Peter bei den Jacken
Und verklopft sie so vereint,
Bis es ihm genügend scheint.

„Nunmehr“, so sprach er in guter Ruh,
„Meine lieben Knaben, was sagt ihr dazu?
Seid ihr zufrieden und sind wir uns einig?“
„Jawohl, Herr Bokelmann!“, riefen sie schleunig.
Dies ist Bokelmanns Manier.
Dass sie gut, das sehen wir.
Jeder sagte, jeder fand: „Paul und Peter sind
charmant!“

Aber auch für Plisch und Plum
Nahte sich das Studium
Und die nötige Dressur,
Ganz wie Bokelmann verfuhr.

Bald sind beide kunstgeübt,
Daher allgemein beliebt,
Und, wie das mit Recht geschieht,
Auf die Kunst folgt der Profit.

Wilhelm Busch, Plisch und Plum, aus: Was beliebt, ist auch erlaubt, Bertelsmann, München 1982, S.487ff.

Nadine und Thomas: Ein (fast) alltäglicher Konflikt

Nadine war an diesem Tag extrem gut drauf. Am Wochenende hatte sie im Karate-Verein ihre Braungurt-Prüfung bestanden. Ihre Eltern hatten sie dafür zum Essen eingeladen und ihre Mutter hatte ihr einen finanziellen Zuschuss für ihre neue Capri-Hose gegeben. Heute trug sie dieses knallenge Teil zum ersten Mal in der Schule und es sah wirklich verdammt gut aus. Das hatte jedenfalls ihre Freundin Simke neidlos anerkannt und dann musste es stimmen. Simkes Komplimente besaßen Seltenheitswert! Und dann hatte in der zweiten Stunde hatte Frau Zilp die Englisch-Arbeit zurückgegeben. „Nadine, du hast eine 2+, Glückwunsch, da sieht man wieder, dass mit Fleiß viel zu erreichen ist!“ Das Lob der Zilp war ihr zwar etwas peinlich, aber die 2+ war schon Klasse.

Gut gelaunt stellte sie sich in der großen Pause in der überfüllten Cafeteria an. „Hi, Nadine“, hörte sie hinter sich eine Stimme. Oh nein! Schon wieder diese Stimme! „Thomas, tu mir einen Gefallen, lass mich in Ruhe, okay?“, zischte sie über die Schulter, ohne sich umzudrehen, „du nervst, und zwar heftig!“ Thomas war einer der Jungen ihres Jahrgangs, die sie total beknackt fand, der bloße Gedanke an ihn verdarb ihr die gute Laune.

Thomas blieb ganz cool. Das hatte er erwartet. Nadine lehnte ihn einfach ab, das war schon immer so. Warum bloß? Er wusste es nicht. Er sprach sie sowieso nur noch gelegentlich an, um sie etwas zu ärgern. Sie regte sich immer gleich so schön auf, wie ein Automat, den man antippt und der dann eben losgeht. Auch Thomas war an diesem Tag gut drauf und er hatte einen genialen Einfall. Nadine hatte ihre neue Hose an, ein unverschämt enges Teil, ziemlich sexy, das musste er zugeben. Er legte Nadine die rechte Hand auf eine Pobacke, drückte leicht und rief ziemlich laut: „Wirklich, Nadine, dein Arsch ist echt geil!“ Nadine drehte sich um. „Pfoten weg, du Sau!“ Thomas lachte ihr breit ins Gesicht. „Du bist ja gar nicht mehr cool, Nadine“, rief er. Nadine reagierte blitzschnell. Ihre flache rechte Hand schoss ansatzlos von schräg unten in Thomas' Gesicht; der Stoß traf mit Wucht Mund und Nase, Thomas verlor das Gleichgewicht, und als Nadine ihm einen Fuß wegzog, lag Thomas am Boden. Die ganze Cafeteria johlte! Als bei Thomas ziemlich heftiges Nasenbluten einsetzte, sagte Nadine nur: „selber Schuld“, drehte sich um und ging.

Der Vorfall war Anlass für eine Klassenkonferenz.

Jeder kennt das Märchen von den beiden Kindern, die in einem Wald fast das Opfer einer bösen Hexe werden: und das nur, weil sie einige Süßigkeiten genascht haben.

Doch den Kindern gelingt es, die Hexe zu überlisten. Die Hexe stirbt und die Kinder können zu ihren Eltern zurückkehren.

Aber was sind das tatsächlich für Eltern?

Der Anfang des Märchens lautet nämlich wie folgt:

„Vor einem großen Walde wohnte ein armer Holzhacker, der hatte nichts zu beißen und zu brechen und kaum das tägliche Brot für seine Frau und seine zwei Kinder, Hänsel und Gretel. Endlich kam die Zeit, da konnte er auch das nicht schaffen und wusste keine Hilfe mehr für seine Not. Wie er sich nun abends vor Sorge im Bett herumwälzte, sprach seine Frau zu ihm: „Höre, Mann, morgen früh nimm die beiden Kinder, gib jedem noch ein Stückchen Brot, dann führ sie hinaus in den Wald, mitten hinein, wo er am dicksten ist, da mach ihnen ein Feuer an und dann geh weg und lass sie dort allein, wir können sie nicht länger ernähren."

Der Mann hört auf seine Frau, führt die Kinder in den Wald und lässt sie dort allein. Was nun passiert, könnte auch in einem Kriminalbericht der Polizei stehen: ausgestoßen, werden die Kinder kriminell und hintergehen eine arme alte Frau.

Abbildung und Text aus: Nikolaus Heidelbach, Märchen der Brüder Grimm, © 1995 Beltz Verlag, Weinheim/Basel, S.357f.

Schreibe das Märchen um, indem du die Kinder nun nicht als Opfer, sondern als Täter darstellst!

Im April 1999 wurden im amerikanischen Littelton 15 Jugendliche durch ihre Mitschüler getötet. Sie hatten außerdem angedroht, die gesamte Schule in die Luft zu sprengen. Unter anderem veranlasste dies folgenden Zeitungsbericht:

Clinton bittet Hollywood um sanftere Bilder

Weil immer öfter Filme wie „The Matrix" oder „Basketball Diaries" für die Massaker an amerikanischen Schulen verantwortlich gemacht werden, erließ Präsident Clinton einen Appell an Hollywood. Weder die Regisseure noch die Kinder werden sich dafür interessieren.

Washington – Mehrere Eltern, deren Kinder bei einer Schulschießerei in Kentucky 1997 getötet wurden, verlangen 130 Millionen Dollar Schadensersatz von jenen, die sie für die Anstifter halten: Videospielhersteller und Produzenten wie die des Films „The Basketball Diaries" mit Leonardo DiCaprio. Der Todesschütze von Kentucky hatte zugegeben, dass die Traumszene ihn animiert habe, in der DiCaprio mit wehendem schwarzen Mantel in seine Schule geht und alles niedermäht. Die Killer aus Littelton hatten die Szene auf Video nachgestellt.

Hollywood ist mal wieder als Sitz des Bösen entdeckt worden, das Amerika zu seinem hilflosen Opfer macht. Nach sechs großen Schießereien in den letzten eineinhalb Jahren wird die Stimmung gegen die Filmemacher so groß, dass sich jetzt sogar Präsident Clinton zu einem Appell gezwungen sah.

US-Präsident Bill Clinton rief am Samstag auch Hollywood und die Unterhaltungsindustrie auf, mehr gegen die Gewalt Jugendlicher zu tun. „Auf unseren kleinen und großen Bildschirmen gibt es nach wie vor zu viel Gewalt", kritisierte Clinton. Mehrere neue Fälle in Michigan und in Indiana zeigten unterdessen, dass die Bluttat zweier Schüler vom 20. April an der Columbine High School von Littleton noch immer Nachahmer findet.

Clinton setzte sich in seiner Ansprache dafür ein, dass in der von Kindern gesehenen Werbung keine Schusswaffen gezeigt werden. Kinos und Video-Verleiher müssten das Alter ihrer Kunden besser kontrollieren. Die Filmindustrie solle außerdem das Bewertungssystem ihrer Produkte überprüfen, um Jugendliche besser zu schützen.

Doch die Chancen stehen schlecht, dass Hollywood nun auf Action-Filme und starke Bilder verzichtet.

Text aus: Spiegel online 19/1999; Abb. aus: Die Woche vom 3.9.1999.

Spaß am Bildschirm: Gewalt multimedial – Dungeon Keeper 2

Wieder stehst du mittendrin im Kampf zwischen Gut und Böse. Und entgegen allen Konventionen verhaust du nicht die Horden der Hölle, sondern stehst als Chef an deren Spitze. Alles Gute ist dir zuwider, alles Nette ein Graus. So ziehen deine finsteren Gesellen durch bis zu 25 Dungeons, um die Helden des Guten aus dem Keller zu werfen.

Das Spielprinzip hat sich nicht verändert: Du startest in einem Dungeon und besitzt meist erst einen Raum, das Dungeon-Herz. Deine ersten Helfer sind die Imps. Diese kleinen Kobolde buddeln neue Räume und bauen Goldvorräte ab. Über ein Portal lockst du deine bösartigen Kämpfer an, die erst erscheinen, wenn bestimmte Anforderungen erfüllt sind. Jeder vernünftige Keller hat genügend Schlafsäle, eine Hühnerfarm als Speisekammer, ein Spielkasino, das die Kreaturen bei Laune hält, sowie einen Trainingsraum, in dem deine Krieger gegen Holzpuppen kämpfen. Hier erreichen sie neue Stufen (Levels), was sie um einiges besser kämpfen lässt. Und später kannst du sogar eine Arena bauen, in der die Unwesen im direkten Zweikampf gegeneinander antreten.

Sehr wichtig ist auch die Bücherei, in der dunkle Magier neue Zaubersprüche erforschen, die du gegen den Feind einsetzt. So kannst du etwa Blitze gegen das Gute schleudern, eigene Kreaturen heilen oder einen Feind in ein Huhn verwandeln.

Um dein Dungeon vor gegnerischen Übergriffen zu schützen, stampfst du eine Werkstatt aus dem Boden. Dort fabrizieren Trolle fiese Fallen und Türen aller Art. Richtig gemein ist der Kerker mit der dazugehörigen Folterkammer. Im ersteren lässt du gefangene Feinde verhungern, die als Skelett-Kämpfer wieder auferstehen. Steckst du die Gefangenen in die Folterkammer, kannst du ihnen Geheimnisse entlocken und sie sogar zum Überlaufen bringen. Selbst für Leichen findet sich noch ein Verwendungszweck. Sie werden von den Imps im Friedhof verbuddelt. Nach einiger Zeit stehen sie als schlagkräftige Vampire unter deinem Befehl.

Beendet ist ein Level erst, wenn du den gegnerischen Befehlshaber erlegt hast und Horny kommt, um sich das begehrte Dungeon-Juwel zu schnappen. Doch bis dahin ist es ein steiniger Weg, in dem du nicht nur die lästigen Helden des Guten ausschalten, sondern auch konkurrierenden Keepern den Rang ablaufen musst.

Aus: Bravo Screen Fun, Nr.8/1999, S. 19ff.

Hermann Hesse: Rückzug von der Gewalt

Noch am Abend dieses Tages gab Heilner der ganzen Stube eine Probe seines scheckigen und auffallenden Wesens. Einer der Kameraden, ein Maulheld und kleiner Geist namens Otto Wenger, fing Streit mit ihm an. Eine Weile blieb Heilner ruhig, witzig und überlegen, dann ließ er sich zum Austeilen einer Ohrfeige hinreißen, und alsbald waren beide Gegner leidenschaftlich und unlöslich verknäuelt und verbissen und trieben wie ein steuerloses Schiff in Stößen und Halbkreisen und Zuckungen durch Hellas, an den Wänden hin, über Stühle weg, auf dem Boden, beide wortlos, keuchend, sprudelnd und schäumend. Die Kameraden standen mit kritischen Gesichtern beobachtend dabei, wichen dem Knäuel aus, retteten ihre Beine, Pulte und Lampen und warteten in froher Spannung den Ausgang ab. Nach einigen Minuten erhob sich Heilner mühsam, machte sich los und blieb atmend stehen. Er sah zerschunden aus, hatte rote Augen, einen zerrissenen Hemdkragen und ein Loch im Hosenknie. Sein Gegner wollte ihn aufs neue anfallen, er stand aber mit verschränkten Armen da und sagte hochmütig: „Ich mache nicht weiter – wenn du willst, so schlag zu." Otto Wenger ging schimpfend weg. Heilner lehnte sich an sein Pult, drehte an der Stehlampe, steckte die Hände in die Hosentaschen und schien sich auf irgend etwas besinnen zu wollen. Plötzlich brachen ihm Tränen aus den Augen, eine um die andere und immer mehr. Das war unerhört, denn Weinen galt ohne Zweifel für das Allerschimpflichste, was ein Seminarist tun konnte. Und er tat gar nichts, es zu verbergen. Er verließ die Stube nicht, er blieb ruhig stehen, das blaß gewordene Gesicht der Lampe zugewendet; er wischte die Tränen nicht ab und nahm nicht einmal die Hände aus den Taschen. Die andern standen um ihn herum, neugierig und boshaft zuschauend, bis Hartner sich vor ihn hinstellte und ihm sagte: „Du, Heilner, schämst du dich denn nicht?"

Der Weinende blickte langsam um sich, wie einer, der eben aus einem tiefen Schlaf erwacht.

„Mich schämen – vor euch?" sagte er dann laut und verächtlich. „Nein, mein Bester."

Er wischte sich das Gesicht ab, lächelte ärgerlich, blies seine Lampe aus und ging aus der Stube.

Aus: Unterm Rad, © Suhrkamp Verlag, Frankfurt a.M. 1981, S.70f.

Mahatma Gandhi: Das Prinzip der Gewaltlosigkeit

Ich glaube, dass der Mensch, da ihm nicht gegeben ist, etwas zu erschaffen, nicht das Recht hat, auch nur die kleinste Kreatur, die da lebt, zu zerstören. Das Vorrecht der Vernichtung gehört einzig und allein dem Schöpfer alles Lebendigen. Ich nehme gern die Auslegung von Ahimsa (Nicht-Gewalt) an, derzufolge Ahimsa nicht bloß einen negativen Zustand bedeutet, nämlich Unfähigkeit, Böses zu tun, sondern einen positiven Zustand, das heißt Liebe zu erweisen und Gutes zu tun, sogar dem Missetäter. Doch bedeutet es nicht, dem Übeltäter in seinem ungerechten Werke beizustehen oder es in schweigender Duldung hinzunehmen. Im Gegenteil, die Liebe als aktive Qualität von Ahimsa verlangt, dem Übeltäter zu widerstehen, mag es ihn auch beleidigen oder seelisch oder körperlich treffen.

Aus: Fritz Kraus, Vom Geist des Mahatma. Ein Gandhi-Brevier, Holle, Baden-Baden 1957.

M 14

Rollenspiele: Der Druck der Gruppe

1) Die Eagles planen, eine Gruppe ausländischer Jugendliche aus dem Bereich des Schulhofes zu vertreiben – notfalls mithilfe der Baseballschläger. Dieser Schulhof gilt als Treffpunkt der Jugendlichen aus dem ganzen Viertel und wurde von der Stadtverwaltung extra als ‚Begegnungsstätte' geöffnet.

2) Fünf Schüler aus der 9c gehören zu einer Clique, die häufiger CD's mitgehen lässt. Jeder, der auch zu dieser Gruppe gehören will, muss als Mutprobe ein paar CD's ‚organisieren'. Jens ist neu in der Klasse und möchte ebenfalls Mitglied der Clique werden.

3) Eine Gruppe Jugendlicher, die sich regelmäßig in der Bahnhofstraße trifft, beschließt, dass alle aus der Gruppe das gleiche Outfit tragen sollen. Damit man sich von den anderen Gruppen unterscheidet, sollen nun Versace-T-shirts und Armani-Brillen für alle verbindlich sein. Sven und Lukas, deren Eltern Sozialhilfe beziehen, haben Finanzierungsschwierigkeiten.

4) Den Lions stinken diese Öko-Spießer im Jugendzentrum schon lange. Nach einer ausgiebigen Geburtstagsfeier wollen sie sie deshalb mal richtig aufmischen. Auch Thomas ist Mitglied bei den Lions, aber er mag auch Tina aus der ‚Eine-Welt-AG' des Jugendzentrums.

M 15

Fünf Regeln für jeden Konfliktpartner

1. Dein Gegenüber direkt ansprechen und dabei anschauen
   Wenn du etwas mitteilen oder loswerden möchtest, sprich die betreffende Person direkt an und schau ihr, wenn möglich, dabei in die Augen. So merkt die oder der Betreffende, dass sie oder er gemeint ist und du es ernst meinst. Also nicht zur ganzen Gruppe sprechen, wenn nur Katja oder Manuel gemeint ist.

2. Den andern ausreden lassen – dem andern nicht ständig ins Wort fallen
   Versuche, die Interessen, Bedürfnisse, Gefühle des andern herauszuhören und zu beachten. Du wirst staunen, wie viel Information du von deinem Gegenüber erhältst. Bei dieser Form des aktiven Zuhörens bist du innerlich ganz dabei. Es ist nicht einfach und braucht etwas Übung. Aber die lohnt sich, denn jede Antwort wird gehört und registriert.

3. Beim Thema bleiben
   Bleibe beim Problem, für das du eine Lösung suchst. Lass auch nicht zu, dass dein ‚Konfliktpartner' von einem Thema zum andern springt. Zuerst muss dein Problem gelöst sein, bevor ein anderes Thema angesprochen wird.

4. Beschuldigungen vermeiden
   Gegenseitige Vorwürfe bringen keine Lösung deines Problems, sondern verhärten die Fronten. Gegen das Aufwärmen von alten Vorwürfen wehrst du dich am besten mit: „Das steht jetzt nicht zur Diskussion." Damit führst du das Gespräch wieder auf dein Thema zurück.

5. In der Ich-Form sprechen
   Du-Botschaften (Du-Sätze) sind ab sofort strengstens verboten! (Du sagst ... Du bist immer ... Du hast ja ...). Mal einen Tag lang ausprobieren! Wirkt Wunder! Denn niemand kann behaupten, deine Meinung sei nicht wahr, wenn du von dir selber sprichst. (Ich bin der Meinung ... Ich finde ...) Was du findest, was dir gefällt, weißt du wirklich selber am besten.

Aus: Karl Hurschler/Albert Odermatt, Schritte ins Leben. Schülerbuch, Klett und Balmer, Zug 1996, S.108.

„Wer hat angefangen?" – Gewalt-Prävention an Schulen: Junge Leute sollen Konflikte selbst untereinander schlichten

Die Idee kommt aus Neuseeland: „Coole Schule" dürfen sich dort Lehranstalten nennen, in denen alle Klassen Anti-Gewalt-Training machen. In Deutschland sind es bislang einzelne Hochburgen, die sich für die Idee engagieren, Schüler zu Streitschlichtern auszubilden. Das Ziel: weniger Gewalt auf dem Schulhof, ein friedliches Klassenzimmer.

Einer der Pioniere war Günter Braun. Seit 1993 bildet er im 9. Schuljahr Schlichter aus. Im Rahmen einer freiwilligen Arbeitsgemeinschaft lernen sie einmal pro Woche die Grundlagen der Mediation (Vermittlung). Dann halten sie Sprechstunden in den großen Pausen ab. Wenn zwei Streithähne ihren Streit schlichten lassen wollen, erfahren weder Lehrer noch Eltern davon.

„Wir sind keine besonders gewalttätige Schule", wehrt Günter Braun ab. Aber bei 2900 Schülern aus drei Schultypen auf einem Gelände kracht es eben manchmal. So etwa, als kürzlich ein türkischer Hauptschüler einer Gymnasiastin eine Ohrfeige verpasste. Angeblich hatte sie ihn ‚Hurensohn' genannt. Ein Arzt stellte ein Hämatom fest, die Mutter wollte Anzeige erstatten. Doch das Mädchen hatte Angst, danach erst recht vermöbelt zu werden – und auch der Junge war froh, keine Polizei im Haus zu haben.

Ein Fall für die Schlichter. Beide wurden gebeten, ihre Sicht der Dinge zu schildern und eine Lösung anzubieten. Die Schlichter fragen gezielt nach und helfen die Vorschläge zu sortieren. Am Ende steht ein schriftlicher Vertrag. In diesem Fall stand drin: Wir entschuldigen uns. Und wir gehen einander künftig aus dem Weg. „Die müssen nicht Freunde werden", sagt Braun, „Hauptsache, sie finden eine Lösung, mit der beide leben können."

Manchmal geht es trotzdem nicht ohne Polizei. So wie bei den drei Mädchen, die eine bereits regungslos am Boden liegende Klassenkameradin weiter malträtierten. Der Anlass war lächerlich, angeblich hatte das Opfer abfällig über den Freund einer der Schlägerinnen geredet. Dieser Fall ging vor Gericht, aber der Richter wertete strafmildernd, dass die Beteiligten allesamt vorher beim Schlichter gewesen waren.

Es sind oft Lappalien, aus denen Gewalt entsteht. Der Streit um die Tischtennisplatte oder die Aufstellung der Fußballmannschaft. „Über alles wird gestritten", wissen Denise und Steffi, zwei 15-Jährige aus dem rheinischen Bergheim, die sich seit einem Jahr den Button ‚Streitschlichterin' ans T-Shirt heften dürfen. Rund zehn Schlichtungen haben die beiden in anderthalb Jahren hinter sich gebracht, nur einmal mussten sie kapitulieren. Eine ganze Klasse verprügelte regelmäßig einen Neuen, der sich „immer so komisch meldete, als wollte er Schwimmübungen machen". Eine ganze Klassenschlichtung – da musste die Lehrerin mithelfen. „Aber das ist die große Ausnahme", sagt Lehrerin Gabi Schuster-Mehlich, die in den Schlichtungen „eine Riesenerleichterung" sieht. „Wir haben sonst nur Zeit zwischen Tür und Angel zu fragen: Wer hat angefangen? Strafarbeit bis morgen Mittag!"

Ursula Ott

Aus: Die Woche vom 3. September 1999.

Angriff auf die bösen Jungs

Was tun mit raubenden, prügelnden, mordenden Kindern? In Glen Mills im US-Staat Pennsylvania wenden Erzieher neue harte Methoden an, um den Gewalttätern die Regeln fürs normale Leben beizubringen. Vorbild für Deutschland? (Thomas Darnstädt)

In der Schule für Musterknaben gibt es Regeln für alle Fälle. „Wir stecken hier das Hemd in die Hose." „Wir tragen hier unseren Kamm in der Brusttasche." „Wir halten hier beim Sprechen Blickkontakt."

Niklas, 17, hat das Hemd in der Hose, den Kamm auf dem rechten Fleck – und wenn einer über den Rasen geht, blickt er ihn an und sagt freundlich: „Wir gehen hier auf den Wegen."

Ein Jahr haben sie gebraucht, bis sie den stämmigen Blonden aus Dortmund soweit hatten. Nun steht er da, ein Siegertyp, alles um ihn ist aufgeräumt.

In Dortmund wartet eine Lehrstelle als Koch auf ihn, er hilft den Damen aus dem Mantel und, wenn sich die Gelegenheit bietet, alten Mütterchen über die Hauptstraße.

Wo also ist er gewesen? Kann man Menschen so verwandeln?

Die Frage beschäftigt die ganze Branche. Sozialarbeiter, Jugendrichter, Experten aus dem Bonner Justizministerium haben sich auf den Weg gemacht, das Institut zur Verbesserung kleiner Monster zu besuchen.

Mit dem Auto über die Dörfer aus weißen Holzhäuschen, durchs milde Hügelland hinter Philadelphia im US-Bundesstaat Pennsylvania, einen Kontinent entfernt vom Muff deutscher Jugendämter: Da geht es nach Glen Mills.

Das ferne Internat für Nachwuchsverbrecher bietet auch einigen deutschen Jungs Plätze an. Zu Tagessätzen, die deutlich unter denen deutscher Jugendhaftanstalten liegen, werden hier böse Buben friedlich gemacht. Die Rückfallquote, wirbt Glen Mills, betrage allenfalls ein Drittel der deutschen.

Besucher verlassen die Anstalt dennoch mit gemischten Gefühlen. Pädagogen und Juristen schwanken zwischen Faszination und Empörung. „Gehirnwäsche", warnen Jugendschützer, sei das Geheimrezept von Glen Mills. Seelen-McDonald's für kleine Menschen, giften Sozialarbeiter.

Glen Mills, Lektion eins: positiv sein.

Große Tafeln, eine Spalte für jeden Schüler, registrieren in den Wohnblocks der Jungs den Stand der Dinge. Positivpunkte und Negativpunkte für jeden Zögling. Positiv ist grün, negativ ist rot, rote Punkte fressen grüne Punkte.

Es gibt hier keine Gitter, keine Schlösser oder Zäune auf dem elf Hektar großen Areal von Glen Mills, auch keine richtigen Strafen. Aber es gibt ein dichtes Geflecht von Normen für gutes Leben, Normen, wie sie ein halbwegs glücklicher US-amerikanischer Mittelstandsbürger in einem der vielen kleinen Holzhäuschen schon immer hochgehalten hat.

Den Normen kommt keiner aus. Die Gruppe sorgt für ihre Durchsetzung. Die Kids verkünden bei Normbruch die Strafen. Die Gruppe ist positiv: Das ist der Trick. Die Gruppen, das sind Wohneinheiten in den Häusern mit den klingenden Namen amerikanischer Erfolgsmenschen wie Abraham Lincoln. Die Gruppe verleiht Macht und Ansehen wie im richtigen Leben: Wer positiv ist, kann Rang und Privilegien in der Gruppenhierarchie erlangen, Mitglied im ‚Bulls-Club' werden oder gar als Oberbulle eine Art Schulsprecher. Schnell, bedrohlich schnell macht sich die Gruppe Neuankömmlinge gefügig.

„Wir haben hier unsere Betten um 8.30 Uhr fertig." – „Wir schreiben hier nicht auf Möbeln ohne Unterlage." – „Wir reden hier nicht, wenn wir Schlange stehen."

Aus: Der Spiegel, Nr. 12/1999, S. 118ff.

M 18

Robert Spaemann: Ist gewaltsamer Widerstand angemessen?

Der Gebrauch von Gewalt durch Individuen breitet sich aus. Und zwar nicht nur in der Form der gewöhnlichen Kriminalität, sondern so, dass sich diejenigen, die Gewalt gebrauchen, moralischer Rechtfertigungsgründe bedienen. Es geht – je nachdem aus welcher Richtung die Gewalt kommt – um eine bessere Welt oder um die Erhaltung einer guten, der das Gewaltmonopol des Staates im Wege steht. Dieser Zweck heiligt im Prinzip jedes Mittel. Die Frage der Gewalt ist daher gar keine moralische, sondern nur noch eine taktische Frage. Wenn Gewalt dem Ziel näher führt, ist sie auch gerechtfertigt. Stimmt das?

Aus: Philosophische Essays, Philipp Reclam jun., Stuttgart 1994, S.151.

M 19

Albrecht Dürer, Kain und Abel, © VG Bild-Kunst, 2000.

„Wenn es in einer Gruppe einen Konflikt gibt und beide nicht nachgeben wollen, wird dieser Konflikt meist durch Gewalt beendet. Ich glaube, dass [in unserem Staat] fast alles nur noch mit Gewalt gemacht wird."

Junge, 16 Jahre

„Wie weit wäre es wohl mit der Menschheit gekommen, wenn immer und ewig alle auf Gewalt verzichtet hätten? Ich glaube, dass Gewalt und Fortschritt ganz eng miteinander verbunden sind."

Mädchen, 18 Jahre

Aus: Wilhelm Heitmeyer, Die Bielefelder Rechtsextremismus-Studie, Juventa Verlag GmbH, Weinheim/ München 1992.

„Alles, was Recht ist" – Menschenrechte, Menschenwürde

1. Fachwissenschaftliche und didaktische Aspekte

Jugendliche erleben hinsichtlich der Menschenrechte und der Menschenwürde ein merkwürdiges Wechselbad unterschiedlicher, einander mehr oder weniger deutlich widersprechender Eindrücke.

Einerseits betonen Festredner, politische Parteien, Kirchen und gesellschaftliche Institutionen regelmäßig die Wertschätzung für die Menschenrechte. Andererseits lässt sich beobachten, dass weltweit die Geltung der Menschenrechte faktisch zurückgedrängt wird, dass es die Missachtung dieser Rechte auch im Alltag geben kann, dass Verstöße nicht immer mit der notwendigen Konsequenz geahndet werden – und dass es anscheinend einigen Mitmenschen eher gleichgültig ist, inwieweit die Menschenrechte realisiert sind.

Andererseits haben sich zahlreiche Organisationen und Vereinigungen dem Schutz der Menschenrechte verschrieben; das öffentliche Engagement dieser Gruppen hat Bundes- und Landesregierungen schon mehrfach veranlasst, politische Entscheidungen neu zu reflektieren und ggf. zu verändern. Eindrucksvoll zeigt sich dies in den Diskussionen um das Asylrecht oder um die wirtschaftlichen Beziehungen zu Diktaturen. Die Sch. erleben im Alltag, dass die öffentliche Meinung noch nicht hinreichend sensibel auf die verschiedenen Erscheinungsformen reagiert, in denen sich eine Geringschätzung oder gar Verachtung der Menschenwürde artikuliert.

Für den Bereich der Schulen scheint die Sachlage dagegen erfreulich eindeutig zu sein, schließlich verpflichten die Länderschulgesetze grundsätzlich jeden Unterricht dazu, junge Menschen auf der Grundlage der Verfassung, also im Sinne der Menschenrechte und der Menschenwürde, auszubilden und zu erziehen. Probleme zeigen sich oft erst auf den zweiten Blick, nämlich in der konkreten Unterrichtspraxis. Über den Bedeutungsgehalt der Menschenrechte und der Menschenwürde werden die Sch. meistens anhand negativer Beispiele informiert: Informationen über Folter und brutale Haftbedingungen, Völkermord und „ethnische Säuberungen", Flüchtlingselend und Formen der extremen sozialen Ausbeutung sind wichtiger Bestandteil des Unterrichts. Weniger selbstverständlich ist es, über tatsächliche oder vermeintliche Verstöße gegen die Menschenrechte im Alltag der traditionellen Demokratien zu sprechen. Hier soll insbesondere der EU Beiträge leisten, die eine sensible und kritische Analyse ermöglichen. Sonst könnte sich den Jugendlichen der Eindruck aufdrängen, dass die mit Pathos in der Verfassung deklamierten Menschenrechte nur relative Geltung haben.

„Die Würde des Menschen ist unantastbar" –

dieser Leitsatz des Grundgesetzes greift einen Kerngedanken der so genannten westlichen Demokratien auf, der seine Wurzeln in der Aufklärung hat, insbesondere in der Philosophie *Immanuel Kants.* Auf Kants Menschenbild mit der idealistischen Implikation einer spezifischen Würde „vernünftiger Wesen" gehen letztlich die Begriffsbedeutungen der „Würde" in zahlreichen rechtlichen und moralischen Kontexten zurück, dies gilt z.B. für die Charta der UNO, die Europäische Konvention zum Schutz der Menschenrechte und die Konvention der UNO über die Rechte des Kindes. Somit ist der Begriff der Menschenwürde die zentrale Begründungsinstanz für eine Kodifizierung der Menschenrechte.

Im Bereich der angewandten Ethik ist der Begriff der „Menschenwürde" von fundamentaler Bedeutung, weil er den Tendenzen einer Relativierung ethischer Ansprüche enge Grenzen setzt. So lassen sich beispielsweise die gegenwärtig diskutierten Fragen nach der Verfügbarkeit menschlichen Gen-Materials, nach ethisch legitimierbarem Umgang mit der Zeugung und dem Sterben menschlichen Lebens ohne Rekurs auf die „Würde" nicht führen.

Die Würde kommt dem Menschen zu, ohne an irgendeine Vorbedingung geknüpft zu sein, allein wegen des Mensch-Seins an sich. Sie ist an keinerlei Vorbedingungen oder zu erbringenden Leistungen gebunden, jeder Mensch hat sie und kann sie nicht verlieren, weil und nur weil er eben ein Mensch ist. Deshalb sind die darauf begründeten Menschenrechte unveräußerlich und unverletzlich.

Diese einfach wirkenden Grundgedanken haben im Wesentlichen zwei Quellen: Zum einen entstammt diese Vorstellung der *Aufklärung.* In der *Philosophie Kants* findet sich eine relativ komplexe Begründung, die Kant als einen siebenstufigen Kausalzusammenhang ausdifferenziert. Demnach hat ein mit Würde ausgestattetes Wesen (1) *Rechte*, mit denen (2) *Pflichten* der anderen korrespondieren. Die Anerkennung und Einhaltung dieser Pflichten konkretisiert (3) die *Achtung vor der Würde* des anderen. Dieser Gedanke spielt in den unterschiedlichen Formulierungen des kategorischen Imperativs eine Rolle, etwa in der berühmten Formel, der Mensch dürfe nie „bloß als Mittel" behandelt werden, sondern müsse stets als „Zweck an sich" anerkannt werden. Daraus lässt sich auf einen (4) *absoluten Wert* der Würde – und nicht etwa nur relativen – schließen. Kant begründet die Würde mit (5) der *Vernunft* des Menschen, d.h. mit der rationalen Handlungsfähigkeit, die uns (6) weit über die Stufe der nicht-vernünftigen Lebewesen hebt, deren Verhalten allein von sinnlichen Beweggründen geleitet werde. Ein in dieser Weise vernunftorientierter Mensch ist eine (7) *Person.*

Indirekt sind damit auch die Vorstellungen von Freiheit und Gleichheit skizziert: *Der Mensch hat die Freiheit, sich für eine vernunftgeleitete Lebensführung zu entscheiden, und da allen Menschen Vernunftfähigkeit zukommt, sind sie in dieser Hinsicht gleich.*

Die zweite Quelle des Begriffs ist *christlichen Ursprungs.* Demnach wird Würde mit der Vorstellung begründet, Gott habe den Menschen nach seinem *Ebenbild* geschaffen und ihm eine Herrschaftsstellung innerhalb der Schöpfung anvertraut (Gen 1,26–28). Auch hier lässt sich der Gedanke der Freiheit und Gleichheit des Menschen – wenn auch mit anderen Implikationen als in der Philosophie – aus dem Begriff der Würde argumentativ ableiten.

Die Sch. befinden sich in einem Lebensabschnitt, der durch zunehmende Freiheitsansprüche geprägt ist, sie entwickeln ein wachsendes Selbstbewusstsein und den mehr oder weniger konkreten Wunsch nach Selbstverwirklichung. Im öffentlichen Leben, insbesondere in den Medienlandschaften der audio-visuellen Unterhaltung, wird eine aktive und reflektierte Achtung vor der Würde der Mitmenschen kaum vermittelt. Im Gegenteil: Es gibt eine Grauzone, in der die Würde des Menschen offenkundig relativiert wird. Beispiele aus der Werbung, bestimmte Computerspiele und sogar Formen des Massentourismus werden in dieser Hinsicht zunehmend kritisch betrachtet. Dies zeigt sich auch in der öffentlichen Diskussion über so genannte „Schmuddel-Talkshows" und die zum Teil menschenverachtenden Angebote im Internet. Auffallend ist die Tendenz, lieber Freiräume für kommerzielle Interessen unberührt zu lassen als sich dem potenziellen Vorwurf einer Zensur auszusetzen. Somit ergibt sich ein Spannungsfeld zwischen vermeintlichen oder tatsächlichen

Freiheitsansprüchen und bestimmten Vorstellungen von der Würde des Menschen.

Die Konzeption der nachfolgenden Unterrichtsbausteine berücksichtigt, dass Jugendliche des 9. Jahrgangs den Bedeutungsgehalt der Menschenrechte und Menschenwürde vermutlich nur plakativ kennen. Daher soll zunächst das Vorverständnis geklärt werden, anschließend werden einige grundlegende Kenntisse vermittelt, die sich vor allem auf Grundrechte beziehen, die für diese Altersgruppe besonders relevant sind. Beispiele aus der Erfahrungswelt und Lebenspraxis der Sch. sollen die abstrakte Thematik zugänglich machen, spielerische Lernerfolgskontrollen und Ergebnissicherungen ergänzen diese Phase. Anschließend soll die ethische Urteilsbildung der Sch. durch offene Problemstellungen und Dilemmageschichten gefördert werden.

Seit der „Déclaration des droits de l'homme et du citoyen" von 1789 sind die Menschenrechte immer wieder neu formuliert und erweitert worden. 1948 verabschiedeten die United Nations eine „Allgemeine Erklärung der Menschenrechte", die die Mehrzahl aller Staaten als verpflichtend anerkannte und in ihre Verfassung aufnahm.

Die *Menschenrechte* sind zunächst eine Programmerklärung und beinhalten im Unterschied zu den *Bürgerrechten* solche Rechte, die dem Menschen nicht über seine *Staatsangehörigkeit* sondern durch sein *Mensch-Sein* verliehen sind. Die unabtretbare Würde des Menschen leitet sich aus seinen Fähigkeiten des Denkens und des Ausdrucks ab.

Ihre rechtliche Bindung erfahren die Menschenrechte in der Bundesrepublik Deutschland über das *Grundgesetz*, welches die Grundlage für alle weiteren gesetzlichen Ausführungen darstellt. Über den Artikel 1 wird das Individuum dort an sich als Träger der geistig-sittlichen und ethischen Werte benannt, dem uneingeschränkter Schutz seiner menschlichen Würde zukommt. Daraus ergibt sich für jeden Menschen – ungeachtet seiner Rasse Herkunft oder Religionszugehörigkeit – zum einen das Recht auf menschenwürdige Behandlung und zur Teilhabe am kulturellen Gut der Menschheit sowie die Pflicht, anderen diese Recht einzuräumen.

Die Sch. erfahren durch die Medien, dass nicht alle Menschenrechte überall erfüllt werden. Im Unterricht kann z.B. durch das Aufzeigen der Arbeit von *Menschenrechtsorganisationen* verdeutlicht werden, dass zur Einhaltung der Rechte nicht nur Macht Habende angehalten sind, sondern jeder Einzelne seiner Verantwortlichkeit durch die Möglichkeit aktiver Mitarbeit nachkommen kann.

Darüber hinaus können Sch. aber auch in ihrem näheren Umfeld häufig beobachten, dass die menschliche Würde nicht immer gewahrt bleibt (z.B. gegenüber Kindern, Asylbewerbern, Behinderten, Obdachlosen). Über die Kenntnis der Lebensumstände der Betroffenen und die Auseinandersetzung mit Einzelschicksalen soll die Fähigkeit gefördert werden, Zivilcourage zu üben, verantwortlich zu handeln (wer wegsieht trägt eine Mit-Schuld) und zur Einhaltung der Menschenwürde beizutragen. Besonders deutlich ist hervorzuheben, dass die Rechte des Einzelnen nicht denen der Gruppe widersprechen dürfen und dass die persönliche Freiheit des einen die Freiheit des anderen nicht beschränken darf.

2. Intentionen

Die Sch. sollen
- die grundlegenden Artikel des Grundgesetzes zur Wahrung der Menschenrechte kennen,
- Verstöße gegen das Grundgesetz im alltäglichen Zusammenleben anhand von Beispielen erkennen,
- anhand ausgewählter Beispiele erarbeiten, wie Menschenrechtsverletzungen durch staatliche Institutionen und im persönlichen Umfeld geschehen können,
- die Arbeit von Menschenrechtsorganisationen kennen lernen,
- die Verantwortlichkeit des Einzelnen zur Einhaltung der Menschenrechte und Menschenwürde erkennen,

- Handlungsmöglichkeiten zur Einhaltung der Menschenrechte aufzeigen,
- ermutigt werden, Zivilcourage durch solidarisches Handeln und persönliche Beiträge zur Wahrung der Menschenwürde zu zeigen.

3. Literatur zur Vorbereitung

- Bernewitz, E.H. v. / Bonin, K. v.: Das Grundgesetz verstehen, Rowohlt, Reinbek bei Hamburg 1976.
- Bundeszentrale für politische Bildung: 50 Jahre Grundrechte, PZ extra 12/98.
- Jung, R.: Die Rechte der Kinder. Die Kinderrechtskonvention der Vereinten Nationen, Jungbrunnen-Verlag, Wien/München 1994.
- Miller, Alice: Am Anfang war Erziehung, Suhrkamp, Frankfurt a.M. 1983.
- Peter, Dietmar (Hg.): Straßenkinder. Arbeitshilfen Sonderpädagogik 1, rpi Loccum, 1996.
- Posselt, Ralf-Erik / Schumacher, Klaus (Hg.): Projekthandbuch Gewalt und Rassismus, Verlag an der Ruhr, Mülheim 1993.
- Suchen tut mich keiner. Texte, Protokolle und Interviews von Straßenkindern in Deutschland, Zeitdruck-Verlag, Berlin 1997[3].
- Wenn das Leben uns scheidet. Eltern von Straßenkindern in Deutschland reden, Zeitdruck-Verlag, Berlin 1998.

4. Unterrichtsideen

A. Die Menschenrechte sind allgemein gültig

⇨ Die Sch. erweitern anhand der Materialien **M 1–3** *(Kennst du deine Grundrechte?; Das Grundgesetz; Kreuzworträtsel)* ihre Kenntnisse über fest geschriebene Artikel zur Wahrung der Menschenrechte und Menschenwürde und lernen zentrale Artikel des Grundgesetzes kennen. **M 2** bietet insbesondere Material zur Herstellung eines „Grundgesetz-Memorys" o.Ä. Bewusst wurden nur die ersten *13 Artikel* zur intensiven Bearbeitung ausgewählt, da die Sch. hier die meisten Anknüpfungspunkte zur eigenen Erfahrung herstellen können. (Die Bundeszentrale für politische Bildung stellt das Grundgesetz kostenlos zur Verfügung.)

⇨ Die *Karikaturen* **M 4a/b** dienen dazu, Schwierigkeiten in der Umsetzbarkeit der für alle als verbindlich erklärten Rechte aufzuzeigen. Eigene Erfahrungen der Sch. sowie aktuelle Presseberichte sollten hinzugezogen werden.
- Vergleiche die beiden Karikaturen.
- Welche Probleme werden im Umgang mit allgemein akzeptierten Rechten dargestellt?
- Suche Beispiele (z.B. aus den Medien), die belegen, dass die Karikaturisten wirklichkeitsnah gezeichnet haben.

B. Menschenrechtsverletzungen durch staatliche Gewalt

Die Materialien **M 5–7** zeigen an *Beispielen* aus der DDR und USA auf, dass Menschenrechtsverletzungen auch durch staatliche Gewalt geschehen können, werfen aber zugleich die Problematik bezüglich der traditionellen Begründungen für die Handlungen und die Entscheidungsfreiheit des einzelnen Vollstreckers menschenunwürdiger Urteile auf.
Es ist darauf zu achten, bei den Sch. kein vorschnelles Urteil über einzelne Handlungen hervorzurufen, sondern einzelne Begebenheiten aus möglichst vielen Sichtweisen darzustellen, in den Begründungszusammenhang einzubetten und die ethische Verantwortung Einzelner zu beschreiben.

⇨ *Handle so, dass du die Menschheit sowohl in deiner Person als in der Person eines anderen jederzeit zugleich als Zweck, niemals bloß als Mittel brauchst. (Immanuel Kant)*

Wie trifft diese Variante des Kategorischen Imperativs (s.: Grundlegung zur Metaphysik der Sitten, F. Meiner, S. 42) auf **M 5–7** zu?

⇨ *Brief einer DDR-Bürgerin* (**M 5**):
- Welche Umstände im Leben der anonymen Frau hältst du für besonders menschenunwürdig?
- Informiere dich über das alltägliche Leben von ehemaligen DDR-Bürgern. Gibt es Parallelen zum Leben von Bürgern der BRD?
- Egon Krenz wurde wegen Totschlags zu sechseinhalb Jahren Haft verurteilt. Bezieht dazu Stellung!

⇨ Der Film *Dead man walking* eignet sich als Diskussionsgrundlage für mehrere ethische Probleme, die die Todesstrafe aufwirft.

⇨ Eine Publikation von *Amnesty* (**M 6**) stellt die Problematik der Todesstrafe in den USA dar. Informiere dich mithilfe eines Lexikons auch über die Todesstrafe in Deutschland.

⇨ Ein *Gedankenexperiment*: „Wir fordern die Todesstrafe!"
Nach einer Serie von besonders brutalen Morden fordert die Partei „Recht & Frieden", die Todesstrafe wieder einzuführen. Der Vorsitzende begründet in einem Fernsehinterview diese Forderung:

Liebe Mitbürgerinnen und Mitbürger!
Wir fordern die Wiedereinführung der Todesstrafe aus ganz einfachen Gründen:
1. Es gibt eindeutige Fälle, bei denen keine Fehlentscheidung möglich ist.
2. Eine Hinrichtung ist billiger, als wenn jemand auf Kosten des Steuerzahlers sein Leben lang in Haft sitzt.
3. Es ist einfach nicht gerecht, wenn ein brutaler Mörder nur in Haft sitzen muss.

Deshalb bitten wir alle ehrlichen und aufrichtigen Mitmenschen um ihre Unterstützung!

⇨ *„Karl LaGrand"* (**M 7a**):
- „Karl hat sein ganzes Leben nicht eine Chance gehabt." – Das sagt einer der beteiligten Juristen. Versuche zu beschreiben, was damit gemeint sein könnte.
- Gruppenarbeit mit Kurzprotokoll: „Zu viel Mitleid mit einem Verbrecher ... oder doch nicht?" Diskutiert darüber!
- Schreibmeditation (ggf. auch als Partnerarbeit): Bei Hinrichtungen in den USA gibt es auch Zuschauer. Wie denkst du darüber?
- Wie könnte Karl LaGrand seine letzte Stunde verbracht haben? Über welche Themen könnte er zuletzt mit seinem Beistand gesprochen haben? Über welche Themen könnte sein Bruder Walter LaGrand zuletzt mit seinem Beistand gesprochen haben?
- Welche Gründe könnten dazu geführt haben, dass die Bürgerrechtler erst in der letzten Zeit intervenierten, obwohl Karl LaGrand schon seit 18 Jahren inhaftiert ist?

Dazu passend: das *Rollenspiel* **M 7b**.

C. Die Verantwortung des Einzelnen zur Wahrung der menschlichen Würde

Die folgenden Materialien **M 8–16** beziehen sich auf die Alltagserfahrungen der Sch., zeigen in unterschiedlichen Aspekten Verstöße gegen Menschenrecht und menschliche Würde auf und ermöglichen differenzierte Argumentationen zu ethischen Fragestellungen.

Es soll herausgearbeitet werden, dass die menschliche Würde nahezu alltäglich missachtet wird und zu ihrer Einhaltung die Zivilcourage jedes Einzelnen gefordert ist.

⇨ *Rollenspiel* (**M 8**) / weitere Ideen:
- Spielt die Fortsetzung des Gesprächs!
- Frau Berner schreibt einen Leserbrief an ihre TV-Programmzeitschrift: ...
- In einer TV-Zeitschrift wird gefragt: „Was meinen Sie zu Talkshows?" – Verfasst dazu Leserbriefe.
- Bildet Expertenteams (3–5 Sch.), die jeweils eine der regelmäßigen Talkshows beobachten und analysieren! Wir überlegen vorher gemeinsam, welche Gesichtspunkte untersucht werden sollen. Beispiele: Welche Themen werden besprochen? Wie verhalten sich die Moderatoren und das Publikum? Welche Ereignisse während der

Show beurteilt das Team kritisch bzw. negativ, welche positiv?

⇨ *Rollenspiel* (**M 9**) / weitere Ideen:
- Fortsetzung des Gesprächs zwischen Tina und ihren Eltern.
- Schreibmeditation als Dialog (Partnerarbeit): „Freie Entfaltung meiner Persönlichkeit – darunter verstehe ich ...“ Variante: Nach jedem Absatz wechseln sich die beiden Sch. ab.
- Tina schreibt in ihr Tagebuch ...
- Jeweils drei (ggf. auch mehr) Sch. bereiten unabhängig voneinander und ungestört folgende Szene vor:

  Ein Freund/eine Freundin gibt Tina den gut gemeinten Rat: „Tina, du lässt dir eine Rose erstmal als Henna-Tatoo aufmalen. Dafür brauchst du keine Einwilligung deiner Eltern. Und wenn es verblasst, dann malst du eben nach! Und deinem Vater hast du's gezeigt!“ – Wie reagiert Tina, wie geht das Gespräch weiter?
- Forschungsauftrag an ein Expertenteam: Wie ist die rechtliche Bestimmung in Deutschland?

⇨ *„Pressefreiheit“* (**M 10a/b**):
- Gruppenarbeit (3–5 Sch.) mit Kurzprotokoll: Diskussion: Wer hat Recht – Sabine oder Corinna?
- Aufgabe für ein Expertenteam: Was sagt unsere Verfassung über die Pressefreiheit?
- Parlament-Spiel: Eine Partei bringt einen ausführlich begründeten Gesetzesvorschlag ein, mit dem die Menschenwürde in den Darstellungen der Medien besser geschützt werden soll.

⇨ *Wenn Zwerge fliegen* (**M 11**):
- Der Artist schreibt einen Brief an eine Tageszeitung.
- Ein Redakteur schreibt einen Kommentar.
- Auf der Grundlage des Briefes und des Kommentars schreiben alle anderen Sch. jeweils einen kurzen Leserbrief, in dem sie ihre Meinung „auf den Punkt bringen“.

⇨ *Warum hilft mir denn keiner?* (**M 12 a/b**):
- Verteilt die Rolle der Mutter, des Vaters, des Klassenlehrers, eines unbeteiligten Schülers und eines Schülers, der bei den Gewalttätigkeiten dabei war. Nehmt ihre Stellungnahmen als Aussageprotokoll auf.
- Welche Möglichkeiten hätten Tim und Karsten? – Listet sie auf und nennt dazu Vor- und Nachteile.
- Stellt die beschriebenen Probleme szenisch oder als Standbild dar.
- Überlegt diese Situation: Die beiden „Diener“ der Klasse sind krank. Was passiert?
- Stellt eure Ergebnisse szenisch, als Standbild oder als Hörspiel dar.
- Schreibt einen Brief an den Berater eines Jugendmagazins, tauscht die Briefe anonym in der Klasse und erarbeitet dann für jemand anderen einen Lösungsvorschlag.
- Schreibe einen Zeitungsartikel über ähnliche Vorfälle in der Schule.

⇨ *Vom Opfer zum Täter* (**M 13**):
- Wie wird man zu einem Täter?
- Vergleiche den Text mit ähnlichen Texten (z.B. „Sacha - ein aufrechter Deutscher“ von den Toten Hosen) und stelle die Gemeinsamkeiten heraus.
- Zeichnet oder malt in kleinen Gruppen zum Text einzelne Ausschnitte und stellt sie in einem Leporello dar.
- Erfindet ein „gutes“ und ein „böses“ Ende. Stellt es dialogisch, spielerisch oder als Foto-Geschichte dar.
- Führt ein Interview auf der Straße durch: „Welche Umstände können dazu führen, dass Menschen sich rechtsradikalen Gruppen anschließen?“

⇨ *Straßenkinder* (**M 14/15**):
- Vergleicht die Lebensgeschichten der Straßenkinder in Brasilien und Deutschland. Gibt es Gemeinsamkeiten, worin bestehen Unterschiede?
- Vergleicht die Lebensläufe von Lars und Katia.
- Gestaltungsaufgabe: Zeichnet sie als Wege mit entsprechenden Stationen auf.
- Erstellt ein Hörbild (Kassettenaufnahme ausschließlich mit Geräuschen), das vom Leben eines Straßenkindes berichtet.

- Partner- oder Gruppenarbeit: „Hat Lars nicht auch selbst Schuld?“ Diskutiert diese Frage und begründet eure Meinung! Tauscht anschließend die Ergebnisse aus und überlegt, welche Argumente besonders überzeugend wirken!
- Gedankenexperiment: Stellt euch vor, die UNO möchte den Ländern, in denen es Straßenkinder gibt, helfen, mit diesem Problem besser umzugehen. Dazu sollen auch Jugendliche befragt werden, weil sie ihre Altersgruppe besonders gut einschätzen können. Erarbeitet einen schriftlichen Vorschlag mit verschiedenen Lösungsansätzen!
- Kreative Gestaltungsaufgabe: Zeichnet gemeinsam einen Comic über den Tagesablauf eines Straßenkindes.

⇨ *Peter dachte ...* (**M 16**):
- Erstelle einen Bericht. Was könnte passiert sein?
- Schreibe eine Todesanzeige für Robert.
- Du bist Peter (oder Stefan, Susanne ...) und drückst der Mutter/der Freundin des Verstorbenen dein Beileid aus. Nehmt das Gespräch auf Kassette auf.

5. Das Thema in Schulbüchern und Unterrichtsmaterialien

- Bender, Wolfgang/Offermanns, Helga: sehen – werten – handeln. Bayerischer Schulbuch Verlag, München 1990 (Kap. „Rechte achten“).
- Burkhardt, Frieder/Heydenreich, Konrad/Krahulec, Peter (Hg.): Ethik 9/10. Cornelsen, Berlin 1997 (Kap. 13).
- Niedersächsisches Kultusministerium (Hg.): Schwerpunkt: Menschenrechtserziehung. Heftreihe „Beispiele“ Nr. 1/95, Friedrich Verlag, Velber 1995.
- Schullerus-Keßler, Susanne: Ethik 10 N. Bayerischer Schulbuch Verlag, München 1997 (Kap. 2).

6. Materialien und Medien

- amnesty international (Hg.): Kinderrechte sind Menschenrechte, Bonn 1989.
- Bundesministerium für Frauen und Jugend (Hg.): Gewalt gegen Frauen hat viele Gesichter, Bonn 1994.
- Bundeszentrale für politische Bildung (Hg.): 50 Jahre Grundrechte, Bonn 1998
- Führing, Gisela/Lensing, Mechthild (Hg.): Was heißt hier fremd?, Cornelsen, Berlin 1994.
- Große-Oetringhaus, Hans-Martin (Hg.): Kinder haben Rechte – überall, Elefanten-Press, Berlin 1993.
- Niedersächsische Landeszentrale für politische Bildung (Hg.): Rechtsextremismus in Deutschland. Unterrichtsmaterialien für die Sekundarstufe I, Hannover 1994.

M 1a

Kennst du deine Grundrechte?

Die Grundrechte in unserer Verfassung entsprechen den Menschenrechten der UNO-Charta.

Versuche, die folgenden Sätze zu ergänzen!

Vergleiche anschließend mit den Lösungen deiner Mitschüler und zum Schluss mit den Formulierungen im Grundgesetz!

1. ... sind gleichberechtigt.
2. ... auf freie Entfaltung ...
3. ... der Person ist unverletzlich.
4. Alle Menschen sind ... gleich.
5. ... in Wort, Schrift und Bild frei zu äußern und zu ...
6. ... Kriegsdienst mit der Waffe...
7. ... friedlich und ohne Waffen zu versammeln.
8. ... Briefgeheimnis ...
9. Die Wohnung ist ...
10. ... Beruf, Arbeitsplatz und Ausbildungsstätte ... zu wählen.
11. Ehe und Familie ... der staatlichen Ordnung.

M 1b

Partnerarbeit:
- Überlegt euch fünf Beispiele aus eurem Alltag, bei denen Grundrechte eine Rolle spielen.
- Sucht dafür die Formulierungen aus dem Grundgesetz heraus.

Beispiel:

Carsten Müller macht gerade eine Ausbildung zum Bankkaufmann.
Er fragt seinen Abteilungsleiter, wann er zum ersten Mal am Bankschalter Kunden bedienen darf.
„Na ja, Herr Müller, das machen bei uns die etwas hübscheren weiblichen Angestellten. Das mögen die Kunden“, sagt ihm der Abteilungsleiter.

Das Grundgesetz (Kärtchen!) M 2

Artikel 1 Schutz der Menschenwürde
Artikel 2 Freiheitsrechte
Artikel 3 Gleichheit vor dem Gesetz
Artikel 4 Glaubensfreiheit
Artikel 5 Recht der freien Meinungs-äußerung
Artikel 6 Ehe, Familie, Kinder
Artikel 7 Schulen
Artikel 8 Versammlungsfreiheit
Artikel 9 Vereinigungsfreiheit
Artikel 10 Brief-, Post- und Telefon-geheimnis
Artikel 11 Freizügigkeit
Artikel 12 Freiheit der Berufswahl
Artikel 12a Wehrdienst
Artikel 13 Unverletzlichkeit der Wohnung

Niemand darf von anderen die Briefe lesen oder Telefongespräche mithören.
Die Würde anderer Menschen darf nicht verletzt werden. Es soll Frieden und Gerechtigkeit herrschen.
Alle Deutschen dürfen ihren Beruf und die Arbeitsstelle frei wählen. Niemand darf zu einer Arbeit gezwungen werden.
Jeder darf seine Religion ungestört ausüben. Niemand darf gegen sein Gewissen zum Kriegsdienst gezwungen werden.
Der Staat beaufsichtigt alle Schulen.
Niemand darf eine Wohnung gegen den Willen der Mieter betreten. Ausnahmen: Gefahr ist in Verzug oder Hausdurchsuchungsbefehl.
Alle Menschen sind gleich. Keiner darf wegen seines Geschlechts, seiner Sprache, seiner Heimat, seiner Rasse, seines Glaubens oder seiner politischen Meinung benachteiligt werden.
Jeder Mensch darf sich frei entfalten, wenn er die Rechte anderer dabei nicht verletzt. Jeder hat das Recht auf Leben und körperliche Unversehrtheit.
Männer ab 18 können zum Dienst in Streitkräften verplichtet werden. Wer den Dienst mit Waffen verweigert, kann zum Ersatzdienst verpflichtet werden.
Jeder darf sich in der BRD frei bewegen und umziehen.
Jeder darf offen seine Meinung sagen oder schreiben.
Alle Deutschen dürfen sich friedlich und ohne Waffen jederzeit versammeln.
Alle Deutschen dürfen einen Verein gründen.
Eltern haben das Recht und die Pflicht, ihre Kinder zu pflegen und zu erziehen. Kinder dürfen von ihren Eltern getrennt werden, wenn die Eltern versagen oder die Kinder verwahrlosen.

waagerecht

2. Die ... der Wohnung wird garantiert.
4. ... bedeutet, dass sich jeder in der BRD frei bewegen und umziehen daf.
6. Artikel 1 regelt den Schutz der ...
7. ... bedeutet, dass jeder Deutsche einen Verein gründen darf.
9. ... regeln die freie Entfaltung, das Recht auf Leben und körperliche Unversehrtheit.
10. Freiheit der ... bedeutet, dass jeder seinen Beruf und seine Arbeitsstelle frei wählen darf.
12. Ehen, Kinder und ... stehen unter einem besonderen Schutz.
13. ... bedeutet, dass niemand die Briefe und Päckchen anderer Personen öffnen darf.
14. Alle Menschen sind ...

senkrecht

1. Man darf offen seine Meinung sagen oder schreiben, weil man das Recht zur freien ... hat.
3. ... bedeutet, dass sich alle friedlich und ohne Waffen versammeln dürfen.
5. ... bedeutet, dass jeder seine Religion ungestört ausüben darf und nicht gegen sein Gewissen zum Kriegsdienst gezwungen wird.
8. Den Dienst in Streitkräften regelt der Artikel über ...
11. Alle ... werden vom Staat beaufsichtigt.

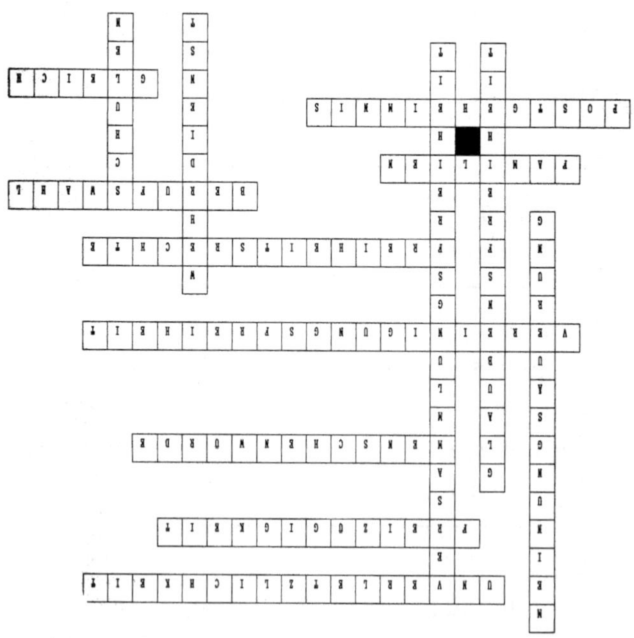

M 4a

© Erich Rauschenbach, Berlin.

M 4b

Karikatur: Plantu.

Menschenrechtsverletzungen in der DDR

13. Mai 1974

Angeklagt und verurteilt wegen
- Paragraph 105 Staatsfeindliche Verbindungen
- Paragraph 213 Republikflucht

Obwohl wir in der DDR relativ gut gestellt waren, verlief unser Leben eintönig und monoton. Wir fühlten uns schikaniert, gefangen und unfrei. Die ganze DDR war für uns ein riesiges Gefängnis. Um unseren beiden Kindern ein besseres Leben in Freiheit zu ermöglichen, entschlossen wir uns zur Flucht – als einzigen Ausweg.
Mehrere Jahre bereiteten wir die Flucht vor. Alles mußte geheim und ohne Aufsehen passieren, denn man konnte selbst dem nächsten Nachbarn nicht trauen. Unsere Geschwister aus der BRD standen uns hilfreich zur Seite. Das Wichtigste war die Beschaffung geigneter Dokumente (Pässe für 4 Personen).
Im Juli 1973 war es dann soweit. Wir bekamen ein Visum zum Einreisen in die Volksrepublik Ungarn. Unsere Geschwister fuhren ebenfalls nach Ungarn und brachten uns die Pässe sowie ein Fluchtauto.
Alles war für unsere Begriffe gut vorbereitet. Wir planten über Ungarn, Rumänien, Jugoslawien, Österreich in die BRD einzureisen.
Leider kam alles anders.
Am 12. 8. 1973 wurden wir am Grenzübergang

-2-

Nagilac/Ungarn nach Vorlage der Dokumente/Pässe festgehalten, getrennt und 15 Stunden ohne Essen und Trinken verhört.
Mein Mann kam sofort in Haft. Nach der Verabschiedung wurde ich mit den beiden Kindern (5 u. 10 Jahre) alt unter ungarischen Polizeischutz gestellt. Nach 2 Tagen konnten wir Ungarn mit dem Flugzeug verlassen.
Auf dem Flughafen Berlin/Schönefeld wurden wir von der Stasi in Empfang genommen, verhört und nach Erfurt in die U-Haft gebracht.
Jetzt begann das schlimmste Ereignis meines Lebens. Meine beiden Kinder wurden mir gewaltsam weggenommen und abgeführt. Ihre Schreie habe ich bis heute nicht vergessen.
Damals wußte ich noch nicht, dass diese gewaltsame Trennung fast 2 Jahre dauern würde.
Anschließend wurde ich nach Abgabe meiner persönlichen Sachen in eine Zelle eingeschlossen und in der selben Nacht verhört, verhört, verhört. Versteinert, geschockt und kraftlos kam ich mir vor. 1 Jahr sollte die U-Haft dauern.
Nach 4 Wochen erfuhr ich vom Vernehmer, dass mein Mann sich auch im selben Gebäude befindet.
Nach Abschluß der Ermittlungen durfte ich meinen Mann 2 mal unter Aufsicht sprechen.
Ich möchte an dieser Stelle einige Punkte anführen, die ich als diskriminierend und unmenschlich fand:
- erst nach 6 Wochen erfuhr ich, daß meine Kinder bei meinen Eltern sind (nach 1 Woche Erziehungsheim)
- die Zellenfenster bestanden aus Glasbausteinen

- man wurde nicht mit Namen angesprochen, sondern mit einer Nummer
- auch beim Freigang war man eingesperrt, man lief im Kreis unter Bewachung mit Maschinengewehr
- andere Häftlinge konnte man nicht sehen
- man mußte den ganzen Tag auf einem Hocker sitzen oder in der kleinen Zelle rumlaufen
- einmal in der Woche durfte man sich 1 Buch ausleihen, sonst keine Abwechslung
- bei den Verhören saß man auf einem Melkschemel
- einmal im Monat durfte man einen Brief schreiben und Besuch empfangen.
- Anklage und Urteil wurden nicht schriftlich ausgehändigt.

Am [redacted] 1974 wurde das Urteil vor dem Bezirksgericht in [redacted] unter Ausschluß der Öffentlichkeit gesprochen.
Es lautete:
6 Jahre Haft für meinen Mann.
2½ Jahre Haft für mich.
Am [redacted] kam ich auf Transport nach Hoheneck. Hoheneck war das größte Frauengefängnis der DDR.
In eine Zelle mit 17 Gleichgesinnten, alle wegen Republikflucht verurteilt, wurde ich eingeschlossen.
Die Verhältnisse waren katastrophal.
Hier einige Punkte:
- für 17 Frauen gab es einen Tisch, 2 Stühle, 3 Waschbecken, 2 Toiletten
- es gab nur kaltes Wasser

- als Toilettenpapier benutzten wir die Zeitung „Neues Deutschland"
- wir arbeiteten in einer Näherei im 3 Schichtsystem
- Bezahlung 3 Mark im Monat
- wer seine Arbeitsnorm nicht schaffte, bekam Einzelhaft bei Wasser und Brot
- unsere Unterwäsche trockneten wir unter den Etagenbetten
- während des Freigangs mußten wir in 4er Gruppen im Gleichschritt marschieren
- Freizeitangebote habe ich nicht kennengelernt

Im November 1974 ging es abermals auf Transport. Diesmal war das Ziel Karl-Marx-Stadt / Stasi-Gefängnis. Zu dritt mußten wir uns die Zelle teilen. Das Essen war gut. Verhöre gab es keine. Nach 3 Wochen dann die Erlösung. Wir wurden in einen Bus gebracht. Hier konnte ich nach 1½ Jahren endlich meinen Mann in die Arme nehmen.
Diesmal ging es auf Transport in die BRD.
Am 18.12.1974 kamen wir um Mitternacht in der Stadt Gießen an und wurden herzlich begrüßt. Endlich waren wir am Ziel.

Unsere beiden Kinder durften am 15.3.1975 aus der DDR ausreisen.
Nach fast 2 Jahren waren wir wieder eine glückliche Familie.

Anmerkung: Ohne die Hilfe der Bundesrepublik wäre unsere Haft nicht vorzeitig beendet worden.
Die Bundesregierung hat seit 1954 politische Häftlinge ausgekauft.

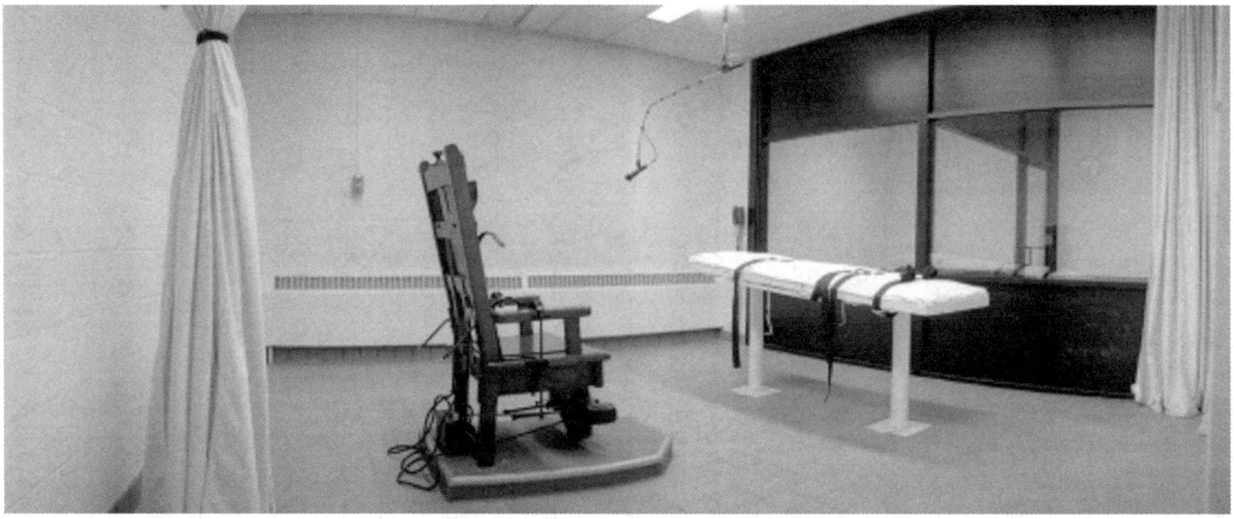

„Hinrichtungskammer", © Associated Press, Frankfurt.

Briefe gegen das Vergessen – eine Aktion von amnesty international

Tag für Tag werden Menschen gefoltert, wegen ihrer Ansichten, Hautfarbe oder Herkunft eingesperrt, ermordet oder verschleppt. Man lässt sie „verschwinden", unterwirft sie Terror und Schikane und verurteilt sie zu Tode. Diese Menschenrechtsverletzungen müssen aufhören! *amnesty international* veröffentlicht jeden Monat drei Einzelschicksale politischer Verfolgung, um an das tägliche Unrecht zu erinnern. Internationale Appelle helfen, solche Menschenrechtsverletzungen anzuprangern und zu beenden. Sie können mit Ihrem persönlichen Engagement dazu beitragen, dass Folter gestoppt, ein Todesurteil umgewandelt oder ein Mensch aus politischer Haft entlassen wird.

Schreiben sie bitte, im Interesse der Betroffenen, höflich formulierte Briefe an die jeweils angegebenen Behörden des Landes. Jeder Appell zählt!

amnesty international, Postfach, 53108 Bonn, Tel. 0228 / 983730

Aus: ai-Journal 2/1999.

Trotz aller Bemühungen keine Gnade für den zum Tode verurteilten Deutschen Karl LaGrand: Im US-Bundesstaat Arizona ist der 36-Jährige wegen Mordes hingerichtet worden.

Worte der Reue und die Bitte um Vergebung

Florence / Arizona. Es war ein Bild mit Symbolcharakter. Über der kleinen Bergkette ging die Sonne in schönstem Rot malerisch unter. Und über dem Todeshaus des Staatsgefängnisses in Florence im US-Bundesstaat Arizona hingen graue Wolken. Es war 18 Uhr, die Karawane der Hinrichtungszeugen setzte sich in Richtung des kleinen Gebäudes in Bewegung. Die Exekution des deutschen Mörders Karl LaGrand stand kurz bevor. Dann aber wartete das große deutsche Medienaufgebot draußen vor den Gefängnismauern vergeblich auf die Vollzugsmeldung. Eine Stunde, zwei Stunden. Gab es vielleicht doch noch eine Hoffnung für den zum Tode Verurteilten? Erst um 20.25 Uhr folgte die Antwort: Karl LaGrand war tot. Statt in der Gaskammer starb der 36-jährige durch die Giftspritze. Dies war nicht die einzige Überraschung dieser ersten Hinrichtung eines Deutschen in den USA in diesem Jahrhundert.

Hatte Karl LaGrand nicht wochenlang mit der Äußerung für Schlagzeilen gesorgt, er wolle in der Gaskammer sterben? Zyanid statt Todesspritze, minutenlange Qualen statt – wie zynisch! – der „humanen Lösung" durch das rasch wirkende Gift. Der 36-Jährige wollte ein Zeichen setzen und die Welt schocken. „Ich will mit Absicht leiden", hatte LaGrand über seine Anwältin Carla Ryan erklären lassen, „vielleicht kann ich damit meinen Bruder Walter und die Apelt-Brüder vor der Exekution retten." Eine halbe Stunde vor dem Hinrichtungstermin aber überlegte es sich der gebürtige Augsburger dann doch anders. Er bat um die Giftspritze und Arizonas ansonsten eiserne Gouverneurin Jane Hull stimmte der letzten Bitte des zum Tode Verurteilten zu.

In diesem Moment war LaGrand sicherlich klar gewesen, dass er das juristische Tauziehen endgültig verloren hatte. Carla Ryan hatte mit dem Argument, der Tod in der Gaskammer sei eine „grausame und ungewöhnliche Strafe" und damit verfassungswidrig, das Leben des Mörders retten wollen. Zunächst schien ihre Taktik im Rahmen einer sensationellen Entwicklung aufzugehen, als nämlich das 9. US-Berufungsgericht in San Francisco die Hinrichtung aussetzte. „Wir haben wieder eine Chance", strahlte die von der Nachtarbeit gezeichnete Anwältin. Es gehört nicht viel Fantasie dazu, sich die Gefühle von Karl LaGrand auszumalen, als ihn die freudige Botschaft um 5.30 Uhr erreichte. Er hatte wieder Hoffnung, dem Tod doch noch zu entgehen.

Die nächsten Stunden bedeuteten für ihn eine Achterbahnfahrt der Gefühle. Er schwebte zwischen Leben und Tod, bebte und bangte. Claudia Roth, die Vorsitzende der Menschenrechtskommission des deutschen Bundestages, litt mit dem Todeskandidaten. Sie hatte vor Tagen 90 Minuten mit LaGrand reden können und ihn danach vor dem Begnadigungsausschuss verteidigt. „Man kann sich kaum vorstellen, was Karl die letzten Stunden seines Lebens psychisch durchmachen musste", sagte die Grünen-Politikerin und fügte dann unter Tränen hinzu: „Ich hatte auf ein Wunder gehofft, aber am Ende gab es kein Wunder und auch keine Gnade." Denn der oberste Gerichtshof der USA in Washington hatte am Nachmittag den Rechtsspruch aus San Francisco für nichtig erklärt – es war endgültig das Todesurteil für LaGrand.

Diese Entscheidung stieß bei der deutschen Delegation auf heftige Proteste. „Mir dreht sich der Magen um", sagte fassungslos der Münchner Rechtsanwalt Steffen Ufer. Er war zornig, empört und schlug immer wieder die Hände über dem Kopf zusammen: „Gestern gab es eine Anhörung, die nur eine Alibiveranstaltung war und jetzt das. Karl hat sein ganzes Leben lang nicht eine Chance gehabt."

Der Häftling betete in seiner Todeszelle mit einem Priester, ehe er in den Raum mit der

Metallliege geführt wurde. Darauf wurde der 36-Jährige festgeschnallt. Dann sprach er seine letzten Worte – ruhig, überlegt, dabei emotionsgeladen, wie später berichtet wurde. Zunächst wandte er sich an die Familie des von ihm und seinem Bruder Walter am 7. Januar 1982 in Marana (Arizona) getöteten Bankdirektors Ken Hertsock: „Aus dem Innersten meines Herzens möchte ich sagen, dass mir die Tat unendlich Leid tut. Ich hoffe, dass Sie mir eines Tages vergeben werden. Ich bete für Sie und wünsche Ihnen das Beste. Ich wollte es wirklich nicht tun." Und dann: „Meiner Familie sage ich sorry für alles, was sie meinetwegen durchmachen musste. Ich bitte alle um Vergebung und werde selbst vergeben können. Möge Gott alle segnen. I love you."

Um 19.56 Uhr pumpten die Exekutionsbeamten des tödliche Giftgemisch in die Adern des Todeskandidaten. Journalisten waren in einem Nebenraum Zeugen – nicht aber Freunde oder Verwandte LaGrands. Auch die Anwältin Carla Ryan war nicht dabei. Sie wollte sich den furchtbaren Anblick aus ganz persönlichem Grund ersparen: Sie hatte ihren ersten Verteidigungsfall mit einem von der Hinrichtung bedrohten Angeklagten verloren. Die Zeugin Lupita Murillo über die letzten Minuten LaGrands: „Nur die Lippen zuckten. Es war ein rascher Tod."

Am 3. März soll der ebenfalls zum Tode verurteilte Walter LaGrand seinem Bruder folgen. Auf den 5. Juni ist die Hinrichtung des Düsseldorfers Michael Apelt angesetzt, der seine Frau ermordet hat. Auch sein Bruder Rudy ist zum Tode verurteilt worden. Die Apelt-Brüder sind wie Walter LaGrand in Arizona inhaftiert.

Trotz der Niederlage im Fall des Karl LaGrand geht der Kampf um das Leben seines Bruders Walter weiter. „Wir geben nicht auf", versicherte Claudia Roth. Draußen herrschte zu diesem Zeitpunkt bereits finstere Nacht.

Stefan Liwocha

Aus: Hannoversche Allgemeine Zeitung, Nr. 48 vom 26. Februar 1999.

M 7b

Die Todesstrafe als Gnade?

Ein Staat hat die Todestrafe zwar offiziell nicht abgeschafft, aber es finden seit Jahren keine Hinrichtungen mehr statt, weil das oberste Gericht Todesurteile regelmäßig in lebenslange Haftstrafen umwandelt. In diesem Staat wird ein Mann zu lebenslanger Haft verurteilt, nachdem er zwei besonders brutale Verbrechen gestanden hat. Er hat zwei Mädchen, 13 und 11 Jahre alt, im Abstand von zwei Jahren entführt, gequält, vergewaltigt und ermordet.

Ein Gutachter hat festgestellt, dass der Mann nicht vollständig schuldfähig ist. Das Gericht verurteilt ihn daher nicht zum Tode, sondern zu einer lebenslangen Haftstrafe mit anschließender Sicherungsverwahrung – das bedeutet, dass er nie wieder frei sein wird.

Nach einem Jahr stellt der Täter einen besonderen Antrag an das höchste Gericht:

„Hohes Gericht! Hiermit bitte ich um meine Hinrichtung. Ich komme ja sowieso nie mehr frei. Das macht mich ganz fertig. Den Rest meines Lebens nur noch hinter Gittern, womöglich für Jahrzehnte, das halte ich nicht aus! Wenn ich genug Mut hätte, würde ich mich selbst umbringen, das dürfen Sie mir glauben. Aber ich schaffe es nicht allein."

Wie soll das Gericht entscheiden?

Aufgaben:

1. Rollenspiel (5–8 Sch.): Das Gericht berät sich.
2. Führt ein „philosophisches Gespräch" über den Sinn der Todesstrafe!

Talkshow

M 8

Als Frau Berner nach Hause kommt, hört sie schon beim Öffnen der Haustür lautes Lachen. Im Wohnzimmer sehen ihre Kinder Katrin (15) und Jan (12) offenbar wieder eine Talkshow. „Mutti, das ist super!", ruft Jan begeistert, „gleich drehen die wieder durch!" Frau Berner sagt nur: „Schaltet das aus, Kinder, das finde ich nicht witzig." Katrin erwidert: „Nur noch ein paar Minuten, Mutti, bitte, das Thema ist auch wieder schön blöd: ‚*Hilfe, ich bin so hässlich*' – diese armen Irren!" Jan nickt und kichert. Frau Berner schüttelt nur den Kopf und geht aus dem Zimmer.

Später beim Abendbrot sagt sie plötzlich: „Ich möchte nicht, dass ihr euch diese Shows anschaut. Ich habe mal ins Programm gesehen – allein die Titel sind eine Zumutung: „*Dein Kind wird immer fetter – tu was!*" oder „*Kleine Männer haben nur Komplexe*" oder „*Ich leg' Jede flach!* " – da werden die Menschen letztlich nur missbraucht! Das ist kein Spaß mehr, sondern eine Verletzung der Menschenwürde!"

Katrin mault: „Du gönnst uns noch nicht mal diesen harmlosen Quatsch! Und was hat das mit der Würde zu tun? Die gehen doch da freiwillig hin, ich glaube, die kriegen sogar Geld dafür."

Alle Talkshow-Titel zitiert nach: TV-Spielfilm, Nr. 26/98, S. 90ff.

Das Tattoo

M 9

Tina (16) ist mit ihren Eltern im Urlaub in Südtirol (Italien). Beim Shopping entdeckt sie im Schaufenster eines Tattoo-Studios eine tolles Angebot: Genau die kleine süße Rose, die sie schon immer als Tattoo haben wollte, gibt es zum Sonderpreis! Tina möchte im Laden sofort einen Termin vereinbaren. Die freundliche Besitzerin gibt ihr ein kleines Faltblatt mit Informationen. Dort steht:

Achtung! Das Gesetz sieht vor, dass Jugendliche unter 18 Jahren, wenn nicht von den Eltern begleitet, sowie Personen unter Einfluss von Alkohol oder Drogen, nicht tätowiert werden dürfen.

„Sie sollten zunächst mit Ihren Eltern sprechen", rät ihr die Besitzerin, „den Termin vereinbaren wir dann telefonisch."

Als Tina später ihre Eltern fragt, runzelt ihr Vater nur die Stirn. „Das kommt nicht in Frage, ich werde nicht zulassen, dass mein Fräulein Tochter sich verunstaltet! Wie sieht das überhaupt aus! Man könnte ja denken, du kommst aus der Szene am Bahnhof!"

Tina ist wütend. „Das ist doch wohl meine Entscheidung! Ich habe schließlich ein Recht auf die freie Entfaltung meiner Persönlichkeit – oder? So steht es nämlich in unserer Verfassung, das haben wir in der Schule gelernt!"

Aber ihr Vater gibt nicht nach: „Da steht aber auch etwas über Erziehung! Habt ihr das auch gelernt? Dann muss deine Entfaltung eben warten, bis du erwachsen bist!"

Pressefreiheit

M 10a

Sabine und Corinna wollen eine Freundin vom Bahnhof abholen, sie warten am Zeitungskiosk, dem verabredeten Treffpunkt. Da bemerkt Sabine ein Werbeplakat für eine neue Wirtschaftszeitung*.

Sabine: „Das gibt's doch nicht! Jetzt wirbt schon eine Fachzeitschrift mit einer nackten Frau auf dem Titelblatt! Irgendwie finde ich das pervers!" Corinna: „Was meinst du mit pervers? Mir fällt das schon gar nicht mehr auf und das Bild ist ja nun wirklich harmlos."

Sabine (zeigt auf zwei andere Titelblätter): „Harmlos? Guck dir doch mal diese billigen Blätter an! Was steht da? *Superstellungen – geil wie nie!* oder *Total heiß – Dreier-Sex in der Dusche* – also ich finde das abartig! Sowas müsste verboten werden!"

Corinna: „Moment mal! Jetzt gehst du aber zu weit! Schließlich haben wir Pressefreiheit! Du bist doch sonst immer für Toleranz! Und nimm es bitte nicht so ernst!"

Sabine: „Das ist eine ganz miese Verletzung der Menschenwürde – und da hört für mich jede Toleranz auf!"

* *Information:* Die Zeitschrift Bizz.Capital (www.bizz.de) brachte in einer Ausgabe Nr. 8/1999 als Titelabbildung eine nackte Frau, die mit übereinander geschlagenen Beinen die Titelzeile „Was zieh' ich an? 50 kleine Regeln, große Wirkung" illustrierte. Mit dieser Titelabbildung wurde auch an Zeitungskiosken auf Plakaten geworben.

Zur Diskussion:

M 10b

„Jede Gesellschaft hat das Medienangebot, das sie verdient."

Reinhold Albert, Niedersächsische Landesmedienanstalt für privaten Rundfunk
Zit.n.: Der Spiegel, Nr. 16/1999, S. 124.

Wenn Zwerge fliegen

M 11

Erlaubt ist, was gefällt. Auf poppigen Plakaten wirbt eine Diskothek in der Gegend von Neustadt/Pfalz mit der „Sensation aus den USA" – mit Zwergenweitwurf. Kräftige Männer aus dem Publikum sind aufgefordert, den Zwerg so weit wie möglich fliegen zu lassen.

Die Veranstaltung wurde abgeblasen, die Show fand nicht statt. Der Behindertenbeauftragte erreichte bei der Gewerbeaufsicht ein Verbot. „Eine so demütigende Behandlung kleinwüchsiger Menschen" habe das Europäische Parlament in einer Entschließung verurteilt. Die Behörde drohte, die Veranstaltung notfalls durch Polizeieinsatz zu verhindern.

Einer der Beteiligten klagte auf Freiheit der Berufswahl – der kleinwüchsige Hauptdarsteller. Er habe als Artist diese Form des Zwergenweitwurfs als Broterwerb gewählt. Das Verbot mache es ihm unmöglich seinem Beruf nachzugehen.

Aus: PZ Extra, 50 Jahre Grundrechte, Dezember 1998, S. 6.

Information:
Das Verwaltungsgericht Neustadt lehnte die Klage ab, weil die geplante Veranstaltung die Würde des Menschen verletze.

M 12a

Tatort Schule

Warum hilft mir denn keiner?

5-Minuten-Pause in der 8a. Kaum hat die Lehrerin die Klasse verlassen, beginnt ein ungleicher Kampf. Özgur, Klaus und Tanja stürzen sich auf den 14jährigen Tim. Sie drücken ihn auf einen Stuhl und beginnen ihn zu fesseln. Tim lacht gequält. Einige Mitschüler feuern an, reichen Schnüre, kneifen und hänseln ihn. Die übrigen nehmen wenig Notiz von dem Vorfall. Tim wird verspottet und bespuckt. Man drückt ihm eine alte Unterhose ins Gesicht. „Warum hilft mir denn keiner?“ Tim ist das Lachen längst vergangen. Die Mitschüler lassen erst von ihm ab, als der Lehrer hereinkommt. Er will wissen, was los war. Die Klasse schweigt.

Drei Wochen später. Dieselbe Klasse, dieselben Schüler, ein neues Opfer: Karsten aus der „Mitläufergruppe“. Er hatte abgestritten, bei Tims Hänselung dabeigewesen zu sein. Karsten wird mit dem Oberkörper aus dem Fenster des 1. Stocks gehängt. Die Schüler drücken dem 14jährigen die Beine auseinander und traktieren seine Hoden mit einem Stock. Keiner der übrigen Klassenkameraden greift ein.

Aus: Basta. Nein zur Gewalt 98/99, Arbeitsgemeinschaft Jugend & Bildung e.V. in Zusammenarbeit mit dem Bundesministerium des Inneren (Hg.), Universum Verlagsanstalt GmbH KG, Wiesbaden.

M 12 b

„Wenn ich mit meinem Freund zusammen bin, ist das ganz komisch. Immer muss ich die Sachen holen, mit denen wir spielen. Er sagt, seine Sachen sind gerade kaputt oder er findet sie nicht. Aber das stimmt gar nicht. Wenn wir mal bei ihm sind, sehe ich das Spielzeug in seinem Zimmer. Das nervt mich und manchmal habe ich keine Lust mit ihm zu spielen. In der Schule mache ich öfter was freiwillig, zum Beispiel Kreide holen oder Tafeldienst.

Da ist eigentlich jede Woche ein anderer dran, aber manchmal machen die das einfach nicht. Wir haben einen Lehrer, der mag das überhaupt nicht, wenn die Tafel vollgeschmiert ist. Da gibt's dann Ärger. Also mach ich's lieber für die anderen. Komischerweise bedanken die sich nicht mal!

Ich hab auch schon mal unser Klassenzimmer sauber gemacht, als es total schmutzig und unordentlich war. Eigentlich mach ich das alles ganz gern, aber manchmal reicht's mir wirklich. Einmal habe ich zu den anderen gesagt: ‚Ich bin doch nicht euer Diener!'“

Julian wird ganz schön ausgenutzt: Von seinem Freund, von seinen Klassenkameraden und eigentlich auch von den Lehrern, die aus Bequemlichkeit zulassen, dass er alles Mögliche erledigt.

In jeder Klasse gibt es einen oder zwei „Julians“. Das sind Typen, an denen alles Unangenehme hängen bleibt. Sie tragen für andere die Schultasche zum Turnsaal, holen für zehn Leute Wurstsemmeln vom Kiosk, stellen die Stühle hoch und sammeln Abfall auf dem Pausenhof. Meistens machen sie das freiwillig. Manchmal aber werden sie von „Freunden“ einfach dazu verdonnert: „Hey, mach du das mal für mich!“ ... und schon ist der Andere verschwunden. Und wie Julian feststellt, sind die, die eigentlich dran gewesen wären, nicht mal dankbar.

Verena Weigand-Block/Susann Müller

Aus: Stafette Nr. 7/1994, Johann Michael Sailer Verlag, S. 52f.

Vom Opfer zum Täter

Es gibt nichts zu tun in der toten Stadt.
Leere Fabriken, wo keiner Arbeit hat.
Der Hafen ist verlassen – hoffnungslos.
Er dreht hier noch durch: Was mach ich bloß?

Er hängt den ganzen Tag rum, gehört nirgendwo hin.
Eins ist ihm klar: Alles läuft ohne ihn.
Da will er wenigstens Fan sein vom Fußballverein,
wenigstens stolz darauf, ein Deutscher zu sein.

Und gegen Ausländer sein, das ist auch schon mal was.
Endlich weiß er, wohin mit all seinem Hass.
Zuerst zog er bloß mit der Flagge zum Spiel,
bis er irgendwann zuschlug – das war wie'n Ventil!

Vom Opfer zum Täter ist's 'n kleiner Schritt.
Noch gestern ein Nichts und heut' marschierst du mit.
Bist 'n armes Kind – bist 'n dummes Kind.
Jetzt stolperst du mit im braunen Wind.
Alte Hetzparolen und jetzt grölst du mit.
Vom Opfer zum Täter ist es ein kleiner Schritt.

Wenig im Kopf – und nix in der Hand,
so bleibt er ein Fremder im eigenen Land.
Dann brüllt er: Scheißkanacken, das ist *mein* Deutschland!
Und schmiert Hakenkreuze an die Ghettowand.

Ihn zu kriegen, dazu gehört nicht viel.
Wenn einer kommt und verspricht ihm ein Ziel,
irgendein krankes Ziel, nur für'n Tag oder zwei,
oder tausend Jahre – dann ist er dabei.

Vom Opfer zum Täter ist's 'n kleiner Schritt.
Noch gestern ein Nichts und heut' marschierst du mit.
Bist 'n armes Kind – bist 'n dummes Kind.
Jetzt stolperst du mit im braunen Wind.
Alte Hetzparolen und jetzt grölst du mit.
Vom Opfer zum Täter ist es ein kleiner Schritt.

Komm besser auf uns're Seite ...

Musik und Text: Lindenberg, Udo-Schaper, Hendrik-MacCarone, Angelina; © Universal / PolyGram Songs Musikverlag GmbH.

Straßenkinder in Brasilien

Sie schlafen in Hauseingängen, betteln, klauen, schnüffeln Leim, um den Hunger zu unterdrücken. Rund 15000 Kinder und Jugendliche leben in Salvador auf der Straße. Katia, Jussara und Ivana gehören dazu. Das Strassenkinderprojekt AXÉ bietet ihnen eine neue Perspektive.

Seit vier Jahren lebt Katia auf den Straßen der Zweimillionenstadt Salvador im Nordosten Brasiliens. Sie schlägt sich mit Betteln oder kleinen Diebstählen durch, putzt Autoscheiben oder verkauft Erdnüsse am Strand. Nachts schläft sie auf Bürgersteigen oder in Hauseingängen. Wasserhydranten und das Meer ersetzen Badezimmer und Toilette. Mehr als das verwaschene T-Shirt, die roten Shorts und die Sandalen, die sie trägt, besitzt Katia nicht. Ihre Eltern und die sechs Geschwister hat das Mädchen schon lange nicht mehr gesehen.

Aufgewachsen in einem der vielen Elendsviertel von Salvador, lebte Katia mit ihrer Familie in einer Einzimmer-Baracke ohne fließendes Wasser und Strom. Vom Lohn der Mutter, die als Putzfrau umgerechnet etwa 200 Mark im Monat verdient, konnte die Familie nicht leben. Deshalb schickten die Eltern Katia – statt zur Schule – zum Betteln auf die Straße. „Wenn sie abends nicht genug Geld mitbrachte, hat der Vater sie verprügelt", erzählt Streetworkerin Gladys Arevaldo. „Irgendwann ist sie einfach nicht mehr nach Hause gegangen." Die 46-jährige Streetworkerin und ihre Kollegen knüpfen den ersten Kontakt zu den Jugendlichen auf der Straße. Die gewinnen nur langsam Vertrauen. Groß ist ihre Angst, zurückgewiesen zu werden. Wer bei dem Projekt mitmachen möchte, muss irgendwann selbst den Wunsch äußern. Schließlich müssen die Kinder strenge Regeln befolgen: Sie verpflichten sich, eines der Werkstattprojekte wie Nähen, Drucken, Theater oder Musik zu besuchen, wieder zur Schule zu gehen und – für manche der schwierigste Schritt – zu ihrer Familie zurückzukehren.

„Natürlich hatte ich Angst, auf der Straße zu schlafen, aber nach Hause – nie wieder." Tagsüber zog sie mit Freundinnen durch die Touristenviertel und bettelte um Geld oder Essen. Wenn die Mädchen genug hatten, gingen sie an den Strand. „Anfangs war's sogar lustig. Keiner kommandiert dich rum. Du kannst tun und lassen, was du willst." Doch mit der Dunkelheit beginnt die Suche nach einem sicheren Schlafplatz, begleitet von der Angst, überfallen oder vergewaltigt zu werden. Zum Schutz, aber auch, um nicht allein zu sein, schließen sich die Mädchen und Jungen zu Gruppen zusammen. Für viele ist dies ihre neue Familie. Untereinander gibt es kaum gewalttätige Ausaeinandersetzungen, in der Clique herrscht das Gesetz des Stärkeren.

Zur Information: Insgesamt schätzt das brasilianische Sozialinstitut IBASE die Zahl der Straßenkinder im gesamten Land auf fast eine Million. Die Kinder fliehen vor Hunger und Gewalt aus ihren Familien. Viele werden aber auch direkt von den Eltern zum Betteln oder Arbeiten auf die Straße geschickt.

In der brasilianischen Gesellschaft stehen die Straßenkinder auf der untersten Stufe. Viele verachten die „pivetes" (Taugenichtse, Rotzbengel) als kleine Monster, die herumlungern, klauen und die Touristen verschrecken. In noblen Geschäftsvierteln heuern die Ladeninhaber organisierte Banden an, um die Straßenkinder mit Gewalt zu vertreiben. Die machen regelrecht Jagd auf die „meninos de rua", schrecken auch vor Mord nicht zurück. Schutz bietet nicht einmal die Polizei. Im Gegenteil: Nach Berichten von amnesty international sind auch die Gesetzeshüter in Brasilien für gewalttätige Anschläge auf Straßenkinder verantwortlich.

Nach Angaben der Menschenrechtsorganisation werden in Brasilien heute durchschnittlich vier Kinder pro Tag umgebracht. 1993 starben allein in Rio de Janeiro 700 Kinder eines gewaltsamen Todes.

Aus: Brigitte Young Miss Nr. 12/1998, S. 61ff.

Lars, ein Straßenkind in Deutschland

Lars Dreger ist vierzehn Jahre alt. Wir begegnen uns auf dem Hamburger Hauptbahnhof. Er fragt mich, ob ich ihm zwei Mark geben kann. Ich lade ihn zum Essen ein. Als ich ihn frage, wo er wohnt, fängt er an zu stottern. Anfangs bemerke ich gar nicht, dass Lars ein „Straßenkind" ist. Sein Äußeres wirkt sehr gepflegt. Als wir uns am folgenden Tag begegnen, fragt er mich:„Gehen wir essen?"

Mir fällt auf, dass er zusammenzuckt, wenn ein Polizist oder Schwarzer Sheriff an uns vorbeigeht. „Hast du etwas ausgefressen?", will ich wissen. „Nein, nein, ich habe nichts auf dem Kerbholz. Aber sie dürfen mich auch nicht erwischen, ich bin nämlich vor acht Tagen ausgerissen. Diesmal kriegen sie mich aber nicht."

Lars Dreger will nicht mehr ins Heim zurück. Er sagt von sich selbst, dass er lieber auf der Straße lebt, als in diesen „Scheißladen" zurückzugehen. Er lebt vom Betteln und traut sich auch nicht, in einer Bahnhofsmission etwas zu essen. Nachts schläft er auf Spielplätzen, in abbruchreifen Häusern oder in Papiermüllcontainern. Abends verspielt er sein Geld in Spielautomaten. „Ich will auf der Straße bleiben, bis ich achtzehn bin. Falls die mich doch wieder ins Heim stecken, haue ich denen wieder ab. Ich habe die Schnauze voll von diesem Heimterror!"

Er gibt sich selbst keine Chance, von der Straße herunterzukommen. In ein Heim will er nicht, und die Möglichkeit, bei Pflegeeltern ein neues Zuhause zu finden, schließt er aus. „Wer will mich denn noch nehmen? Mit vierzehn bekommt man doch keine Pflegeeltern mehr. Und was soll ich denn mit denen?" Mittlerweile kennt er sich gut aus, er weiß, wo er etwas zu essen bekommt, kennt Pfarrer, die ihm ein paar Mark zustecken, und wenn er kein Bett bei Freunden bekommt, schläft er im Freien. „Der erste Tag auf der Straße war furchtbar. Bis ich kapiert habe, wie man an Geld, Essen und Kleider kommt. Die Kaufhäuser sind doch voll damit, wenn ich eine neue Jacke brauche, hole ich mir einfach eine. Mich erwischt keiner. Ich bin schneller als die!" Es kommt auch vor, dass Lars von einem „Freier" angesprochen wird. „Na und? Für Geld mache ich alles!"

Falls Lars Dreger es doch eines Tages schaffen sollte, wieder Fuß zu fassen, hat er einen Wunsch: Er will auf einem Bauernhof leben. „Da sind mehr Tiere als in der Stadt. Mit Tieren komme ich besser aus als mit Menschen."

Aus: Publik Forum. Zeitung kritischer Christen, Oberursel, Ausgabe 15/1993, S. 12.

PETER DACHTE, STEFAN HILFT.
STEFAN DACHTE, SUSANNE HILFT.
SUSANNE DACHTE, ANDREA HILFT.
ANDREA DACHTE, GEORG HILFT.

ALLE ZUSAMMEN WÄREN SIE GANZ SCHÖN STARK GEWESEN.

Zivilcourage!
Eine Aktion der Zeitungen in Deutschland.

Tierethik – unser Verhältnis zu den nichtmenschlichen Tieren

1. Fachwissenschaftliche und didaktische Aspekte

Die Tierethik als eigener Bereich der angewandten Ethik ist neueren Datums. Erst im Gefolge der Debatten um eine ökologische Ethik, die das prekäre Verhältnis des industriegesellschaftlichen Homo faber zu seiner ersten Natur, der so genanten Umwelt, thematisiert, scheint sich die Erkenntnis durchzusetzen, dass auch in unserem Verhältnis zu den Tieren nicht alles zum Besten steht. Selbst im „Prinzip Verantwortung" von *Hans Jonas*, einem der Gründerväter der ökologischen Ethik, finden wir noch kein Wort zum Schicksal der nichtmenschlichen Tiere. Verantwortung bleibt bei ihm noch eine anthropozentrische Kategorie, auch wenn er alle Moraltheorie vor ihm gerade wegen ihres Anthropozentrismus kritisiert hat. Bis auf wenige Ausnahmen war in der Geschichte der philosophischen Ethik das Schicksal der Tiere ein blinder Fleck.

Auch die Tierschutzbewegung, die im Gefolge der Emanzipation des Bürgertums im 19. Jahrhundert entstand, fristet eher ein randständiges Dasein in unserer Gesellschaft, so ähnlich wie die Tierheime am Rande unserer Städte. In ihr drückt sich unsere moralische Ambivalenz den Tieren gegenüber aus. Als Haustiere werden sie geliebt, manchmal mehr als die eigenen Kinder, als Nutztiere werden sie von uns unter häufig tierunwürdigen Bedingungen gehalten, ausgebeutet, getötet, gegessen. Lediglich das Quälen von Tieren taucht im Alltagsbewusstsein als moralisches Problem auf und wurde auch zum Kern der Tierschutzgesetzgebung. Der Status der Tiere selbst, als unserem Willen weitgehend unterworfene Gegenstände, bleibt davon unberührt.

Diese Statuszuschreibung ist tief in der menschlichen und speziell europäischen Kulturgeschichte verankert. Exemplarisch lässt sich das an der jüdisch-christlichen Tradition zeigen (**M 8**), die aus der Genesis eine von Gott gegebene ontologische Hierarchie, eine „Ordo naturae", abzuleiten glaubt, die dem Menschen das Recht gibt, über Tiere und Pflanzen zu seinem Nutzen zu herrschen. Eine zweite Traditionslinie argumentiert rationalistisch, indem sie aus der deskriptiven Tatsache, dass Tiere nicht über menschliche Attribute wie Bewusstsein, Vernunft, Sprache verfügen (**M 9**), implizit oder explizit die weit reichende Schlussfolgerung eines dem Menschen gegenüber defizitären Status zieht. Letztlich liegt diesen Begründungen ein Denkfehler zugrunde, der traditionell als *naturalistischer Fehlschluss* bezeichnet wird: Aus einer metaphysischen Theorie oder aus Tatsachen werden Normierungen abgeleitet, die für die Tiere fatale Folgen haben.

*Jeremy Bentham*s kritischer Einwand gegen diese Traditionsbestände (**M 10**) fand wenig Beachtung. Das moderne Projekt einer theoretischen Begründung der ethischen und rechtlichen Autonomie des menschlichen Subjekts kümmerte sich wenig um den ethischen Status der Tiere. Erst in den 80er-Jahren unseres Jahrhunderts, mit provoziert durch *Peter Singers* „Befreiung der Tiere" (**M 11**), hat in der philosophischen Ethik eine breitere Debatte begonnen, die auch, ungewöhnlich für einen philosophischen Diskurs, teilweise konkrete Projekte wie das von Rechten für die großen Menschenaffen verfolgt (**M 15**). Auch wenn diese Debatte mittlerweile unübersichtlich zu werden droht (vgl. die Literaturliste in: Bondolfi 1994) und keinesfalls Einigkeit über den Status von Tieren und den ihnen zuschreibbaren Rechten erzielbar zu sein scheint, so hat sie unstrittig das Thema auf die Tagesordnung gesetzt und ist dabei, den blinden Fleck in der philosophischen Ethik zu tilgen. Sicherlich ist es kein Zufall, dass diese Diskussion auch zeitlich weitgehend parallel zu einer Neudefinition des menschlichen Personenbegriffes innerhalb der Philosophie stattfindet. Und schließlich dürften auch die Skandale und Entwicklungen der letzten Jahre (BSE, verseuchtes Futtermittel, Hormonfleisch, Gentechnik, Tiere als Organbank, Klonen usw.) ein Übriges tun, um unser gewohntes Verhältnis zu den nichtmenschlichen Tieren einer theoretischen und praktischen Revision zu unterziehen. Die Genetik hat uns längst darüber belehrt, dass wir als Menschen näher mit dem Schimpansen verwandt sind als jener mit dem Orang-Utan – daher ist auch die Rede von uns als menschlichen Tieren wissenschaftlich legitim und gerechtfertigt.

Leider ist das Thema in den meisten Ethik-Lehrbüchern immer noch kaum vertreten. Wenn es auftaucht, dann entweder um die menschliche Sonderstellung (*Arnold Gehlen*) in Absetzung von den Tieren zu würdigen, oder, wie in den meisten bioethischen Lehrbüchern, unter Fragestellungen der neueren biotechnologischen Entwicklungen (Klonen, Gentechnologie, etc). Wenn es als ethisches Thema expliziert wird, dann häufig anwendungsorientiert mit der Frage, ob Tierversuche zu rechtfertigen sind oder im Hinblick auf Haltungsbedingungen und Tiertransporte. *Arthur Schopenhauers* fernöstlich inspirierte Mitleidsethik oder *Albert Schweitzers* „Ehrfurcht vor dem Leben" werden meist als philosophische Gewährsleute für eine entsprechende anders orientierte Haltung den Tieren gegenüber in Anspruch genommen.

Das vorliegende Kapitel versucht einen anderen Weg zu gehen. Es problematisiert unser Verhältnis zu den Tieren im Kernbereich: der Produktion und Konsumtion von Fleisch, dem „Leichenschmaus" (Helmut F. Kaplan, s. **M 16**). Die *Ware Fleisch* unterliegt, wie alle Waren, dem Fetisch-Charakter. Ihre Produktionsbedingungen werden ausgeblendet, der Konsum wird mit einer speziellen Warensemantik schmackhaft gemacht (**M 3**) – Ergebnis eines hochgradigen Abstraktionsprozesses in der arbeitsteiligen Gesellschaft. Dabei wird geradezu notwendigerweise verdrängt, dass es sich um leidensfähige Lebewesen handelt, deren Leichenteile über Fleisch- und Wursttheken freundlich verkauft und später genussvoll verspeist werden. Die Tötungsanstalten funktionieren wie Fabriken und unterliegen dem Zeitdiktat (**M 4**), das traditionelle Handwerkerethos ist auf dem Rückzug (**M 5**). Auch die Tierärzte und Landwirte sind in diesen Verwertungsprozess, der wenig Rücksicht auf tierisches Leid nimmt, involviert (**M 2**). Man kann getrost davon ausgehen, dass auch im Alltagsbewusstsein der Sch. der Zusammenhang zwischen Fleischkonsum und lebenden Tieren nicht vorhanden ist, wenn man sie bittet, das Arbeitsblatt zu ihrem Verhältnis zu den Tieren auszufüllen (**M 1**). Die moralische Diskrepanz zwischen den geliebten und den mittags verspeisten Tieren soll zum Anlass genommen werden, grundlegend über unser Verhältnis zu den Tieren – neu – nachzudenken.

Jugendliche dieser Altersstufe sind sehr sensibel, wenn es um ihre Identitätsbildung geht – sie „riechen den Braten", wenn sie mit der Tatsache dieser moralischen Diskrepanz konfrontiert werden, und vermuten sofort, sie sollten zum Vegetarier bekehrt werden. Dass dies nicht intendiert ist, selbst wenn es natürlich ein moralisch logisches Ergebnis wäre (vgl. **M 16**), müsste verdeutlicht werden. Die Entscheidung darüber, wie man sich selbst verhält oder wie man handelt, fällt in die Autonomie des vernünftigen Subjekts. Damit wir auf der Basis einer ethisch orientierten Vernunft Entscheidungen treffen können, müssen wir aber Kenntnis haben von den Umständen, unter denen wir sie treffen. Wenn wir unterstellen, dass das Verspeisen von leidensfähigen Lebewesen für uns eine moralisch relevante Handlung darstellt, was heutzutage schwer zu bestreiten sein dürfte, dann müssen wir uns mit den damit zusammenhängenden Fragen befassen. Dazu gehört dann auch die Kenntnis von den Tötungsvorgängen. Exemplarisch und stellvertretend ist eine gleichaltrige Schülerin während ihres Praktikums mit dieser moralischen Frage konfrontiert worden (**M 2**).

Beim vorliegenden Material steht *das Schwein* im Vordergrund, weil Schweinefleisch in unserer Gesellschaft fast täglich von allen konsumiert wird. Denkbar ist natürlich, will man hier erweiternd arbeiten, die Leidensbedingungen anderer Tierarten zu untersuchen. Ebenso ist es möglich, Fragen der Tierhaltung, der Transporte, der Verwertung, des Konsumverhaltens usw. in Form von Referaten, Projekten oder Exkursionen zu vertiefen. Moralisch weniger prekäre Bereiche, an denen das Herrschaftsverhältnis des Menschen gegenüber den Tieren analysiert werden könnte, sind Zoo und Zirkus, Tierdarstellungen in Literatur und Film, Tiersportarten, Jagd usw. Das Thema ist schier unerschöpflich und bietet eine große Vielfalt für projektorientiertes Arbeiten, das am Interesse der Sch. ansetzen kann.

Wichtig ist die Änderung der Perspektive, die wir auf Tiere haben. Selbst wenn sie Gegenstand unserer Fürsorge und Anteilnahme werden, dann bleiben sie doch im Modus des Objekts. Die in der sozialethischen Debatte der letzten Jahre eingeführten Termini „Anerkennung" und „der/die Andere", die das Eigenrecht des Gegenüber, seine subjektive Autonomie und metaphysische Dignität betonen und zur Basis von Rechts- und Moralverhältnissen in den *civil communities* erklären, könnten für eine solche Inversion des Blicks auf Tiere den Weg zeigen. Alle Emanzipationsbewegungen, die die Herr-Knecht-Verhältnisse (Sklaverei, Leibeigenschaft, Sexismus, Rassismus usw.) aufgebrochen haben, zwangen die bisherigen Herren, sie als gleichberechtigte Wesen anzuerkennen. Nun können sicherlich Tiere aus nahe liegenden Gründen keinen moralischen oder rechtlichen Personenstatus erlangen, aber zumindest kann die Position des *Speziesismus* (**M 11**) aufgegeben werden zugunsten einer Anerkennung der Eigenständigkeit von Tieren. Wir sollten lernen, sie nicht mehr „von oben" zu betrachten (**M 12**) und sie auch nicht zum Gegenstand anthropomorpher Projektionen zu machen, wie sie falsch verstandene Tierliebe häufig genug auszeichnet. Mühsam genug mussten wir ja auch erkennen, dass behinderte Menschen nicht in die Kategorie „Sorgenkind" gehören, denen wir allenfalls mit Mitleid begegnen, sondern dass sie eigenständige Menschen mit eigenen Interessen sind, die wir zu respektieren haben.

Da die Tiere selbst ihre Interessen nicht artikulieren und vertreten können, sind wir als moralische Wesen verpflichtet, dieses stellvertretend zu tun. Strittig ist sicherlich, wie weit man dabei gehen soll und kann. Aktionen radikaler Tierschutzgegner sind hier nicht vertreten, weil sie häufig kaum nachvollziehbare Grenzüberschreitungen mit ihren Aktionen vollziehen, die dann auf Jugendliche eher abschreckend wirken. Aus einem ähnlichen Grund sind auch keine Beispiele aus der hinduistischen oder einer anderen Tradition, die Tiere als heilig verehren, aufgeführt, weil diese Beispiele sich kaum mit der Lebenswelt heutiger Jugndlicher vereinbaren lassen. Aber eine Reihe von Materialien (**M 12 – M 17**) bietet genug Stoff für eine Klärung der eigenen Position und des eigenen Engagements.

2. Intentionen

Die Sch. sollen
- sich kritisch mit ihrem Verhältnis zu Tieren auseinander setzen und insbesondere ihren Fleischkonsum bzw. den Fleischkonsum der Gesellschaft als moralisches Problem verstehen,
- Umstände und Bedingungen der modernen Fleischproduktion kennen lernen und kritisch beurteilen können,
- erkennen, dass die Ausbeutung und Tötung der Tiere zumeist verdrängt wird, damit es

nicht zu einem moralischen Problem für die Menschen wird,
- relevante Argumentationen zur Rechtfertigung des Umgangs mit Tieren nachvollziehen und kritisch bewerten können,
- Bereiche des ethischen Engagements hinsichtlich der Tiere überprüfen und Kriterien zu einem ethisch reflektierten Verhalten ihnen gegenüber entwickeln.

3. Literatur zur Vorbereitung

- Bingener, Ingeborg: Das Tier im Recht. Aktuelle Fragen - sachliche Antworten. Echo, Göttingen 1990.
- Bondolfi, Alberto (Hg.): Mensch und Tier. Ethische Dimensionen ihres Verhältnisses. Universitäts-Verlag, Freiburg/Schweiz 1994.
- Breßler, Hans-Peter: Ethische Probleme der Mensch-Tier-Beziehung. Eine Untersuchung philosophischer Positionen des 20. Jahrhunderts zum Tierschutz. Lang, Frankfurt a.M. 1997.
- Cavalieri, Paola/Singer, Peter (Hg.): Menschenrechte für die Großen Menschenaffen. „Das Great Ape Projekt". Goldmann, München 1996.
- Erckenbrecht, Ulrich: Mensch, du Affe. Kritische Thesen zur Anthropologie und Verhaltensforschung. Kübler, Lampertheim 1975.
- Fiddes, Nick: Fleisch. Symbol der Macht. Zweitausendeins, Frankfurt a.M. 1993.
- Kaplan, Helmut F.: Leichenschmaus. Ethische Gründe für eine vegetarische Ernährung. Rowohlt, Reinbek b. Hamburg, 1993.
- Karremann, Manfred/Schnelting, Karl: Tiere als Ware. Gequält - getötet - vermarktet. Fischer, Frankfurt a.M. 1990.
- Nida-Rümelin, Julian: Tierethik I: Zu den philosophischen und ethischen Grundlagen des Tierschutzes, in: ders. (Hg.): Angewandte Ethik. Die Bereichsethiken und ihre theoretische Fundierung. Kröner, Stuttgart 1996, S. 458–483.
- Nida-Rümelin, Julian/v.d. Pfordten, Dietmar: Tierethik II: Zu den ethischen Grundlagen des deutschen Tierschutzgesetzes, in: Nida-Rümelin (Hg.) 1996, a.a.O., S. 484–509.
- Schmidt, Thomas Benedikt: Das Tier - Ein Rechtssubjekt? Eine rechtsphilosophische Kritik der Tierrechtsidee. Roderer, Regensburg 1996.
- Singer, Peter: Animal Liberation. Die Befreiung der Tiere. Rowohlt, Reinbek b. Hamburg 1996.
- Thurnherr, Urs: Tierethik, in: A. Pieper/U. Thurnherr (Hg.): Angewandte Ethik. Eine Einführung. Beck, München 1998, S. 56–77.
- Wolf, Ursula: Das Tier in der Moral. Klostermann, Frankfurt a.M. 1990.

4. Unterrichtsideen

A. Annäherung an das Thema

⇨ Zum Einstieg bietet es sich an, zunächst die *Erfahrungen der Sch. mit Tieren* zu thematisieren. Das kann am besten anhand eines Arbeitsblattes (**M 1**) geschehen, da es die Sch. schon zu einer strukturierten Gedankenführung veranlasst. Bei der Auswertung im Unterrichtsgespräch wird sich vermutlich ein ganz normales Bild ergeben; die allermeisten werden Haustiere haben und diese mögen bzw. zumindest als Teil der Familie akzeptieren. Lediglich einige Tierarten wie Spinnen, Schlangen oder Ratten werden wahrscheinlich abgelehnt; eine Erörterung der Gründe für diese Ablehnung kann an dieser Stelle nicht weiter erfolgen. Die für den weiteren Unterrichtsverlauf wichtigste Frage versteckt sich in der Aufforderung, das eigene Verhältnis zu den Tieren allgemein zu beschreiben. In der Regel werden die Sch. positive oder neutrale Formulierungen wählen; niemand wird sich als „Vertilger tierischer Leichenteile" bezeichnen, dessen Verhältnis zur Tierwelt dann naturgemäß nicht mehr als neutral oder gutwillig bezeichnet werden kann. In der Problematisierung dieses Sachverhalts sollte die Auswertung des Arbeitsblattes münden.

⇨ Im Anschluss können die Sch. mit den *Gedanken und Erlebnissen von Verena* (M 2) konfrontiert werden. Sie absolvierte ihr Betriebspraktikum bei einem Tierarzt und wird in der von ihr geschilderten Situation damit konfrontiert, dass männlichen Ferkeln die Hoden herausgeschnitten werden, um ihrem Fleisch später einen verbraucherfreundlichen Geschmack zu geben. Bei diesem Text handelt es sich um authentisches Material einer gleichaltrigen Sch., die erlebt, wie Tiere leiden. Ihre subjektiven moralischen Fragen zu diesen Vorgängen und die Tatsache, dass sie quasi stellvertretend für diese Altersstufe mit dem Leid in Berührung kommt, werden sicherlich zu einer Auseinandersetzung reizen. Die Aufgabenvorschläge tragen diesem Bedürfnis weitgehend Rechnung – bis hin zu der Möglichkeit, von Verena tatsächlich (!) eine Antwort zu erhalten.

B. Die Ware Fleisch: Produktion und Konsumtion

⇨ Als Konsumenten wissen wir wenig über die Produktionsbedingungen der Waren. Sie werden uns in der Werbung präsentiert. M 3 sollte daher von den Sch. im Hinblick auf diese Präsentation analysiert werden. Die Warensemantik und -ästhetik verschleiert den Sachverhalt, dass wir Reste von Tierleichen verspeisen. Ein moralisches Problem stellt sich den Verbrauchern nicht, da Fleisch neben beliebigen anderen Waren, deren Anfertigung moralisch neutral ist, angepriesen wird. Das Gedankenexperiment einer *Markt-Zeitung* aus der Sicht der Tiere soll diesen moralischen Bezug wieder herstellen.

⇨ Die nächsten beiden Berichte führen die Sch. in die Produktionsbedingungen des Fleisches ein. Der *Besuch im Schlachthof* (M 4) führt drastisch vor Augen, dass Tiere in den Tötungsfabriken nicht als leidensfähige Lebewesen angesehen werden. Die Arbeit ist bestimmt vom Zeitdiktat und nimmt wenig Rücksicht auf Bestimmungen des Tierschutzgesetzes.

⇨ Der *Bericht des Fleischermeisters* (M 5) beschwört das Bild eines vom Ethos geprägten Handwerks, das gleichwohl gegenüber den industriellen Fertigungsmethoden mehr und mehr an Boden verliert. Das moralische Problem des Tötens von Tieren stellt sich ihm allerdings nicht. Da es sich ebenfalls um authentisches Material handelt, bietet sich auch hier eine Gelegenheit für die Sch., ihre Fragen von ihm beantworten zu lassen (Adresse s. M 5).

⇨ Mit einer kleinen *Erzählung von Günter Anders* (M 6) lässt sich die unterrichtliche Arbeit abrunden. Auch wir zweifeln nicht an unserem Verbraucherverhalten, weil wir den Schlachthof und das Leiden der Tiere mit unserem Mittagessen nicht in Verbindung bringen. Hier können die Sch. die Frage diskutieren, ob eine Aufklärung über diese moralische Diskrepanz geboten ist. Gleichzeitig eignet sich dieser Text dazu, die eigene Verdrängung bewusst wahrzunehmen und kritisch zu reflektieren. Unmittelbar anschließen könnte sich hier auch eine Diskussion über den Vegetarismus (M 16).

C. Rechtfertigung und Kritik des Herrschaftsverhältnisses über die Tiere

⇨ In der Hierarchie der Lebewesen beanspruchen wir den oberen Rang. Die polnische Lyrikerin und Nobelpreisträgerin *Wislawa Szymborska* vermittelt uns mit ihrer poetischen Miniatur (M 7) einen anderen Blick. Am Beispiel eines toten Käfers thematisiert sie diesen Vorrang, den wir uns selbst zuschreiben. Es empfiehlt sich, zunächst ohne Kenntnis des Gedichts die Sch. mit der Frage nach einem toten Käfer auf dem Bürgersteig zu konfrontieren. Das Gedicht ist dann als Folie nutzbar, um die eigenen Wahrnehmungen und Bewertungen kritisch zu überprüfen. Formalästhetische Gesichtspunkte der Gedichtinterpretation sollten eher in den Hintergrund treten.

⇨ Zwei einflussreiche Texte aus der philosophischen Tradition stellen Argumentationen vor, die dieses Herrschaftsverhältnis legitimieren sollen. *Thomas von Aquin* sieht es – unter Rekurs auf die *Genesis* und auf *Aristoteles* – als natürliche Gegebenheit, dass die Tiere als weniger vollkommene Lebewesen dem Menschen nutzbar zu sein haben (**M 8**). Weil es ihnen an Vernunft mangele, sei auch keine Freundschaft mit ihnen möglich. Beide Argumente fordern zur Stellungnahme heraus. Das Freundschaftsargument ist übrigens gut mit der *Karikatur* von Kurt Halbritter (**M 12**) zu kombinieren. *René Descartes* (**M 9**) vertritt eine rationalistische Argumentation, die den Tieren Vernunft, Bewusstsein und Sprache abspricht und insofern eine Parallele zu Maschinen entwirft. In der – wenn auch von Descartes nicht unbedingt beabsichtigten – Konsequenz handelt es sich um Überlegungen, mit denen sich z.B. Tierversuche bestens rechtfertigen ließen. Beide Texte sind sehr anspruchsvoll für diese Jahrgangsstufe und vielleicht nur für engagiertere Lerngruppen geeignet. Sinnvoll wäre es, auf genauer Textarbeit zu insistieren und keine voreiligen Urteile gegen Thomas und Descartes zu formulieren. Denn zum einen sind ihre Überlegungen natürlich historisch zu interpretieren und zum anderen sollte auch die Plausibilität der Argumente gewürdigt werden.

⇨ Eine pathozentrische Position, die radikal mit der Legitimation bricht, vertritt der Utilitarist *Jeremy Bentham* (**M 10**). Sie ist leicht verständlich und nachvollziehbar. Sicherlich wird sie unmittelbare Reaktionen seitens der Sch. hervorrufen. Sie eignet sich auch gut zur Ergänzung des Gedichtes von Szymborska. Reizvoll wäre eine Konfrontation der drei Positionen von Thomas, Descartes und Bentham in Form eines Gespräches im Rollenspiel. Dieses Gespräch könnte gleichzeitig zur Überprüfung des Verständnisses dienen. Bedeutsam, aber sicherlich auch sehr anspruchsvoll ist die Argumentation von *Peter Singer* (**M 11**). Er bezeichnet unser Verhältnis zu den nichtmenschlichen Tieren als *Speziesismus*. Mit diesem Begriff erhalten die Sch. eine systematische Kategorie zur Kennzeichnung dieses Verhältnisses. Singer plädiert im Weiteren für eine Orientierung an der Leidensfähigkeit und nimmt sie als Gleichheitskriterium für die Forderung, die Interessen anderer Wesen zu berücksichtigen. Es gibt für Singer keinen Automatismus, der es rechtfertigen würde, unser Wohl über das anderer Lebewesen zu stellen. Auch hier ist eine textnahe Arbeit erforderlich, um das Verständnis zu sichern. Dieser Text ist eher für leistungsstarke Lerngruppen geeignet.

D. Bereiche ethischen Engagements

⇨ Die Aussage der *Karikatur von Kurt Halbritter* (**M 12**), eine ironische Darstellung übertriebener Tierfreundschaft, erschließt sich für die Sch. sicherlich nicht im ersten Zugriff. Trotzdem dürften viele von ihnen solche Formen der Tierfreundschaft aus ihrer Alltagswelt kennen und sie wahrscheinlich auch intuitiv ablehnen.

⇨ Die *vier Karikaturen* (**M 13**) bieten vielfältige Anregungen, über einige speziellere Probleme zu reden (Herr und Hund, Tierschutz, Tierversuche usw.).

⇨ Das *Plakat des Tierschutzbundes* (**M 14**) greift das Schicksal der Pelztiere auf und die menschliche Eitelkeit an. Sinnvoll wäre es, am Beispiel dieser Kampagne zu überlegen, wie weit Tierschutz gehen sollte und darf, zumal sich die Aussage des Plakates nicht sofort erschließt.

⇨ Die *„Deklaration über die Großen Menschenaffen“* (**M 15**) ist ein konkretes Projekt und veranlasst uns, die Rechte unserer nächsten Verwandten zu repektieren. Eine der konsequentesten Möglichkeiten, sich selbst zu engagieren, ist sicherlich die vegetarische Lebensweise.

⇨ Der *Text von Helmut F. Kaplan* (**M 16**) sieht sie als unmittelbare ethische Konsequenz und Demonstration für das Lebensrecht von Tieren. Damit wird ein Thema aufgegriffen, das seit Beginn der Unterrichtseinheit virulent sein dürfte und die Sch. stark herausfordern dürfte, da sie selber in ihrem individuellen Handeln angesprochen werden.

⇨ Abschließend liegt mit dem *Text von Manfred Karremann und Karl Schnelting* (**M 17**) so etwas wie ein umfassender Moralkodex unseres aktuellen Verhältnisses zu den Tieren vor, der noch einmal eine grundlegende Reflektion erlaubt und Bereiche des Engagements auflistet.

5. Das Thema in Schulbüchern und Unterrichtsmaterialien

- Altner, Günter/Gebhard, Wolfgang: Bioethik. Diesterweg, Frankfurt a.M. 1999 (Sek. II).
- Nahrungsmittel Fleisch. Fakten u. kontroverse Themen. Rerum – hg.v. Zeitbild-Verlag GmbH, Corneliusstraße 6, 80469 München (1999); erstellt in Zusammenarbeit mit der CMA Centrale Marketing-Gesellschaft der deutschen Agrarwirtschaft, kostenloser Bezug (Sek. I geeignet; interessengebundene Darstellung).
- Sänger, Monika: Verantwortung. 22 Arbeitsblätter mit didaktisch-methodischen Kommentaren. Sekundarstufe II. Klett, Stuttgart 1996.
- Schülerwettbewerb Deutsche Geschichte (Hg.): Genutzt – Geliebt – Getötet. Tiere in unserer Geschichte, Hamburg 2000 (Sek. I).

6. Materialien und Medien

- Zu allen wichtigen Fragen rund um den Tierschutz gibt es kleine Broschüren vom *Deutschen Tierschutzbund e.V.*, in der Regel erhältlich beim örtlichen Tierschutzverein.
- Sicherlich gibt es auch bei den Fachkollegen in der Biologie einiges an Material und Medien zum Thema, was man erfragen kann.
- Hacke, Axel: Hackes Tierleben, mit Bildern von Michael Sowa. Kunstmann, München 1995.
- Deutscher Jagdschutz-Verband e.V. (Hg.): Lernort Natur. Wild und Jagd. Wild- und jagdkundliche Texte für den Biologie-Unterricht, 1992.
- Tierethik – tierische Ethik. Themenheft 1/1997 von Ethik u. Unterricht. Diesterweg, Frankfurt a.M. 1997, mit Beiträgen von J.-P. Wils, J.-C. Wolf und U. Wolf sowie drei Vorschlägen für Unterrichtseinheiten zum Thema.

Filme:

- „Armes Schwein und blindes Kalb", 15 Min., Dokumentarfilm, BRD 1988. Ein Film über die Massentierhaltung. Medienpädagogisches Zentrum Hannover/Landesfilmdienst.
- „Die Ramme", 11 Min., Kurzspielfilm, Jugoslawien 1977. In einer voll technisierten Hühnerbrüterei werden die soeben ausgeschlüpften Küken auf ein Fließband gesetzt und auf ihre Lebenstauglichkeit überprüft. Erhältlich bei den Evangelischen Medienzentralen.
- „Liebesglut", 13 Min., Kurzspielfilm, Jugoslawien 1980. Der Film zeigt, wie zwei Vögel während ihrer Balz gewaltsam getrennt werden und daran zugrunde gehen. Sie werden wie verfügbare Ware behandelt. Evangelische Medienzentrale.
- „Dschungelburger – Hackfleischordnung international", 60 Min., Dokumentarfilm, BRD 1985. Ein Film über die international operierenden Fast-Food-Konzerne. Evangelische Medienzentrale.
- „Bitte nicht füttern!", 5 Min., Trickfilm, Großbritannien 1989. Tiere in einem Zoo kommen zu Wort und sprechen über ihre Lebenssituation. Oscar-Preisträger 1991 für den besten Kurzfilm. Evangelische Medienzentrale.

Unser Verhältnis zu Tieren

1. Habt oder hattet ihr Tiere bei euch zu Hause? Wenn ja: welche und warum? Wenn nein: warum nicht?

2. Welche Tiere magst du nicht? Warum magst du sie nicht?

3. Hast du schon einmal Tiere geärgert oder gequält? Falls du willst und kannst, beschreibe eine Situation und deine Gefühle dabei!

4. Wie würdest du dein Verhältnis zu Tieren bezeichnen?

5. Deine Fragen an das Thema „Unser Verhältnis zu Tieren“:

Aufgabenvorschläge:

1. Beantworte die Fragen möglichst genau!
2. Vergleicht und besprecht die Antworten im Unterricht!
3. Eine Nachfrage: Bist du dir sicher, dass du dein Verhältnis zu Tieren wahrheitsgemäß beschrieben hast?

Meine Gedanken und Erlebnisse

Als Dr. X. und ich zum dritten Bauernhof an diesem Tag fuhren, dachte ich mir nichts allzu Schlimmes dabei, als Dr. X. mir sagte, dass wir nun von 4 Ferkeln einige Hoden entfernen müssten. Ich dachte mir, dass die Hoden entzündet wären und man sie herausnehmen müsste. Aber so war es ganz und gar nicht.

Während Dr. X. die notwendigen Sachen zusammensuchte und ich die kleinen Ferkel bewunderte, nahm der Bauer seinen Futterwagen und legte kurzer Hand ein Brett darauf und voila, fertig war der Operationstisch.

Danach holte der Bauer 4 Ferkel, mit dem Kopf nach unten hängend, nacheinander aus dem Stall und Dr. X. verabreichte ihnen die Narkosespritzen. Nachdem die Narkose einigermaßen gewirkt hatte, wurde das erste Schwein auf die Seite gelegt und ein ungefähr 3 cm großer Schnitt wurde auf dem Bereich, wo der Darm war, geschnitten. Schon hierbei fing das Ferkel immer wieder an zu zappeln und seinen Kopf gegen die Wand und das Brett zu schlagen, so dass der Bauer kurzer Hand mit aller Kraft die kleinen Beinchen festhielt. Unterdessen versuchte Dr. X. mit seinen Fingern den Hoden zu fassen zu kriegen, der irgendwo zwischen dem Darm lag und nicht aufzufinden war. Manchmal dachte Dr. X., er hätte ihn gefunden, aber Pustekuchen, es war wieder nur ein Stück Darm, das durch den kleinen Schlitz hineingeschoben wurde. Nach ungefähr 5 Minuten wurde die Wunde zugenäht, da nichts zu finden war. Und das Ganze fing wieder von vorne an, diesmal nur auf der anderen Seite, wo der Hoden auch nicht zu finden war. Die ganzen Qualen und Kopfschmerzen, denn während der Operation hatte das Ferkel keinesfalls aufgehört zu zappeln, waren umsonst.

Da fragt man sich natürlich, warum das Tier die Schmerzen aushalten musste, nicht etwa weil der Hoden entzündet war oder weil er dort nicht bleiben konnte, sondern er musste raus, weil das Fleisch nicht so gut schmeckt!!!

Im Hoden sind bestimmte Hormone drin, die den Geschmack des Fleisches verändern und so biersch machen.

Ich frage mich, woher wir uns eigentlich das Recht nehmen, diesen Tieren Schmerzen zuzufügen, nur weil uns das Fleisch nicht so gut schmeckt. Auch dem Bauern tat das Ferkel Leid, aber was soll er machen. Wenn er das nicht machen lässt, kann er sie nachher schlecht und zu niedrigen Preisen verkaufen und das treibt ihn über kurz oder lang in den Ruin.

Den eigentlichen Ursprung dieser Operation kann ich fast bei mir selber suchen. Denn schließlich waren es die Verbraucher, die beim Schlachter am Fleisch rumgemäkelt haben.

Da kriege ich richtige Gewissensbisse, wenn ich mir vorstelle, dass nur wegen mir das Ferkel leiden muss, nur damit es mir schmeckt.

Aus dem Praktikumsbericht von Verena, Schülerin der 9. Klasse, Ratsgymnasium Stadthagen, 1998.

Aufgabenvorschläge:

1. Verfasse einen Brief an Verena, in dem du zu ihren Überlegungen Stellung nimmst! (Sie würde sich freuen, wenn du ihn ihr zuschickst und sie wird dir auch gern antworten. Schick deinen Brief bitte an: Andreas Kraus, Ratsgymnasium Stadthagen, Büschingstr. 37, 31655 Stadthagen. Er wird ihn weiterleiten. Lege bitte Rückporto bei!)
2. Vorschlag für ein Rollenspiel: Verena spricht mit Dr. X. und dem Landwirt über ihre Eindrücke und Gedanken.
3. Parlamentsspiel: Sollte der Bundestag ein Gesetz erlassen, das derartige Praktiken verbietet?

Ware Fleisch

Aufgabenvorschläge:

1. Beschreibe, was du siehst und liest!
2. Wie werden die sterblichen Überreste der Tiere dargestellt? Vergleiche auch mit den anderen Waren!
3. Kreatives Gedankenexperiment: Was wäre, wenn die Tiere aus ihrer Sicht eine Markt-Zeitung herstellen könnten? Fertige sie an!

4.600.000 Tonnen Fleisch essen die Menschen in der Bundesrepublik jedes Jahr. 310.000 Tonnen Geflügelfleisch noch gar nicht eingerechnet.

Ein gigantischer Fleischberg: Allein 40 Millionen Schweine, 5 Millionen Rinder und 700.000 Kälber müssen jahrein, jahraus dafür sterben.

Die Tiere werden unter Zeitdruck geschlachtet. Nicht das einzelne Tier zählt, sondern die Zahl der Schlachtungen in der Stunde. Unter Zeitdruck verlädt und treibt man die Tiere. Betäubt und getötet werden sie im Akkord. Vermeidbare Tierquälereien sind bei dieser Arbeitsweise in vielen Fleischfabriken an der Tagesordnung. Unser Tierschutzgesetz, das die Schlachttiere vor Schmerzen und Leiden bewahren soll, erweist sich in der täglichen Hektik der Schlachtbetriebe als oberflächlich und praxisfremd.

Schweineschlachtung

Montagmorgen sechs Uhr, in einem deutschen Schlachthof: Seit knapp einer Stunde werden Schweine geschlachtet. Hundertzwanzig sind es bisher, alle dreißig Sekunden stirbt ein Schwein. Etwa vierhundert Schweine sitzen oder liegen noch in den Gitterbuchten neben dem eigentlichen Schlachtbereich. Einige atmen schwer, liegen erschöpft auf dem kalten Betonboden. Diese Tiere werden verenden, ehe der Schlachter sie zu Gesicht bekommt. Nichts Ungewöhnliches: 400.000 Schweine kommen allein in Westdeutschland jedes Jahr bereits tot auf den Schlachthöfen an. Nach einem dreimonatigen „Leben" im Dunkelstall sind sie dem Stress von Transport und Treiben nicht gewachsen: Ihr Herz versagt. Qualzüchtung auf viel Fleisch und bewegungslose Haltung sind die Ursachen. Manches Schwein, das den Transport überlebt hat, kann sich nur noch mit den Vorderbeinen durch die Gänge im Schlachthof schleppen. Solche gehunfähigen Schweine ziehen die Arbeiter meistens an den Ohren in die Schlachthalle.

Die anderen Tiere werden gruppenweise zur Schlachtung getrieben. Weil sie durch die Hektik, den Maschinenlärm und den Gestank nach Fett und Blut nervös sind, laufen sie meist nicht freiwillig in die gewünschte Richtung. Stockschläge und Fußtritte sind dann oft ein probates Mittel, um die Tiere in die Schlachthalle zu zwingen. In der Schlachthalle werden je 7–10 Schweine in eine Betäubungsbucht getrieben. Denn so will es das Gesetz.

> **Tierschutzgesetz § 4a (1):**
>
> „Ein warmblütiges Tier darf nur geschlachtet werden, wenn es vor Beginn des Blutentzugs betäubt worden ist."

Betäubung mit der Elektrozange

Schweine betäubt man meist mit elektrischem Strom. In den Betrieben verwendet man dazu eine Stromzange von der Größe einer Heckenschere. In der Betäubungsbucht rennen etwa sieben bis zehn Schweine durcheinander. Dazwischen steht ein Arbeiter mit der Stromzange. Damit packt er den Hals eines Schweines. Das Tier erstarrt förmlich, wenn der Strom durch seinen Körper fließt.

Lange genug und an den richtigen Stellen am Kopf oder Hals des Schweines angelegt, betäubt der Strom das Tier für etwa 30 Sekunden. Während dieser Zeit muss es getötet werden. An einer Kette um den Hinterfuß wird es aus der Betäubungsbucht über ein so genanntes Entblutebecken gezogen. Hängt es neben seinen Artgenossen am Fließband, sticht ein Arbeiter mit einem Messer in die Brust des Schweines. Dadurch werden die großen Halsblutgefäße geöffnet. Das Tier stirbt, indem es ausblutet.

Die Schweine in der Betäubungsbucht müssen zuschauen, wenn ihre Artgenossen nacheinander geschlachtet werden. Ob Tiere eine solche Situation verstandesmäßig erfassen, ist umstritten. Vielleicht unwichtig. Angst wird schließlich nicht gedacht, sondern gefühlt. Und nur allzu oft erfasst die Schweine in der Betäubungsbucht panische Angst. Mit harten Fußtritten muss der Betäuber manches Tier in eine Position bringen, die ihm ein Anlegen der Zange ermöglicht. Weil er im Akkord arbeitet, legt er die Zange oft zu kurz oder an falsche Körperstellen an. Die Schweine erstarren dann zwar und fallen um, wachen aber schon vor dem Entblutungsschnitt wieder auf und zappeln und schreien, sobald sie am Fließband hängen.

In einigen Schlachthöfen betäubt man noch immer mit so genannter Niedervoltspannung, das bedeutet mit 70 bis 90 Volt. 30 bis 40 Sekunden müsste die Zange zupacken, um ein Schwein wirklich zu betäuben, so heißt es in dem Buch „Das Fachwissen des fortschrittlichen Fleischers". Die Praxis sieht anders aus. Wie lange der Betäuber – der in der Regel nur ein angelernter Arbeiter ist – die Zange am Tier anlegt, ist genauso wenig vorgeschrieben und überwacht wie die Stromstärke.

Dr. Klaus Drawer, Tierarzt in Herne und Fachmann auf dem Gebiet der elektrischen Betäubung: „Damit das Schwein bewusstlos ist, muss ein epileptiformer Anfall ausgelöst werden, aus Tierschutzgründen innerhalb einer Sekunde. Dazu ist eine Stromstärke von mindestens 1,25 Ampere nötig, die nur bei einer Spannung von mindestens 250 Volt erreicht werden kann. 70 Volt bei nur 5 oder 10 Sekunden Betäubungszeit reichen für die erforderliche tiefe Bewusstlosigkeit nicht aus."

Abstechen ist Handarbeit

Das Bestreben, immer mehr Tiere in immer kürzerer Zeit zu schlachten, ist nicht neu. Schon 1870 hängte man erstmals Schweine ans Fließband, um sie rascher töten und zerlegen zu können. Das war in Cincinnati/USA, wo das Fließband damals eigens zu diesem Zweck erfunden wurde. Im Gegensatz zur Betäubung ist es allerdings nie gelungen, den Tötungsvorgang zu mechanisieren. Das Abstechen von Tieren ist in jedem Schlachthof Handarbeit und hängt damit von der Sorgfalt und Geschicklichkeit des Schlachters ab. Das Tierschutzgesetz äußert sich auch dazu.

Schlachtverordnung vom 21.4.1933, §11:

„Mit dem Enthäuten, Schneiden, Stechen, Brühen, Aufhängen geschlachteter, d.h. betäubter und bereits entbluteter Tiere und mit dem Rupfen von geschlachtetem Geflügel darf erst begonnen werden, wenn der Tod des Tieres eingetreten ist und Bewegungen an dem Tier nicht mehr wahrzunehmen sind."

An das Gesetz halten sich die Akkordarbeiter im Schlachthof nicht immer. Zeit ist Geld. In dem Betrieb, den ich als typisches Beispiel nehme, habe ich den Schlächter gefragt, der den Schweinen am Fließband die Füße abschneidet: „Glauben Sie, dass die Tiere das nicht mehr spüren?" Er zeigt auf ein Schwein, dessen Füße er gerade abschneidet, und meint lakonisch: „Die Sau merkt das noch, da bin ich sicher" – und schneidet weiter.

Ob er manchmal in der Hektik vergesse, ein Schwein abzustechen, frage ich den Schlächter, der den Tieren am Fließband in die Brust sticht. „Ja, das kommt schon ab und zu mal vor", meint er achselzuckend. Das Schwein, das durch den Strom nur 30 Sekunden betäubt ist, wird in diesem Fall lebendig ins Brühbad gezogen und ertrinkt in der Brühwanne.

Von 5 Uhr bis 9 Uhr wurden an diesem typischen Montagmorgen Schweine geschlachtet. Knapp 500 hängen jetzt in Hälften zerteilt im Kühlraum. Die Männer sitzen blutverschmiert im Aufenthaltsraum und essen hastig ihre Vesperbrote, manche eine Dose Fisch. Nach vierstündiger Knochenarbeit haben sie 20 Minuten Pause, ehe die Kälber- und Rinderschlachtung beginnt, die etwa bis 20 Uhr dauern wird.

Aus: Manfred Karremann/Karl Schnelting, Tiere als Ware – gequält – getötet – vermarktet, S. Fischer Verlag GmbH, Frankfurt a.M. 1992, S.76ff.

Aufgabenvorschläge:

1. Wie erklärst du dir, dass das Tierschutzgesetz hier so wenig eingehalten wird?
2. Überlege dir eine Überschrift oder eine Schlagzeile für diesen Bericht, die deine Empfindungen und Gedanken dazu verdeutlicht!
3. Zwei Vorschläge für Rollenspiele:
   a) Die Arbeiter unterhalten sich während ihrer 20-minütigen Arbeitspause im Aufenthaltsraum.
   b) Nach der Betriebsbesichtigung im Schlachthof, die ihr mit eurer Klasse gemacht habt, bist du zum Mittagessen wieder zu Hause. Es gibt Schweineschnitzel ...

Beruf: Fleischer

Mein Name ist *Ralf Lange* und ich bin als Junge auf dem Land aufgewachsen. Wir hatten einen kleinen Hof von ca. 5 ha, mit 20 Schweinen, 4 Kühen, Kälbern und Hühnern. Nach dem Krieg hatte so ein Hof eine Familie ernähren können.

Mein Vater ging ab den sechziger Jahren zum VW-Werk nach Hannover arbeiten, während meine Mutter, Oma, Opa, Schwestern und ich den Hof bewirtschafteten. Schon als kleiner Junge war mein Interesse am Hof sehr groß. Es machte Spaß in der Erntezeit zu helfen. Es gab aber auch andere Dinge zu sehen, was Tiere anbelangt, z.B. die Geburt, das Heranwachsen oder den Verkauf von Tieren.

Und dann gibt es auch unangenehme Dinge in der Landwirtschaft, wie z.B. eine Totgeburt oder das Sterben eines Tieres an Herzversagen. Einmal im Jahr wurde bei uns zu Hause ein Schwein geschlachtet und alle halfen mit. Normalerweise durfte ich als kleiner Junge nie zusehen, aber ich habe mich versteckt und durch ein Schlüsselloch gesehen, wie das Schwein mit dem Bolzenschussapparat betäubt und dann abgestochen wurde. Danach durfte ich beim Entborsten, Ausnehmen und Zerschlagen des Schweines dabei sein. Das Schwein blieb dann zwei Tage am Deckenhaken unserer Diele hängen, damit es auskühlt. Der Hausschlachter zerlegte anschließend das Schwein in Braten, Schnitzel, Schinken, Koteletts. Das ausgelöste Fleisch wurde beschnitten, zu attraktiven Braten zerteilt und die Zuschnitte wurden zu Mettwurst verarbeitet. Aus einem grösseren Schwein von ca. 170 kg Lebendgewicht bekommt man Mettwurst, Braten, Kochwurst, Schinken usw. Von diesem Fleischvorrat konnte sich die Familie gegen Ende meiner Schulzeit ein Jahr ernähren.

Mir war klar, dass ich die Ausbildung im Fleischerhandwerk erlernen wollte. Ich legte die dreijährige Ausbildung in einem grösseren Handwerksbetrieb ab und wechselte nach meiner Prüfung zum Fleischergesellen in einen kleinen Handwerksbetrieb über. Weil mir meine Arbeit als Fleischer sehr viel Spaß machte, meldete ich mich zur Meisterschule an. Nach der bestandenen Prüfung bin ich Fleischermeister im Handwerk. Zurzeit leite ich eine Fleischabteilung im Supermarkt. In der Winterzeit mache ich auch noch häufig Hausschlachtungen nebenbei. Das Töten von Tieren, das Zerlegen und Produzieren von Fleisch ist für mich ein ganz natürlicher Vorgang, denn es ist mein Beruf, der mir Spaß macht. Ich schlachte Rinder, Schweine, Schafe, Kaninchen und Hühner. Manchmal merken die Tiere, was ich vorhabe, und zwar dann, wenn ich den Schussapparat ansetze. Aber ich habe keinerlei Gewissensbisse, weil das Tier durch die fachgerechte Betäubung keine Schmerzen empfinden kann. Diese Tiere sind Nutztiere und die meisten Leute wollen auf ihren Sonntagsbraten nicht verzichten.

Leider sind die Hausschlachtungen heutzutage sehr zurückgegangen. Man muss sich keine Vorräte mehr anlegen, da in den Supermärkten jederzeit Fleisch zu erhalten ist. Durch die Massentierhaltung wird der Preis gedrückt und die Qualität geht zurück. Das Schlimmste überhaupt ist, dass die Supermärkte das Handwerk zerstören. Der heutige Kunde möchte überhaupt keine Qualität kaufen, sondern das billige, qualitativ nicht sehr hochwertige Fleisch aus dem Supermarkt. Für mich persönlich haben die Fleischerhandwerksbetriebe einen sehr hohen Stellenwert, obwohl ich im Supermarkt arbeite.

Im Handwerksbetrieb können Schlachten, Zerlegen, Produzieren und Verkaufen noch in einer Hand sein. Das Tier wird nur von heimischen Bauern bezogen, die es artgerecht auf Stroh halten. Es erfolgt eine schonende Schlachtung und das bedeutet, dass das Fleisch eine hohe Qualität besitzt, es brät nicht zusammen, ist zart und hat Geschmack. Mein Traum ist es immer noch, eine kleine Fleischerei zu bekommen, doch durch die Supermärkte und Skandale (BSE, Schweinepest, Massentierhaltung) kann ich es mir nicht leisten. Das Handwerk wird über Jahre weiter zerstört.

Originalquelle.

Aufgabenvorschläge:

1. Wie wurde Herr Lange zum Fleischermeister und welche Auffassung hat er von seinem Handwerk?
2. Gedankenexperiment: Stell dir vor, Herr Lange müsste im Schlachthof arbeiten!
3. Was würdest du Herrn Lange bezüglich seines Verhältnisses zu Tieren gerne fragen?

(Ihr könnt eure Fragen auch gern Herrn Lange zuschicken; er ist bereit, sie zu beantworten. Vergesst bitte das Rückporto nicht! Schicke deinen Brief bitte an: Andreas Kraus, Ratsgymnasium Stadthagen, Büschingstr. 37, 31655 Stadthagen. Er leitet ihn weiter.)

Das Pferdchen

„Horch!“, flüsterte Mos Geliebte, als unten auf dem Kopfsteinpflaster der molussischen Vorstadtgasse ein müdes Hufklappern näher kam, und sie griff träumerisch nach ihrer Uhr, um diese zu prüfen. „Jeden Morgen um Punkt fünf trottet dieses liebe Pferdchen hier vorbei.“

Auch Mo horchte nun hinaus. Aber ganz traute er dem anheimelnden Geräusch doch nicht.

„Weißt du“, fuhr sie dann fort und sie gab ein kleines beseligtes Gähnen von sich, „solange es Dinge gibt, die sich mit solcher Verlässlichkeit wiederholen, solange haben wir noch keine Ursache, an unserer Welt zu verzweifeln.“ Und dem bereits entschwindenden Hufklappern nachlauschend, schlief sie, nachdem sie noch „das gute Pferdchen!“ geseufzt hatte, auf Mos rechter Schulter beseligt von neuem ein.

Dass um die Ecke der Pferdemetzger seinen Laden hatte und dass dieser mit der verlässlichsten Regelmäßigkeit, mit jener Regelmäßigkeit, die es uns erlaubt, an unserer Welt nicht zu verzweifeln, täglich seine frische Ware verkaufte, das wäre ihr zwar, hätte man sie gefragt, genauso wenig unbekannt gewesen wie Mo, nein ihr sogar, da ja auch sie dort regelmäßig einkaufte, noch bekannter als ihm. Aber die zwei regelmäßigen Ereignisse: Das täglich sich gleich bleibende Fünf-Uhr-Geklapper ihres guten Pferdchens und den täglich sich gleich bleibenden Anblick des enthäuteten Pferdeleibes im Schaufenster ihres Metzgers in Verbindung zu bringen, auf diesen Gedanken war sie noch niemals gekommen.

Einen Augenblick lang verspürte Mo zwar Ungeduld und das Bedürfnis, ihren Kopf von seiner Schulter zu heben, um sie zu wecken, und zwar ganz, und um sie aufzuklären, und zwar ohne jede Reserve. Dann aber überlegte er sich seine Regung doch noch einmal. „Könnte sie denn weiterleben“, fragte er sich, während er ihr mit der Linken das Haar aus der Stirne strich, „wenn ich sie ihres guten Pferdchens berauben würde?“ Und ließ sie weiterschlafen und ließ das Pferdchen unerwähnt, auch tagsüber, und selbst am Abend, als sie ihm ein duftendes Filet vorsetzte, von dem er wusste, dass sie es in dieser Qualität nur im Laden um die Ecke hatte kaufen können. Und als am nächsten Morgen das Hufgeklapper von neuem näher kam, da war er es sogar, der sie weckte, um zu flüstern: „Horch! Fünf Uhr! Unser gutes Pferdchen!“

Aus: Günther Anders, Der Blick vom Turm, C.H. Beck'sche Verlagsbuchhandlung, München, ISBN 3 406 00 33 62.

Aufgabenvorschläge:

1. Worum geht es in der kleinen Geschichte?
2. Weshalb bestärkt Mo seine Geliebte in ihrer Illusion? Hätte er sie aufklären sollen?
3. Siehst du Parallelen zu deinem Verhältnis zu Tieren?

„Von oben betrachtet"

Ein toter Käfer liegt auf dem Feldweg,
drei Beinpaare sorgfältig über dem Bauch gekreuzt.
Statt Todeswirrnis – Reinlichkeit und Ordnung.
Das Grauen dieses Anblicks ist gemäßigt;
die Reichweite streng lokal von der Quecke zur Minze.
Die Trauer teilt sich nicht mit.
Der Himmel ist blau.

Unserem Frieden zuliebe sterben die Tiere nicht,
sie krepieren sozusagen den seichteren Tod,
verlieren – wir wollen es glauben – weniger Welt und Fühlen,
verlassen – so will es uns scheinen – eine weniger tragische Bühne.
Ihre sanften Seelen schrecken uns nicht in der Nacht,
sie wahren Distanz,
kennen die mores.

Und so glitzert der tote Käfer am Weg,
unbeweint, der Sonne entgegen.
Es genügt, an ihn für die Dauer eines Blicks zu denken:
Er liegt, als wäre ihm nichts von Bedeutung passiert.
Bedeutung betrifft angeblich nur uns.
Nur unser Leben, nur unseren Tod,
den Tod, der erzwungenen Vorrang genießt.

Aus: Wislawa Szymborska, Hundert Freuden, © Suhrkamp Verlag, Frankfurt a.M. 1986, S. 245.

Aufgabenvorschläge:

1. Ein toter Käfer auf dem Bürgersteig – was geht dir bei diesem Anblick durch den Kopf?
2. Lies das Gedicht und kläre die unbekannten Begriffe!
   Was geht der Lyrikerin W. Szymborska beim Anblick des Käfers durch den Kopf!
   Vergleiche mit deinen Gedanken!
3. Wie erklärst du dir die Unterschiede in der Wahrnehmung und Bewertung?

Thomas von Aquin: Die Ordnung der Wesen

Keiner sündigt, indem er eine Sache zu dem verwendet, wozu sie bestimmt ist. In der Ordnung der Wesen aber sind die unvollkommenen wegen der vollkommenen da, wie auch die Natur beim Vorgang der Zeugung vom Unvollkommenen zum Vollkommenen fortschreitet. Wie daher bei der Zeugung des Menschen zuerst das Lebewesen, dann das Sinnenwesen, zuletzt der Mensch da ist, so sind auch die Wesen, die nur das Leben haben, wie die Pflanzen, im Allgemeinen für alle Tiere da, und die Tiere für den Menschen. Wenn deshalb der Mensch die Pflanzen gebraucht für die Tiere und die Tiere zum Nutzen des Menschen, so ist das nicht unerlaubt, wie das auch aus dem Philosophen [gemeint ist Aristoteles] erhellt. Unter den verschiedenartigen Verwendungsmöglichkeiten nun scheint jener Gebrauch am meisten notwendig zu sein, bei dem die Tiere sich der Pflanzen, die Menschen sich der Tiere als Nahrung bedienen, was nicht ohne Tötung jener geschehen kann. So ist es denn erlaubt, sowohl die Pflanzen zu töten zur Nahrung für die Tiere als auch die Tiere zur Nahrung des Menschen, und zwar auf Grund der göttlichen Ordnung. Denn so heißt es in Gn [= „Genesis", 1. Buch Mose] 1,29f.: „Sehet, Ich habe euch alles Kraut und alle Bäume gegeben, dass sie euch und allen Tieren zur Nahrung seien." Und in Gn 9,3 heißt es: „Alles, was sich regt und lebt, soll euch zur Speise dienen."

Die heilige Liebe ist nach dem Gesagten eine Art Freundschaft. Kraft der Freundschaft aber liebt man einmal den Freund, mit dem man Freundschaft hat, und dann die Güter, die wir dem Freunde wünschen. In der ersten Weise kann kein vernunftloses Geschöpf aus heiliger Liebe geliebt werden. Und das aus einem dreifachen Grunde. Zwei dieser Gründe beziehen sich allgemein auf die Freundschaft, die man mit den vernunftlosen Geschöpfen nicht eingehen kann. Und der erste ist, weil wir Freundschaft nur mit dem haben, dem wir Gutes wollen. Im eigentlichen Sinne aber kann ich dem vernunftlosen Geschöpf nicht Gutes wollen, denn es ist nicht seine Sache, ein Gut zu besitzen, sondern nur Sache des vernunftbegabten Geschöpfes, das Herr ist über den Gebrauch des Gutes, das es Kraft des freien Wahlvermögens besitzt. Deshalb sagt der Philosoph [Aristoteles], dass wir bei diesen Wesen nur bildhaft davon sprechen, dass ihnen etwas Gutes oder Böses zustößt.

Zweitens, weil jede Freundschaft in irgendeiner Lebensmitteilung gründet. „Denn nichts eignet der Freundschaft mehr als das Zusammenleben." (Aristoteles). Die vernunftlosen Geschöpfe aber können keine Gemeinschaft haben mit dem menschlichen Leben, das sich nach der Vernunft vollzieht. Daher kann man zu den vernunftlosen keinerlei Freundschaft haben als höchstens im übertragenen Sinne.

Der dritte Grund ist der heiligen Liebe ganz eigentümlich: Weil die heilige Liebe in der Mitteilung der ewigen Seligkeit gründet, deren das vernunftlose Geschöpf gar nicht fähig ist. Deshalb kann man die Freundschaft der heiligen Liebe mit den vernunftlosen Geschöpfen nicht haben.

Jedoch können die vernunftlosen Geschöpfe mit der heiligen Liebe geliebt werden wie die Güte, die wir anderen wollen; sofern wir aus der heiligen Liebe heraus wollen, dass sie zur Ehre Gottes und zum Nutzen der Menschen erhalten werden. Und so liebt auch Gott sie mit heiliger Liebe.

Aus: Summa Theologiae IIa-IIæ, q.25, art.3.

Aufgabenvorschläge:
1. Weshalb ist es nach Thomas v. Aquin erlaubt, Tiere zu Nahrungszwecken zu töten?
2. Nenne die drei Gründe, aus denen eine Freundschaft zu Tieren nach Thomas v. Aquin nicht möglich ist!
3. Überzeugen dich seine Begründungen? Formuliere eine kritische Stellungnahme!

René Descartes: Mensch und Tier

An dieser Stelle besonders hatte ich eingehalten, um Folgendes deutlich zu machen: Wenn es Maschinen mit den Organen und der Gestalt eines Affen oder eines anderen vernunftlosen Tieres gäbe, so hätten wir gar kein Mittel, das uns nur den geringsten Unterschied erkennen ließe zwischen dem Mechanismus dieser Maschinen und dem Lebensprinzip dieser Tiere; gäbe es dagegen Maschinen, die unseren Leibern ähnelten und unsere Handlungen insoweit nachahmten, wie dies für Menschen wahrscheinlich möglich ist, so hätten wir immer zwei ganz sichere Mittel zu der Erkenntnis, dass sie deswegen keineswegs wahre Menschen sind.

Erstens könnten sie nämlich niemals Worte oder andere Zeichen dadurch gebrauchen, dass sie sie zusammenstellen, wie wir es tun, um anderen unsere Gedanken bekannt zu machen. Denn man kann sich zwar vorstellen, dass eine Maschine so konstruiert ist, dass sie Worte und manche Worte sogar bei Gelegenheit körperlicher Einwirkungen hervorbringt, die gewisse Veränderungen in ihren Organen hervorrufen, wie zum Beispiel, dass sie, berührt man sie an irgendeiner Stelle, gerade nach dem fragt, was man ihr antworten will, dass sie, berührt man sie an einer anderen Stelle, schreit, man täte ihr weh und Ähnliches; aber man kann sich nicht vorstellen, dass sie die Worte auf verschiedene Weisen zusammenordnet, um auf die Bedeutung all dessen, was in ihrer Gegenwart laut werden mag, zu antworten, wie es der stumpfsinnigste Mensch kann.

Das zweite Mittel ist dies: Sollten diese Maschinen auch manches ebenso gut oder vielleicht besser verrichten als irgendeiner von uns, so würden sie doch zweifellos bei vielem anderen versagen, wodurch offen zu Tage tritt, dass sie nicht aus Einsicht handeln, sondern nur zufolge der Einrichtung ihrer Organe. Denn die Vernunft ist ein Universalinstrument, das bei allen Gelegenheiten zu Diensten steht, während diese Organe für jede besondere Handlung einer besonderen Einrichtung bedürfen; was es unwahrscheinlich macht, dass es in einer einzigen Maschine genügend verschiedene Organe gibt, die sie in allen Lebensfällen so handeln ließen, wie uns unsere Vernunft handeln lässt.

Diese zwei Mittel kennzeichnen nun auch den Unterschied zwischen Mensch und Tier; denn es ist ganz auffällig, dass es keinen so stumpfsinnigen und dummen Menschen gibt, nicht einmal einen Verrückten ausgenommen, der nicht fähig wäre, verschiedene Worte zusammenzuordnen und daraus eine Rede aufzubauen, mit der er seine Gedanken verständlich macht; und dass es im Gegenteil kein anderes Tier gibt, so vollkommen und glücklich es veranlagt sein mag, das Ähnliches leistet. Dies liegt nicht daran, dass den Tieren Organe dazu fehlten, denn man kann beobachten, dass Spechte und Papageien ebenso wie wir Worte hervorbringen können und dass sie dennoch nicht reden, d.h. zu erkennen geben können, dass sie denken, was sie sagen, wie wir. Von Geburt taubstumme Menschen dagegen müssen die Organe, die andere zum Reden gebrauchen, ebenso oder mehr noch entbehren als die Tiere und erfinden doch für gewöhnlich selbst Zeichen, mit denen sie sich Leuten ihrer gewohnten Umgebung, die Zeit haben, ihre Sprache zu lernen, verständlich machen. Dies zeigt nicht bloß, dass Tiere weniger Verstand haben als Menschen, sondern vielmehr, dass sie gar keinen haben. Denn es ist offenkundig, dass man nur sehr wenig Verstand braucht, um reden zu können, und weil man ja bemerkt, dass die Tiere derselben Art ebenso sehr verschieden sind wie die Menschen und dass einige sich leichter dressieren lassen als andere, so ist es kaum glaublich, dass ein Affe oder ein Papagei, der in seiner Art der vollkommenste sein mag, nicht wenigstens darin einem der dümmsten Kinder oder mindestens einem Kinde, das nicht ganz bei Sinnen ist, gleichen würde, wenn seine Seele nicht von ganz anderer Grundbeschaffenheit wäre als die unsere. Auch darf man die Worte nicht mit den natürlichen Lebensäußerungen verwechseln, die innere Erregung zu erkennen geben und die von Maschinen ebenso gut nachgeahmt werden können wie von Tieren, oder denken, wie einige Alten, dass die Tiere zwar reden, wir aber ihre Sprache nicht verstehen;

denn wenn das wahr wäre, so hätten sie sich, zumal ja viele ihrer Organe den unseren entsprechen, uns ebenso gut verständlich machen können wie ihresgleichen. Es ist auch sehr bemerkenswert, dass zwar viele Tiere, in manchen ihrer Handlungen mehr Geschicklichkeit zeigen als wir, dass man aber trotzdem dieselben Tiere in vielen anderen Fällen überhaupt keine zeigen sieht. Der Tatbestand also, dass sie es besser machen als wir, beweist nicht, dass sie Geist haben; denn wenn man es so nimmt, dann hätten sie mehr als irgendeiner von uns und würden es in jeder Beziehung besser machen. Aber sie haben im Gegenteil gar keinen, und es ist die Natur, die in ihnen je nach Einrichtung ihrer Organe wirkt, ebenso wie offensichtlich eine Uhr, die nur aus Rädern und Federn gebaut ist, genauer die Stunden zählen und die Zeit messen kann als wir mit all unserer Klugheit.

Aus: Von der Methode, Felix Meiner, Hamburg 1960, S.45 ff.

Aufgabenvorschläge:

1. Zum ersten Teil: Mache dir die beiden Gedankenexperimente von Descartes klar! Zu welchen Ergebnissen kommt er jeweils?
2. Zum zweiten Teil: Descartes überträgt das Ergebnis seiner Überlegung auf den Unterschied zwischen Mensch und Tier. Notiere dir die einzelnen Argumente stichwortartig!
3. Tiere sind ähnlich wie Maschinen – welche Konsequenzen könnte eine solche Auffassung haben?

M 10

Jeremy Bentham: Können sie leiden?

Der Tag wird kommen, an dem auch den übrigen lebenden Geschöpfen die Rechte gewährt werden, die man ihnen nur durch Tyrannei vorenthalten konnte. Die Franzosen haben bereits erkannt, dass die Schwärze der Haut kein Grund ist, einen Menschen schutzlos den Launen eines Peinigers auszuliefern. Eines Tages wird man erkennen, dass die Zahl der Beine, die Behaarung der Haut und das Ende des os sacrum [= des Kreuzbeins] sämtlich unzureichende Gründe sind, ein empfindendes Lebewesen dem gleichen Schicksal zu überlassen. Aber welches andere Merkmal könnte die unüberwindliche Grenzlinie sein? Ist es die Fähigkeit zu denken oder vielleicht die Fähigkeit zu sprechen? Doch ein erwachsenes Pferd oder ein erwachsener Hund sind weitaus verständiger und mitteilsamer als ein Kind, das einen Tag, eine Woche oder sogar einen Monat alt ist. Doch selbst, wenn es nicht so wäre, was würde das ändern. Die Frage ist nicht: Können sie denken? oder: Können sie sprechen? sondern: Können sie leiden?

Aus: Peter Singer, Die Befreiung der Tiere, © 1996 by Rowohlt Taschenbuch Verlag GmbH, Reinbek, S. 35/36 (keine Kopiervorlage).

Aufgabenvorschläge:

1. Stellt euch vor, ein Verbraucher hat Bentham gelesen und wird nachdenklich. Wie könnte Benthams Position sein Verbraucherverhalten beeinflussen?
2. Zur Überprüfung des Verständnisses der drei Positionen: Spielt ein Gespräch zwischen Thomas von Aquin, Descartes und Bentham nach!
3. Wie ist deine Meinung zu Benthams Überlegungen?

Peter Singer: Speziesismus

Speziesismus – das Wort ist nicht besonders schön, aber ich weiß kein besseres – ist ein Vorurteil oder eine Haltung der Voreingenommenheit zugunsten der Interessen der Mitglieder der eigenen Spezies und gegen die Interessen der Mitglieder anderer Spezies. Wenn die höhere Intelligenz eines Menschen ihn nicht berechtigt, andere Menschen für seine oder ihre Zwecke zu benutzen, wie kann sie dann Menschen dazu berechtigen, nichtmenschliche Lebewesen für diese Zwecke auszubeuten?

Wenn ein Wesen leidet, kann es keine moralische Rechtfertigung dafür geben, dieses Leiden nicht zu berücksichtigen. Wie auch immer dieses Wesen beschaffen sein mag, das Prinzip der Gleichheit verlangt, dass – soweit ein grober Vergleich überhaupt möglich ist – sein Leiden genauso zählt wie ein entsprechendes Leiden irgendeines anderen Wesens. Ist ein Wesen nicht in der Lage zu leiden oder Freude bzw. Glück zu erfahren, dann gibt es auch nichts zu berücksichtigen. Die Grenze des Empfindungsvermögens – ich benutze den Ausdruck Empfindungsvermögen als zweckdienliche, wenn auch nicht ganz genaue Abkürzung für die Fähigkeit zu leiden oder Freude zu erleben – ist die einzig vertretbare Grenze, die wir hinsichtlich der Berücksichtigung der Interessen anderer ziehen können. Diese Grenze an irgendetwas anderes zu knüpfen, etwa an Vernunft oder Intelligenz, wäre völlig willkürlich. Warum sollten wir dann nicht irgendein anderes Merkmal wählen, zum Beispiel die Hautfarbe?

Die Rassisten verletzen das Prinzip der Gleichheit, indem sie in Interessenkonflikten zwischen Mitgliedern der eigenen und einer anderen Rasse die Interessen der Mitglieder ihrer eigenen Rasse stärker gewichten. Sexisten verletzen das Prinzip der Gleichheit, indem sie die Interessen des eigenen Geschlechts bevorzugen. Und genauso räumen Speziesisten den Interessen der eigenen Spezies Vorrang ein vor den stärkeren Interessen von Mitgliedern anderer Spezies. Das Muster ist in jedem dieser Fälle dasselbe.

Aus: Peter Singer, Die Befreiung der Tiere, © 1996 by Rowohlt Taschenbuch Verlag GmbH, Reinbek, S. 35–38 (Auszüge; keine Kopiervorlage).

Aufgabenvorschläge:

1. Inwiefern sind *Rassismus, Sexismus* und *Speziesismus* einander ähnlich und warum sind alle drei Haltungen nach Singer falsch?
2. Erstelle einen Katalog von den deiner Meinung nach wichtigsten 10 Interessen für Menschen und für Schweine!
3. Wo sieht Singer die Grenze, die wir einhalten müssen, wenn wir es mit anderen Menschen oder mit Tieren zu tun haben? Überlege, wie deine Meinung dazu ist!
4. Verfasse einen Artikel für eine Tageszeitung, in dem Singers Position knapp, aber deutlich zusammengefasst wird!

Tierfreund

Aus: Kurt Halbritter, Gesellschaftsspiele, © 1978 Carl Hanser Verlag, München – Wien 1978.

Aufgabenvorschläge:
1. „Tierfreund" – interpretiere diesen Begriff anhand der Karikatur!
2. Kennst du solche übertriebenen Formen von „Tierfreundschaft"?
3. Vorschlag für eine Partner- oder Gruppenarbeit:
   Formuliert 10 Gebote zum richtigen Umgang mit Tieren!

Tierisches Leben

© Fritz Weigle.

© VG Bild-Kunst, Bonn 2000.

© Thomas Plassmann.

»Ist es wirklich notwendig, jedes neue Haarstyling-Gel im Tierversuch zu testen?«

© Harm Bengen.

Aufgabenvorschläge:

1. Worum geht es bei den einzelnen Karikaturen? Was sagen sie aus?
2. Welche Karikatur gefällt dir am besten? Begründe deine Entscheidung!
3. Zeichne selbst eine witzige und interessante Karikatur zum Thema oder fertige eine Collage an!

Es gibt Ziegen, die sind tatsächlich blöd

Foto: Andreas Kraus.

Aufgabenvorschläge:

1. Worum geht es bei diesem Plakat?
2. Informiere dich über das Schicksal der Pelztiere!
3. Wie ist deine Meinung zur Aussage des Plakates und zu dieser Kampagne des Tierschutzbundes?

Deklaration über die Großen Menschenaffen

Wir fordern, dass die Gemeinschaft der Gleichen so erweitert wird, dass sie alle Großen Menschenaffen mit einschließt: Menschen, Schimpansen, Gorillas und Orang-Utans.

„Die Gemeinschaft der Gleichen" ist die moralische Gemeinschaft, innerhalb derer wir bestimmte moralische Grundsätze oder Rechte anerkennen, die unsere Beziehungen untereinander regeln und die gerichtlich einklagbar sind. Zu diesen Grundsätzen oder Rechten gehören die folgenden:

1. Das Recht auf Leben
2. Das Leben der Mitglieder der Gemeinschaft der Gleichen ist zu schützen. Mitglieder der Gemeinschaft der Gleichen dürfen nicht getötet werden, außer in streng festgelegten Situationen wie zum Beispiel in Notwehr.
3. Der Schutz der individuellen Freiheit
4. Mitglieder der Gemeinschaft der Gleichen dürfen nicht willkürlich ihrer Freiheit beraubt werden; falls sie ohne vorheriges ordentliches Gerichtsverfahren eingesperrt sein sollten, haben sie das Recht auf sofortige Freilassung. Die Inhaftierung derjenigen, die keines Verbrechens überführt oder nicht strafmündig sind, ist nur erlaubt, wenn erwiesen werden kann, dass es zu ihrem eigenen Wohl ist oder notwendig ist, um die Allgemeinheit vor einem Mitglied der Gemeinschaft zu schützen, welches in Freiheit eindeutig eine Gefahr für andere darstellen würde. In solchen Fällen haben die Mitglieder der Gemeinschaft der Gleichen das Recht, entweder direkt oder, falls ihnen die notwendigen Fähigkeiten fehlen, durch einen Rechtsbeistand ein Gericht anzurufen.
5. Das Verbot der Folter
6. Einem Mitglied der Gemeinschaft der Gleichen entweder böswillig oder für einen angeblichen Nutzen anderer wissentlich ernsthaften Schmerz zuzufügen, gilt als Folter und ist unrecht.

Derzeit gelten nur Angehörige der Spezies Homo sapiens als Mitglieder der Gemeinschaft der Gleichen. Die erstmalige Einbeziehung nichtmenschlicher Tiere in diese Gemeinschaft ist ein ehrgeiziges Vorhaben. Der Schimpanse (...), der Gorilla, Gorilla gorilla und der Orang-Utan, Pongo pygmaeus, sind die nächsten Verwandten unserer Spezies. Auch sie haben geistige Fähigkeiten und ein emotionales Leben, die hinreichend sind, ihre Einbeziehung in die Gemeinschaft der Gleichen zu rechtfertigen. Auf den Einwand, dass Schimpansen, Gorillas und Orang-Utans nicht in der Lage sein werden, ihre eigenen Ansprüche innerhalb der Gemeinschaft zu verteidigen, erwidern wir, dass ihre Interessen und Rechte durch gesetzliche Vertreter in der gleichen Weise zu schützen sind, wie die Interessen junger oder geistig behinderter Angehöriger unserer eigenen Spezies.

Aus: Paola Cavalieri/Peter Singer, Menschenrechte für die großen Menschenaffen, S. 12f.; alle Rechte an der deutschsprachigen Ausgabe: 1994 by Goldmann Verlag, München, in der Bertelsmann GmbH.

Aufgabenvorschläge:

1. Worauf begründet sich die Forderung, Große Menschenaffen mit in unsere Gemeinschaft einzubeziehen, und welche Rechte sollen ihnen zugestanden werden?
2. Steht zu befürchten, dass es demnächst auch Klassengemeinschaften in der Schule mit Großen Menschenaffen geben wird?
3. Wie ist deine Meinung zu dieser Deklaration?

„Ich allein kann doch ohnehin nichts verändern"

Ich alleine kann doch ohnehin nichts bewirken, auf mich kommt es ja gar nicht an. Wenn ich nun aufhören würde, Fleisch zu essen, so fiele das angesichts der vielen Menschen, die weiterhin Fleisch essen, gar nicht ins Gewicht. Deshalb hätte es überhaupt keinen Sinn, wenn ich jetzt Vegetarier würde.

1. Diese Argumentation ist vom moralischen Standpunkt aus betrachtet ziemlich eigenartig. Das sieht man sofort, wenn man sich einen ganz analogen Sachverhalt vergegenwärtigt: Jeden Tag werden auf der Welt Tausende von Menschen umgebracht und jeden Tag verhungern auf der Welt Tausende von Menschen. Es fiele also auch überhaupt nicht ins Gewicht, wenn ich auch noch jemanden umbringen würde. Dennoch kenne ich niemanden, der so argumentieren würde, um einen Mord zu rechtfertigen.
2. Die Fleischindustrie ist nicht der einzige Bereich, in dem Dinge, die wir verurteilen, passieren, ohne dass wir sie durch unser Handeln entscheidend beeinflussen können. (...)

Vegetarisch zu leben, ist auch eine Art Demonstration. Wir signalisieren und bekennen damit, dass wir es für falsch und unverantwortbar halten, Tiere aus einem so trivialen Grund, wie dem Wunsch nach einem bestimmten Geschmackserlebnis, Leiden zuzufügen und das Leben zu nehmen.

Vegetarier zu werden, ist aber nicht irgendeine Demonstration gegen das Quälen und Umbringen von Tieren für unseren Gaumenkitzel. Es ist vielmehr die einzige glaubwürdige und das heißt die einzige Erfolg versprechende Demonstration: Kein Mensch kann jemand anderen von der Falschheit einer Verhaltensweise überzeugen, die er selbst praktiziert.

Darüber hinaus ist die vegetarische Lebensweise, im Unterschied zu anderen Demonstrationen, bei genügendem Umfang, das heißt bei genügend vielen Beteiligten gleichzeitig und unmittelbar ein Erfolg in der Sache selbst: Während andere Demonstrationen (zum Beispiel gegen das Wettrüsten) auch bei noch so großem Umfang immer nur die Voraussetzung für die gewünschte Veränderung sind, ist der Vegetarismus gleichzeitig das Ziel selbst: die Verhinderung des unnötigen Leidens und Sterbens von Tieren.

Aus: Helmut F. Kaplan, Leichenschmauss. Ethische Gründe für eine vegetarische Ernährung, © 1993 by Rowohlt Taschenbuchverlag GmbH, Reinbek, S. 202–204.

Aufgabenvorschläge:
1. Gibt es deiner Meinung nach eine ethische Verpflichtung zum Vegetarismus?
2. Beantworte anhand des Textes die Überschrift! Welches der Argumente findest du überzeugend, welches nicht?
3. Manche Leute behaupten, vegetarische Ernährung führe zu Eiweiß- oder Nährstoffmangel. Stimmt das? Informiere dich!
4. Vorschlag für eine Partner- oder Gruppenarbeit: Entwerft Plakate für eine Kampagne zugunsten vegetarischer Ernährung!

Tiere als Mitgeschöpfe – ethische Konsequenzen

Aus einer neuen, aufgeklärten „Ehrfurcht vor dem Leben“ werden einerseits politisch-rechtliche Folgen im Tier-Mensch-Verhältnis zwingend. Andererseits führt die Annahme der schöpfungs- und naturgeschichtlichen Perspektive, die mit dem Begriff „Mitgeschöpf“ programmatisch gegeben ist, fast zwangsläufig zu spürbaren gesellschaftlichen und persönlichen Einstellungsänderungen. Konkret könnte die ebenso schlichte wie geniale Kurzformel Albert Schweitzers innerhalb einer übergreifenden Ethik des Lebens unter anderem folgende Forderungen nahe legen:

1. Tiere haben eine eigene Würde und eigene Lebensrechte, die nicht von den Lebensrechten des Menschen abgeleitet werden können. Das eigene Lebensrecht fordert eine Behandlung durch den Menschen, die das andere Leben fördert, pflegt und den Respekt vor dem nicht-menschlichen Leben an keinem Punkt aufgibt. Insbesondere gilt es im Verhältnis von Tier und Mensch Leiden, Schmerz und Qual jeglicher Art zu vermeiden.

(...)

7. Insgesamt wird sich das Verhältnis des Menschen zum gequälten und missbrauchten Tier in einer komplexen Industriegesellschaft nur grundlegend ändern, wenn zweierlei geschieht:

Es muss einerseits öffentlich sichtbar und diskutierbar werden, was wir „Tieren als Ware“ in der Massentierhaltung, beim Transport, bei der Schlachtung und bei Tierversuchen antun. Die Schmerzgrenze und die Verdrängungsbedürfnisse dürfen dabei nicht zur Richtschnur unserer Wahrnehmung werden. Nur wo durch tiefes Erschrecken unsere uralte Sympathie zum nicht-menschlichen Leben und unsere ursprüngliche Wahrnehmung der Tier-Mensch-Nähe aktiviert werden, sind grundlegende Veränderungen möglich.

Andererseits wird auch eine hoch entwickelte Industriegesellschaft, die ein sehr instrumentalisiertes Verhältnis zum Leben insgesamt hat, im Tier ein Stück jener Unerklärlichkeit des Lebens zurückholen müssen, ohne die auch der Mensch nicht leben kann. Gehen wir wirklich zu weit, wenn wir die „Kategorie des Heiligen“ (Hans Jonas) auch auf die Welt der Tiere beziehen? Wer die prinzipielle Heiligkeit auch des Tierlebens nicht achtet, könnte am Ende auch den Menschen und sich selbst in seiner Würde und seinen Eigenrechten nicht verstehen. Dies wäre mehr als ein Rückfall in die Barbarei. Es wäre in der Tendenz das Ende der Humanität.

Aus: Manfred Karremann/Karl Schnelting, Tiere als Ware. Gequält-getötet-vermarktet, S. Fischer Verlag GmbH, Frankfurt a.M. 1992, S. 143–145.

Aufgabenvorschläge:

1. Welche ethischen Konsequenzen werden gefordert? Vergleicht mit euren bisherigen Überlegungen!
2. Weshalb ist die Nicht-Achtung der Würde der Tiere und ihrer Eigenrechte tendenziell das Ende der Humanität?
3. Überlegt rückblickend und unter Einbezug dieser ethischen Konsequenzen, ob und inwiefern sich durch die Beschäftigung mit dem Thema eure Einstellung zu Tieren geändert hat!

8 Tod und Sterben – Spurensuche im Grenzbereich

1. Fachwissenschaftliche und didaktische Aspekte

Auf den ersten Blick trägt die Beschäftigung mit dem Tod in der Schule natürlich absurde Züge. Ist es nicht ein grotesker lebensgeschichtlicher Unfug, sich mit dem Sterben zu beschäftigen, wenn man gerade am Beginn seiner hoffentlich lange währenden Existenz steht? Warum sollen Schüler angeregt werden, die ersten Schritte ins Erwachsenendasein bereits unter dem Blickwinkel des Todes zu unternehmen? Wieso die Aufmerksamkeit gerade auf das düsterste Kapitel des Lebens, sein Ende, richten, wo doch wichtige und kraftvolle Energien für die Vorbereitung auf den Eintritt ins Leben vonnöten sind?

Und doch stehen gerade in der Jugendzeit die Phänomene Leben und Tod in einer sehr engen und eminent lebenspraktischen Beziehung zueinander. Von der deutschen Schriftstellerin Ingeborg Drewitz stammt der Satz : „Die Jugend sympathisiert mit dem Tod, weil sie die Durchschnittlichkeit des Lebens nicht einsieht.“ Die traurige Wirklichkeit der Bundesrepublik gibt diesem Gedanken Recht, wenn man sich vor Augen führt, dass im Jahre 1997 sich 335 Jugendliche unter 19 Jahren das Leben genommen haben. Zu keiner Zeit des Lebens ist der Mensch gedanklich und wirklich dem Tode so nahe wie in der Adoleszenzphase – mit Ausnahme des Alters, wo der Tod, zumal bei Krankheit, Leid und Einsamkeit, als willkommene Erlösung aus einem nur noch als mühselige Last empfundenen Leben ersehnt werden mag.

Viele Erwachsene erinnern sich nicht mehr daran, dass gerade die Zeit ihrer Pubertät eine Lebensphase darstellte, in der maximale Glücksgefühle in rascher Folge von tiefsten Betrübnissen abgelöst werden konnten. Ängste vor dem Erwachsenwerden, durch körperliche Veränderungen hervorgerufene Irritationen, Orientierungsprobleme, drängende und unlösbar erscheinende Fragen nach der Sinnhaftigkeit der eigenen Existenz und die Erfahrung einer Mittelmäßigkeit, die die eigene Individualitätssehnsucht bedroht, sind ganz natürliche Begleiter dieser Lebensphase, die die Existenz in dieser Zeit zu einer Gratwanderung werden lassen. Das Gefühl, sich all diesen Problemen durch ein „Aussteigen“ entziehen zu wollen (**M 14**) wird mehr oder weniger intensiv von fast allen Jugendlichen erlebt, spielerisch oft nur, im Gedankenexperiment, viel zu häufig aber auch mit tödlichen Folgen. Die unterrichtliche Beschäftigung mit dem Tode ist so verstanden eine sinnvolle und notwendige Vorbereitung auf das Leben. Die Einsicht in die und das Sichabfinden mit der Durchschnittlichkeit des Ichs gerade innerhalb des Individuationsprozesses sollten erlernt und ausgehalten werden.

Ein spielerisches Pendant zur Durchschnittlichkeit ist die Übernahme fiktiver Rollen, in denen Kinder und Jugendliche die als eng empfundenen Grenzen der eigenen Welt sprengen können. Auch unter diesem Gesichtspunkt sind die vielen interaktiven PC-Spiele zu sehen, in denen Jungen und Mädchen als Heroen, Rächer und Killer, bis an die Zähne bewaffnet, ihre virtuellen Blutspuren hinterlassen (**M 15/M 16**). Keine wissenschaftlich ernst zu nehmende Studie kann bisher den Nachweis erbringen, dass die virtuellen Killer auch im realen Leben zu Gewalttätigkeit neigen. Eine vorschnelle und unreflektierte Verteufelung ist also nicht angeraten. Der Tod im PC-Game ist der intensivste, wenn auch nur mediale Kontakt, den heutige Jugendliche mit dem Phänomen Tod/Sterben pflegen, denn täglich schlüpfen weltweit Millionen von ihnen in diese Rollen. Hier wird eine neue, noch weitgehend unerforschte Einstellung zum Tod eingeübt, die weitreichende Folgen haben kann. Mit entsprechender Offenheit des Lehrers können diese Spiele sicherlich auch Gegenstand des Ethik-Unterrichts sein.

Die Diskussion um das Thema Tod steht in der Literatur häufig noch unter dem Generalvorwurf der Tabuisierung und Verdrängung, der in **M 8** angesprochen wird. Eine Durchsicht der zur Verfügung stehenden Lehr- und Arbeitsbücher ergibt schnell den Eindruck, dass weitgehend die Ansicht vertreten wird, Verdrängung sei an sich schlecht, weil antiaufklärerisch, und von daher unbedingt aufzubrechen. Nun dürfte kaum nachweisbar sein, dass der moderne Mensch mehr oder heftiger verdrängt, als dies zu früheren Zeiten der Fall war. Außerdem war die mediale Präsenz des Todes noch nie so stark wie heute und ist kaum zu verdrängen. Es gibt kein gesellschaftliches Exterritorium, auf dem man sich der medialen Vermittlung des durch Kriege, Hungersnöte und Katastrophen bedingten Massensterbens entziehen könnte. Weiterhin sind sich heute wie früher Erwachsene und Jugendliche der prinzipiellen Sterblichkeit des Menschen bewusst, sie sind sich dessen im praktischen Lebensvollzug nur nicht ständig eingedenk. Da ein fortwährendes „memento mori" („gedenke des Todes!") sich wohl auch lähmend auf die Aktivitäten des Menschen auswirken und schnell neurotische Züge annehmen dürfte, kann man in der Negierung des Todes auch ein wirkungsmächtiges Lebensprinzip sehen, welches vermutlich auch psychobiologische Ursachen hat. Dolf Sternberg bemerkt in seinem Buch über den Tod hierzu: „Selbstverständlich weiß ich gewiss, dass ich sterben werde. Aber es ist sonderbar: Wenn ich genau darauf achte – im Geheimen glaube ich nicht daran. Wahrscheinlich ist es uns auch gar nicht möglich, im Ernst daran zu glauben, dass wir sterben müssen."

Das Aufbrechen des Todestabus sollte also nicht als Ziel von eigenem Wert gesehen werden, etwa in dem Sinne, dass es gelte, die Jugendlichen zu befähigen, Lebenslügen aufzudecken. Die Beschäftigung mit dem Tode ist dennoch sinnvoll und zwar dann, wenn sie *dem Leben dient*. In der Auseinandersetzung mit dem Tod findet eine Beschäftigung des Menschen mit sich selbst statt, mit seinen Zielen, Wünschen, Hoffnungen und Lebensentwürfen. Sie dient nicht einem abstrakten Reflektieren über die Sterblichkeit, sondern der Verwirklichung eines guten Lebens für sich selbst und für andere. Solche Zielsetzung erlaubt auch einen spielerischen Umgang mit dem Thema Tod und Sterben, der bei extremen „Verdrängungstheoretikern" oft als pietätlos verworfen wird, obgleich er in der Literatur, Malerei und Musik seit jeher seinen Platz hat. So kann auch der Entwurf einer eigenen Todesanzeige möglich werden, in der der noch nicht Verstorbene sein Leben reflektiert.

Dem phantasievollen Umgang mit dem Thema Tod kann auch eine Beschäftigung mit dem Phänomen der Sterbeerlebnisse Reanimierter dienen (**M 13**), die ja zumindest Grenzerfahrungen gemacht haben, ohne natürlich die Grenze in klinischer Hinsicht übertreten zu haben. Jugendliche finden diese Erlebnisschilderungen in der Regel sehr spannend. Die Untersuchungen von Kübler-Ross und Moody (vgl. 3. Lit.) dürften auch als Versuch einer Relativierung der Schrecknisse des Sterbens gesehen werden und so dem Ziel einer gelassenen Lebensführung zuträglich sein. *Gelassenheit* als erstrebenswerter Mittelweg zwischen Verdrängung und lähmendem Memento ist in der didaktischen Literatur ein noch unterbewertetes affektives Ziel, dem eigentlich die Bedeutung zukommen sollte, die es in der philosophischen Tradition von der Antike bis zur Moderne seit jeher hat.

Der guten Lebensführung kommt auch die

Beschäftigung mit dem Traum von der Unsterblichkeit (**M 12**), der ewigen Jugend (**M 10**) und der lebenslangen Fitness (**M 11**) entgegen.

Diese Träume sind, unabhängig von allen Verdrängungsversuchen des Todes, deshalb problematisch, weil sie das Individuum unter ein völlig unangemessenes Leistungsstreben stellen, ihm das Sichabfinden mit der eigenen Durchschnittlichkeit erschweren und darüber hinaus der Ausbildung sozialer Verhaltensweisen abträglich sind, weil sie völlig normale Phänomene wie Krankheit, Schwäche, Alter und Tod als negativ und wertlos diskreditieren, wenn sie absolut gesetzt werden. Außerdem führen sie zu erheblichen Gesundheitsproblemen.

Die übrigen Materialien dienen der Themeneröffnung und ersten Themenvertiefung, in dem hier auf einfache Weise dem Schüler die Möglichkeit gegeben wird, sich selbst einen ersten Zugang zu verschaffen, die Gedanken zu ordnen, Fragestellungen zu eröffnen und sich selbst über die vorläufigen Ansichten zum Thema Altern, Sterben, Tod klar zu werden.

2. Intentionen

Die Sch. sollen
- die enge und grundlegende, das ganze Dasein durchziehende und bestimmende Verknüpfung von Leben und Tod begreifen,
- unterschiedliche Jenseitsvorstellungen kennen lernen und hinsichtlich ihrer historischen Bedingtheit und ihres reflektorischen Nutzens für die Jetztzeit beurteilen können,
- verschiedene Umgehensweisen mit und Einstellungen zu Altern, Sterben und Tod auf ihre Entstehung, Bedingtheit und Folgen hin erkennen und überprüfen können,
- für sich und andere überprüfen können, ob und inwiefern moderne Lifestyle-Angebote der Konsum- und Erlebniswelt für sie sinnvoll sein können,
- schrittweise reflektieren, wie sie selbst und andere ein „gutes Leben“ führen können,
- verstehen, aus welchen Gründen junge Menschen den Tod mitunter als Lösung ihrer Probleme sehen und daraus Strategien für Lebensakzeptanz in Problemsituationen entwickeln.

3. Literatur zur Vorbereitung

- Aries, Philippe: Geschichte des Todes, Hanser, München 1980.
- Beck, Rainer: Der Tod. Ein Lesebuch von den letzten Dingen, C.H. Beck, München 1995.
- Jansen, Hans Helmut (Hg.): Der Tod in Dichtung, Philosophie und Kunst, Steinkopff, Darmstadt 1989.
- Klimkeit, Hans-Joachim (Hg.): Tod und Jenseits im Glauben der Völker, Harrassowitz, Wiesbaden 1993.
- Kübler-Ross, Elisabeth: Interviews mit Sterbenden, Kreuz, Stuttgart/Berlin 1969.
- Sternberger, Dolf: Über den Tod, Insel, Frankfurt a.M. 1977.
- Thiede, Werner: Die mit dem Tod spielen. Okkultismus, Reinkarnation, Sterbeforschung, Gütersloher Verlagshaus, Gütersloh 1994.

4. Unterrichtsideen

A. Annäherung an den Tod

⇨ Als Eröffnungsphase zum Thema Altern, Sterben, Tod bietet es sich an, auf die Kenntnisse, Interessen und Fragen der Sch. zurückzugreifen. In einer konzentrierten EA könnten die Sch. zunächst alle Begriffe zum Thema auf ihrem *Stichwortzettel* (**M 1**) notieren. Im 2. Schritt könnten die Sch. dann einen/einige Begriff(e) aus ihrem Stichwortzettel an die Tafel übertragen, um so ein gemeinsames Diskussionsplateau zu erzielen. Die gemeinsam gefundenen Ergebnisse können dann auf das *Tafelbild* (**M 2**) übertragen werden. Von dieser Stichwortsammlung ausgehend kann nun mit den Sch. ein weiteres thematisches Vorgehen gemeinsam geplant werden.

⇨ Eine Vertiefungsmöglichkeit dieser ersten Näherungsphase bieten die Materialien **M 3** und **M 4**. Die Diskussion der beiden Sinnsprüche führt fast zwangsläufig zur Differenzierung der Problematik in einen *Zustandsbegriff des Todes* und einen *Prozessbegriff des Sterbens*, wobei eine interessante Untersuchung an die Frage geknüpft werden kann, warum junge Leute wohl eher den Tod, ältere Menschen hingegen eher das Sterben fürchten. Beim nächsten Material (**M 4**) sollte überlegt werden, was denn das Sterben und den Tod so schrecklich macht. Folgende Punkte sollten zur Sprache gebracht und diskutiert werden: für das Sterben: Krankheit, Schmerzen, langes Siechtum/Einsamkeit/Todesängste/Dahinvegetieren an Schläuchen/völlige Abhängigkeit; und für den Tod: Was kommt danach?/Zerfall zu Staub/Himmel – Hölle/Endgültigkeit/Abbruch aller Beziehungen/Grab – Zerfall des Körpers.

⇨ *Leben und Tod als die zwei Seiten einer Münze* (**M 5**) zeigen Sofies Gedanken und Gefühle nach dem Tode der Großmutter. Die dialektische Grundidee ist für die Sch. leicht nachvollziehbar, nach der der Tod nicht ohne das Leben, das Leben nicht ohne den Tod denkbar ist. Darüber hinaus findet sich im Text eine Reihe von Fragen, die Sofie stellt und die von den Sch. (auch im Sinne produktionsorientierten Arbeitens) beantwortet werden können:

1) Was würdest du Sofie auf ihre Frage antworten, ob es nicht ungerecht sei, dass wir sterben müssen? Schreibe ihr einen Brief.
2) Je deutlicher uns der Tod vor Augen steht, desto wertvoller erscheine uns das Leben, meint Sofie. Teilst du diese Ansicht? Begründe deine Meinung.
3) Sofie fragt sich, ob es ein Leben nach dem Tode gibt. Schreibe auch darüber deine Meinung in dem Brief an Sofie.
4) Was würdest du am heutigen Tage tun, wenn du wüsstest, es wäre dein letzter? Entwirf einen Tagesablauf und besprich ihn mit deinem Nachbarn.

(Dieses Material ist auch ohne die Lektüre von „Sofies Welt“ bearbeitbar.)

⇨ Das Material **M 6** „Leben und Tod“ des Symbolisten *Max Klinger* entfaltet mit dem Medium des Bildes ebenfalls das dialektische Grundthema der Verknüpfung von Leben und Tod. Die Sch. sollten hier versuchen, mittels einer Bildbeschreibung die Gegensätzlichkeiten mit geeigneten Begrifflichkeiten herauszufinden: Geburt und Tod, Geborgenheit und existenzielle Fremdheit, schmerzhafte Gegenwart und erlösendes Jenseits, Licht und Finsternis in ihren symbolischen Bedeutungen von Leben und Tod, Ankunft und Abschied, Nähe und Fremdheit, Bindung und Auflösung.

⇨ *Zwischen Leben und Tod* (**M 7**) beschreibt in realistischer und eindrucksvoller Weise die Situation eines Jungen, dessen Hirn nach einer plötzlichen Entzündung so schwer und irreversibel geschädigt ist, dass er als hirntod gilt. Im Anschluss an die Lektüre können die Sch. die schreckliche Situation der Eltern und die schwierige Lage der Ärzte diskutieren, die zusammen mit den Eltern überlegen müssen, ob und wann die Geräte abgeschaltet werden sollen. Zusätzliche altersgerechte Informationen zur Sterbehilfe und zur Frage der Organentnahme können vom L. im Anschluss an diesen Text gegeben werde. Eine systematische Erörterung der beiden letztgenannten Themen sollte allerdings der Arbeit mit älteren Sch. vorbehalten sein.

B. Unser Umgang mit Altern, Sterben und Tod

⇨ Der Text *Umgang mit dem Tod* (**M 8**) thematisiert in leicht verständlicher Weise Erscheinungsformen und Folgen der Verdrängung als besondere Elemente des modernen Umgangs mit dem Tod. Im Zentrum der Überlegungen steht das Phänomen der Trauer als notwendige, heute vielfach problematisch gewordene Verarbeitungsform.
Analytische Aufgabenstellung:
1) Welche Ursachen für unsere Schwierigkeiten mit dem Tod sieht der Autor? (Verdrängung/Erhöhung der Lebenserwartung durch medizinischen Fortschritt/Jugendlichkeit als Maßstab/Abschiebung der Sterbenden)
2) Welche Folgen ergeben sich daraus? (Verlust der Todesriten als Verarbeitungsformen/Todesängste und Abschiedsschmerzen wachsen/Trauer wird als Schwäche begriffen/Gefühl der Sinnlosigkeit der Existenz)

Produktionsorientierte Aufgabe: Sammelt Bespiele aus anderen Kulturkreisen oder -zeiten für Riten, die einen anderen Umgang mit dem Tod zeigen. Zahlreiche Beispiele in: Weltatlas der Religionen (Bonn 1994).

⇨ Unser Umgang mit dem Tod kann auch aus der Analyse früherer und heutiger Beerdigungsstätten erkannt werden. Im Anschluss an eine tabellarische Gegenüberstellung der Elemente des Textes *Letzte Ruhestätte* und der Bilder (**M 9**) können die Sch. ihre Vorstellungen über ihre eigene Beerdigung thematisieren und überlegen, warum sie welchen Typus wählen würden.

⇨ Weitere Hinweise auf moderne Todesvorstellungen können aus der Untersuchung von *Todesanzeigen* gewonnen werden. Die Sch. können hierzu selber Anzeigen aus Zeitungen beibringen. Aufgabenstellung:
- Welche unterschiedlichen Reaktionen zeigen die Angehörigen? Welche Gefühle bringen sie zum Ausdruck?
- Finden sich Hinweise auf Jenseitsvorstellungen?
- Mit welchen Bildern wird der Sterbeprozess beschrieben?
- Produktionsorientierte Aufgabe: Entwurf einer eigenen Todesanzeige; in der Regel haben Sch. keine Probleme damit, sofern sie behutsam angeleitet werden. Die Aufgabe bietet die Möglichkeit, sich selbst im Spiegel der anderen zu sehen und das eigene Selbstbildnis zu reflektieren. Diese Arbeit kann natürlich nicht gegen Widerstände abverlangt werden.

C. Einstellungen zu Alter und Tod

⇨ Das Material *Traum von der ewigen Jugend* (**M 10**) bietet die Möglichkeit, in scharf kontrastierender Form den modernen Jugendlichkeitswahn und die klassische Akzeptanz von Alter und Tod gegenüberzustellen. C. Hofmann von Hofmannswaldau entlarvt dabei in gewisser Weise die hohlen Versprechungen der Kosmetik- und Modeindustrie.
Aufgabenstellungen:
- Wie beurteilt ihr den Text und die Slogans der Kosmetikindustrie?
- Mit welchen Bildern gestaltet der Autor des Gedichtes den Prozess des Alterns und Sterbens?
- Produktionsorientierte Aufgabe: Entwirf selber einen Reklametext, in dem du die Schönheit des Alters hervorhebst.

⇨ Der Entlarvung des Jugend- und Gesundheitswahns dient auch das Material *Schön und tot* (**M 11**). Die Sch. können hieran die Problematik des unangemessenen Leistungsstrebens nach ewiger Jugend, Schönheit und Gesundheit herausarbeiten. Herausgefunden werden sollte zumindest, dass die moderne Gesundheits- und Fitnesswelle in ihren Extremformen uns das Sichabfinden mit unserer

Mittelmäßigkeit erschwert und uns eine positive Einstellung zu Alten, Schwachen und Kranken erschwert. Aufgabenstellungen:

1) Beurteile die Themenankündigungen auf der Titelseite von Men's Health. Welches Männer- und Frauenbild wird gezeigt?
2) Beschreibe den Körper des Bodybuilders. Welchen Eindruck gewinnt der Betrachter? Warum machen Menschen überhaupt Bodybuilding? Wie erklärst du dir den gegenwärtigen Fitnesstrend und welche Folgen hat er für unser Menschenbild? Sollte Bodybuilding angesichts der Todesfälle verboten werden?
3) Überlegt und diskutiert mögliche Folgen, wenn die Gesundheit zum absoluten Maßstab wird. Sprecht mit eurem Biologielehrer über Wirkungsweisen und Gefahren von Dopingmitteln.

⇨ Angesichts exponentiell wachsender Leistungen von Wissenschaft und Medizin ist der Gedanke an die Abschaffung des Todes, die Unsterblichkeit des Menschen, kein völliger Unsinn mehr. Die Lebenserwartung in der westlichen Welt ist seit dem letzten Jahrhundert um mehr als ein Drittel gestiegen. Wie wird der Mensch mit seiner Lebensplanung, seiner Arbeitsorganisation, seinem Freizeitverhalten auf die neuen Perspektiven der Lebensverlängerung reagieren? Zur Einstimmung auf das Material sollten die Sch. zunächst die Gelegenheit erhalten, sich selbst über ihre Vorstellungen von der Unsterblichkeit klar zu werden. Fragen vor der Materialbearbeitung:

1) Möchtest du unsterblich sein? Begründe deine Zustimmung und deine Ablehnung.
2) Was würde sich für dein Leben ändern, wenn du wüsstest, dass du eine statistische Lebenserwartung von 200 Jahren hättest?
3) Teile ein Leben von 200 Jahren in die Phasen „Kindheit", „Jugend", „Erwachsenendasein" und „Alter" ein. Fülle die Phasen mit konkreten Tätigkeiten.

Das *Interview* mit Prof. Nuland (**M 12**) kann mit folgenden Aufgaben bearbeitet werden:

1) Wie wirkt sich nach Nuland der Tod auf unsere Lebenseinstellung aus?
2) Warum wäre der Mensch gerne unsterblich?
3) Welche Folgen ergäben sich nach Nuland aus der Unsterblichkeit? Siehst du weitere Folgen?

D. Grenzbereiche

⇨ Der *Bericht des zwölfjährigen Jason* (**M 13a**), der im Rahmen der Analyse von Sterbeerlebnissen durch den amerikanischen Thanatologen A. Moody aufgezeichnet wurde, spricht Jugendliche besonders wegen seiner Authentizität und der Phantasie freisetzenden Grenzerfahrung an. Er vereinigt die typischen Grenzerlebnisse wie „Schweben über der Szenerie", „Selbstbeobachtung des Körpers durch den Geist", „Tunnelphänomen" und „Lichterscheinungen", Phänomene, die auch im Ausschnitt aus dem *Gemälde von Hieronymus Bosch* (**M 13b**) zu finden sind. Während die Existenz solcher Sterbeerlebnisse Reanimierter unbestritten ist, sind die Erklärungen bisher offen. Eventuell handelt es sich um Bilder epileptischer Anfälle im Schläfenlappen, die, hervorgerufen durch Sauerstoffmangel, ihre Spuren im Kurzzeitgedächtnis hinterlassen. Vermutlich müssen noch hinreichend viele Hirnzellen aktiv sein, um das Erlebte auch ins Langzeitgedächtnis zu transportieren.

⇨ Die Auseinandersetzung mit dem Selbstmord, der bei Jugendlichen kaum den Begriff des Freitodes rechtfertigt, gibt den Sch. die Möglichkeit, diesen als Fluchtreaktion auf die Probleme der Pubertät und des jungen Erwachsenendaseins zu begreifen. Das Material *und nur das Tagebuch wusste von ihrer Einsamkeit* (**M 14**) kann zunächst analytisch mit der Fragestellung bearbeitet werden, welche Ursachen die Autorin für den Selbstmord der beiden Mädchen sieht. Ursachen des Textes: Todessehnsucht/Fluchtwunsch wegen drängender Lebensforderungen/grau empfundene Welt/Sinn-, Bedeutungs- und Orientierungslosigkeit/widersprüchliches Lebensgefühl zwischen Wunsch nach Geborgenheit und

Sehnsucht nach Freiheit/mangelndes Verständnis der Eltern, diffuses Gefühl der Haltlosigkeit. Für produktionsorientierte Arbeiten bieten sich die folgenden 2 Textausschnitte an:

1) „Aber hätten sie (die Eltern) etwas ändern können?" Aufgabe: Schreibe einen kurzen Beitrag für einen Erziehungsratgeber, in dem du Eltern Tipps für den Umgang mit ihren Kindern gibst.
2) „Jugendliche müssten mehr in Pflicht und Verantwortung genommen werden", sagt eine Mutter im weiteren Verlauf des Artikels. Aufgabe: Teilst du die Meinung der Mutter? Verfasse einen Leserbrief.
3) Verfasse einen Dialog, den du mit einer dir vertrauten Person führst, deren große Lebensprobleme eine Selbstmordgefährdung möglich erscheinen lassen. Selbst verfasste Texte können hier auch im Rollenspiel dargeboten werden.

⇨ *Death-Games* (**M 15**/**M 16**): Wegen der relativen Neuheit und Unerforschtheit des Phänomens sollte der Unterricht über die PC-Spiele in völliger Offenheit gehalten werden. Vorschnelle Verurteilungen sind zu vermeiden. Hier ist es wichtig, die Sch. zum Sprechen zu bringen, damit auch L. für Beurteilungen dieser Spiele Informationen aus erster Hand bekommt. Arbeitsanregungen:

1) Zu **M 15**: Welche Gefahren werden im Artikel angesprochen? Teilst du die Einschätzungen? Wie stehst du selber zu diesen Spielen? Berichtet euch gegenseitig über die Spiele „Quake", „Doom", „Duke Nukem", „Resident Evil", „Half-Life", „Blood I u. II", „Sin" ...
2) Zu **M 16**: Warum ist Tom ein *Bounty Hunter*? Wie würdest du sein Verhältnis zu seiner Familie charakterisieren? Hat dies etwas mit seinem „Job" zu tun?

⇨ *Death-Music* (**M 17–19**): Popmusik ist ein wichtiges kulturelles Medium, in dem Wertvorstellungen und Verhaltensnormierungen transportiert werden, die zumeist gegen die traditionellen Orientierungsangebote der Gesellschaft gerichtet sind. Drei bekannte Songs werden vorgestellt. Arbeitsteilig können hier in Gruppen Fragestellungen thematisiert werden, die die Ethik der Intensivmedizin, Lebensekel und Suizidwünsche betreffen. Die Sch. können hier auch selbst Songs für den Unterricht zur Verfügung stellen, was eine stärkere Identifikation mit dem Unterrichtsgeschehen bewirkt.

5. Das Thema in Schulbüchern und Unterrichtsmaterialien

- Bade, Rolf u.a. (Hg.): Menschenbilder. Ein Arbeitsbuch für den Unterricht im Fach Ethik/ Werte und Normen in den Klassen 9 und 10. Vandenhoeck & Ruprecht, Göttingen 1986, S. 164–197.
- Bender, Wolfgang u.a. (Hg.): sehen, werten, handeln. Bayerischer Schulbuch-Verlag, München 1990, S. 22–31.
- Gerber, Uwe u.a. (Hg.): ethik 9/10. Arbeitsbuch für den Ethikunterricht. Diesterweg/Kösel, Frankfurt a.M./München 1986, S. 89–102.
- Herrmann, Harald u.a. (Hg.): Arbeitsbuch Ethik 10.Schuljahr. Konkordia, Bühl 1988, S. 48–89.
- Wiesenhöfer, Philipp (Hg.): Herausforderung Zusammenleben. Arbeitsbuch für den Ethikunterricht. Teil 2. Hirschgraben, Frankfurt a.M. 1986, S. 117–141.

6. Materialien und Medien

- Eine Sammlung von ca. 150 Materialien mit Kurzbeschreibungen zum Thema Altern und Tod ist beziehbar über das *Comenius-Institut* in 48149 Münster, Schreiberstr. 12, Tel.: 0251/98101-0 oder Fax: 98101-50.
- Kurzgeschichten u.a. zum Tod finden sich in: Heribert Haberhausen, Den Horizont erweitern: Kurzgeschichten für Schule und Gemeinde. Patmos, Düsseldorf 1996.
- Ein gutes Themenheft „Tod" bietet der VKR-Niedersachsen im Christmann-Verlag an. Bezugsquelle: Beate Christmann, 31236 Ilsede, PF 263, Tel.: 05172/37106.
- Leichenreden, Totenlieder und Bilder bietet: Schutzbach, Hans-Jürgen: Hey, Tod, alter Freund, in der Zeitschrift „notizblock", Heft 23/1998.
- Geschichten und Gesprächsimpulse finden sich in: Mark Zengaffinen, Petra: Abschied von Oma. Patmos, Düsseldorf 1997.
- Eine umfangreiche Reihe von Filmen zum Thema Tod/Sterben ist für Internetbenutzer auf- und abrufbar über folgende Adresse der Landesbildstelle Berlin: http://www.be.schule.de

M 1

Mein Stichwortzettel

Notiere in Stichpunkten deine Gedanken zum Thema:

M 2

Unser Tafelbild

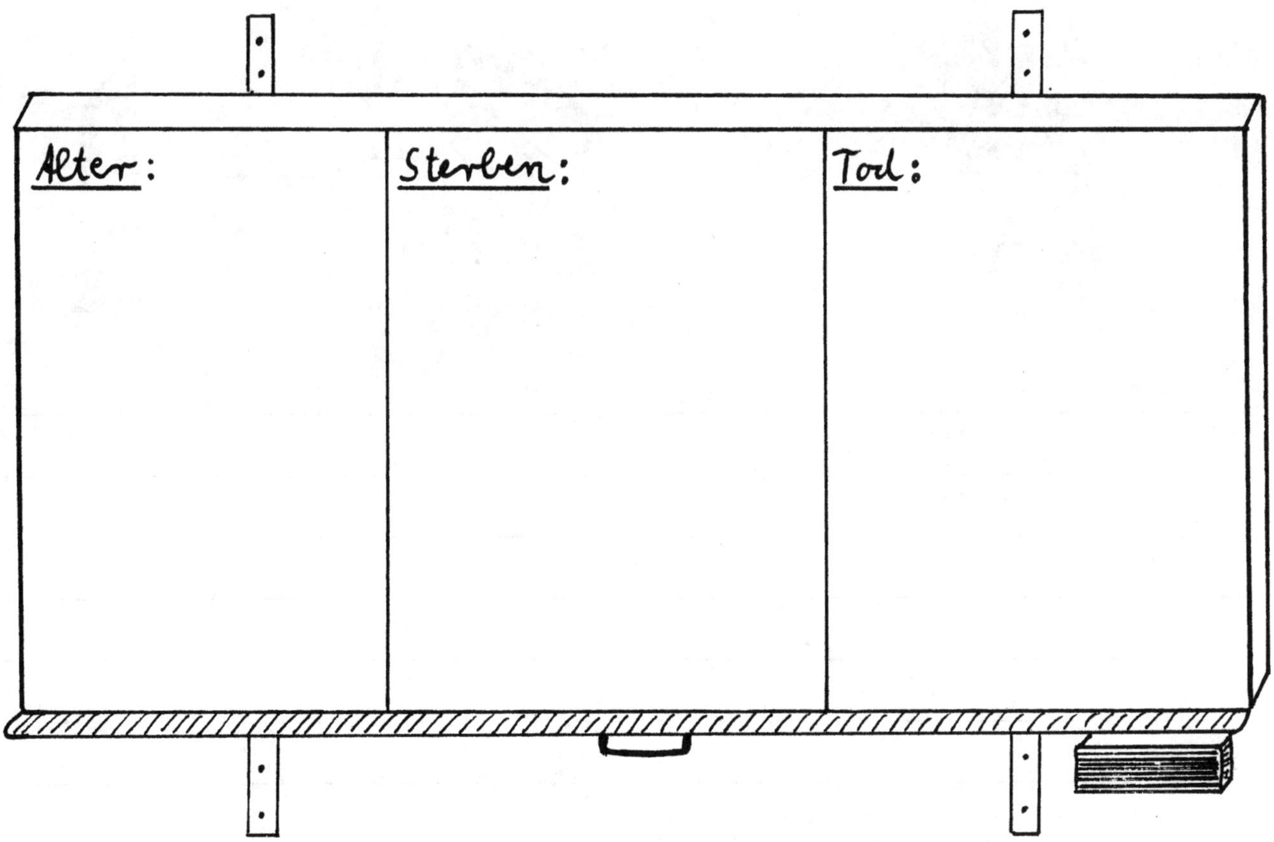

M 3

Tod und Sterben – zwei Sentenzen

„Das Sterben ist schrecklich, weil am Ende der Tod steht."

„Der Tod ist schrecklich, weil vor ihm das Sterben liegt."

Welchem Gedanken stimmst du eher zu? Begründe deine Meinung.

M 4

Schrecken des Sterbens/Schrecken des Todes

Was schreckt dich am Tod?

Was schreckt dich am Sterben?

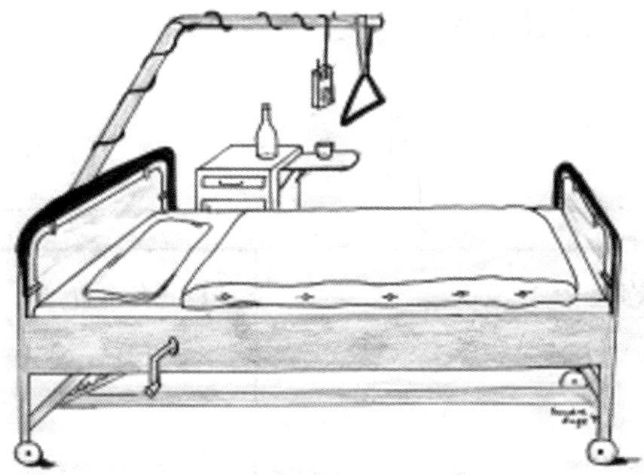

Leben und Tod – die zwei Seiten einer Münze

Als Sofie eine Weile darüber nachgedacht hatte, dass sie existierte, musste sie auch daran denken, dass sie nicht immer hier sein würde.

Ich bin jetzt auf der Welt, dachte sie. Aber eines Tages werde ich verschwunden sein. Gab es ein Leben nach dem Tode? Auch von dieser Frage hatte die Katze keine Ahnung. Vor gar nicht langer Zeit war Sofies Großmutter gestorben. Fast jeden Tag seit über einem Jahr dachte Sofie daran, wie sehr sie sie vermisste. War es nicht ungerecht, dass das Leben einmal ein Ende hatte?

Sofie blieb grübelnd auf dem Kiesweg stehen. Sie versuchte besonders intensiv daran zu denken, dass sie existierte, und dabei zu vergessen, dass sie nicht immer hier sein würde. Aber das war ganz unmöglich. Sowie sie sich darauf konzentrierte, dass sie existierte, tauchte sofort auch ein Gedanke an das Ende des Lebens auf. Umgekehrt war es genauso: Erst wenn sie ganz stark empfand, dass sie eines Tages ganz verschwunden sein würde, ging ihr richtig auf, wie unendlich wertvoll das Leben war. Es war wie die beiden Seiten einer Münze, einer Münze, die sie immer wieder umdrehte. Und je größer und deutlicher die eine Seite der Münze war, umso größer und deutlicher wurde auch die andere. Leben und Tod waren zwei Seiten derselben Sache.

Man kann nicht erleben, dass man existiert, ohne zu erleben, dass man sterben muss, dachte sie. Und es ist genauso unmöglich, darüber nachzudenken, dass man sterben muss, ohne zugleich daran zu denken, wie phantastisch das Leben ist.

Aus: Jostein Gaarder, Sofies Welt, © 1993 Carl Hanser Verlag, München – Wien, S. 11f.

Leben und Tod

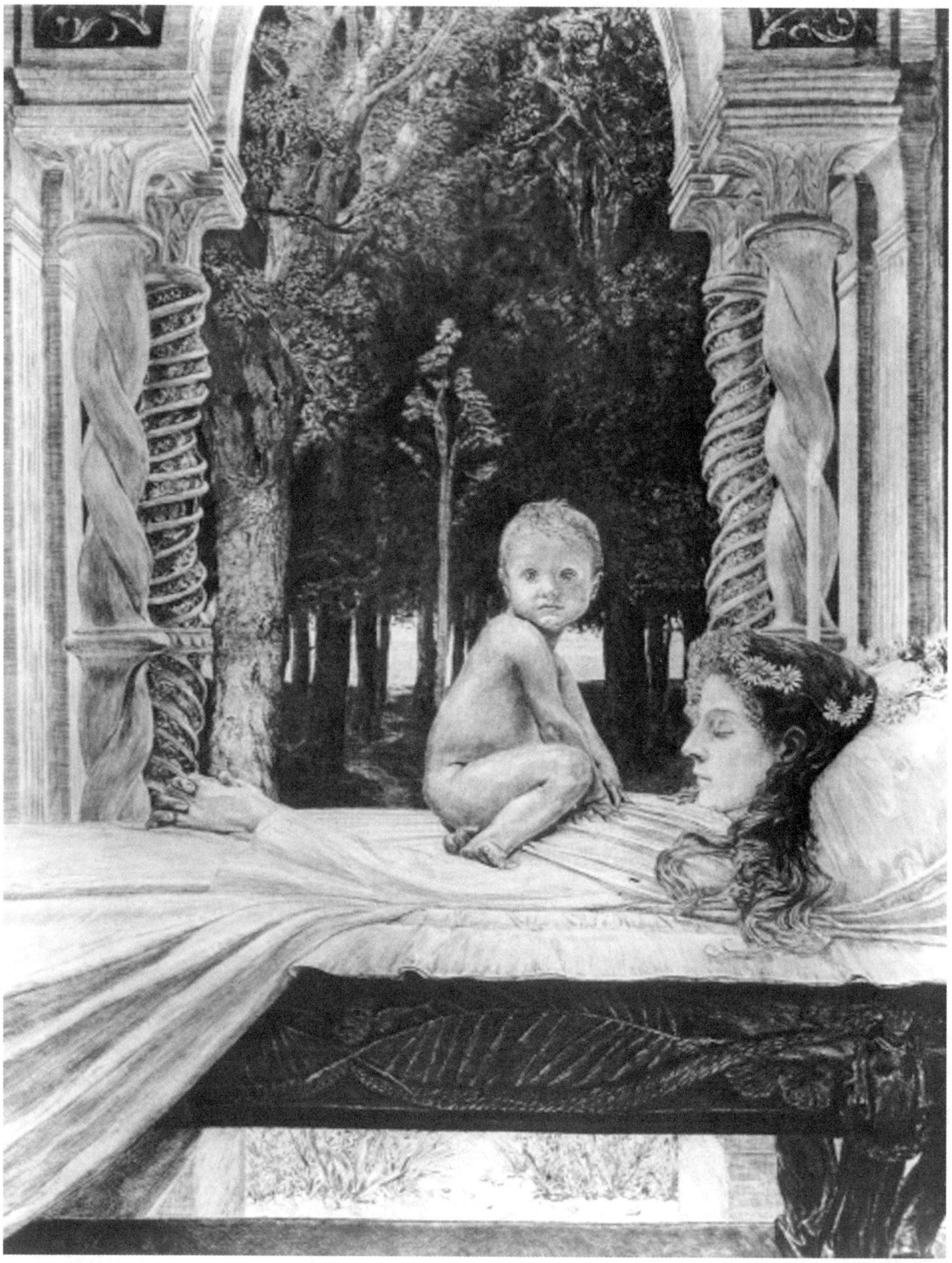

Max Klinger, Vom Tode II, 1898.

Zwischen Leben und Tod

„Rega eins gestartet, Männedorf sieben Minuten", funkte der Pilot zur Basis. Der rote Hubschrauber stieg in einer steilen Kurve in den verregneten Februarsonntag. Der Arzt an Bord hatte das Wichtigste auf einem kleinem Zettel notiert: Zehnjähriger Junge mit Herzstillstand ins örtliche Krankenhaus eingeliefert, Diagnose unbekannt, künstliche Beatmung, Kreislauf jetzt stabil.

Zwei Stunden später bat der Oberarzt der Intensivstation die Eltern in ein Besprechungszimmer. „Schwierige Situation", hatte die Schwester am Telefon gesagt. Die Worte kreisten im Kopf der Mutter. „Schwierige Situation. Was heißt das? Schwierige Situation. Wird er aufwachen?" Der Arzt begann zu sprechen: „Frau Marzuk, ich fürchte ..." Den Rest hörte die Mutter nicht mehr richtig. Hatte er da gerade „wird nie mehr aufwachen, verstehen Sie, sein Gehirn ist tot" gesagt?

In ihrer Erinnerung liefen die letzten 24 Stunden ab: Gestern hatte sich ihr Sohn nicht wohl gefühlt. Sie hatte nur etwas erhöhte Temperatur gemessen, aber seine sonderbar gräuliche Gesichtsfarbe hatte sie beunruhigt. Der Arzt vom Wochenendnotdienst, sonst Spezialist für Frauenheilkunde, diagnostizierte eine gewöhnliche Grippe, hatte Bettruhe empfohlen und Aspirin rezeptiert. Wenn es schlimmer würde, sollte sie ihn wieder anrufen. Wahrscheinlich habe ihr 10-jähriger Sohn Christoph den gleichen Infekt wie Schulkameraden und Nachbarskinder.

Hatte Christoph nicht am Nachmittag vom Sofa gefragt: „Mami, das Schlimmste ist, wenn das Gehirn tot ist und das Herz weiter schlägt?" Oder hatte sie die Worte und ihren Schreck darüber nur geträumt? Heute Morgen jedenfalls hatte ihr Sohn schwerer geatmet und über Kopfschmerzen geklagt. Als er gegen Mittag auf der Toilette zusammenbrach, trugen sie und ihr Mann den Jungen ins Auto. In der Notfallaufnahme des Krankenhauses fühlte die Schwester den Puls, rief plötzlich „Rea" und dann war große Hektik ausgebrochen. Die Bahre mit ihrem Sohn wurde eilig in ein anderes Zimmer gerollt.

Für die Ärzte auf der Intensivstation war der Fall nach zwei Stunden klar. Die Pupillen von Christoph Marzuk reagierten nicht mehr. Aus den Bildern der Computertomographie ließ sich herauslesen, das Gehirn sei geschwollen, die Nervenzellen höchstwahrscheinlich zerstört. Das bakteriologische Labor hatte gemeldet, die entnommene Probe Rückenmarkswasser enthalte Bakterien. Christophs Erkrankung war keine Wintergrippe, sondern eine besonders heimtückisch verlaufende Gehirnhautentzündung. Das anschwellende Gehirn und die entzündeten Gehirnhäute hatten zuerst Kopfschmerzen verursacht. Schließlich hatte sich das weiter schwellende Gehirn aus dem Hinterhauptsloch in Richtung Rückenmark gedrückt und dadurch seine eigene Blutversorgung stranguliert, die Nervenzentren für Atmung und Kreislauf gequetscht. Christophs Gehirn war damit aller Erfahrung nach „irreversibel geschädigt" ...

Jetzt war er auf der Kinderintensivstation, scheinbar schlafend, angeschlossen an eine Beatmungsmaschine und Messgeräte für Blutdruck, Herzströme, Sauerstoff- und Kohlendioxidkonzentration im Blut, das Gehirn tot, das Herz schlagend ...

Die Eltern konnten das alles im ersten Moment nicht fassen: Hier lag Christoph, mit warmer rosiger Haut. Man konnte seinen Puls fühlen, man sah die Zacke jedes Herzschlages auf dem Monitor, die Brust hob und senkte sich und er sollte tot sein? „Hirntod, wissen Sie ...", hatte der Arzt gesagt. „Er wird nicht mehr lachen können, nicht mehr sprechen, nicht mehr laufen, nicht einmal mehr alleine atmen können ...", hatte eine Schwester übersetzt.

Joachim Fischer, Der Körper, die Seele und der Tod, in: Reinhard Breuer, Das Rätsel von Leib und Seele, S. 214 f.; © 1996 Bauunternehmung E. Heitkamp GmbH, Herne, © 1997 Dt. Verlagsanstalt GmbH, Stuttgart, für die Buchhandelsausgabe. Alle Rechte vorbehalten.

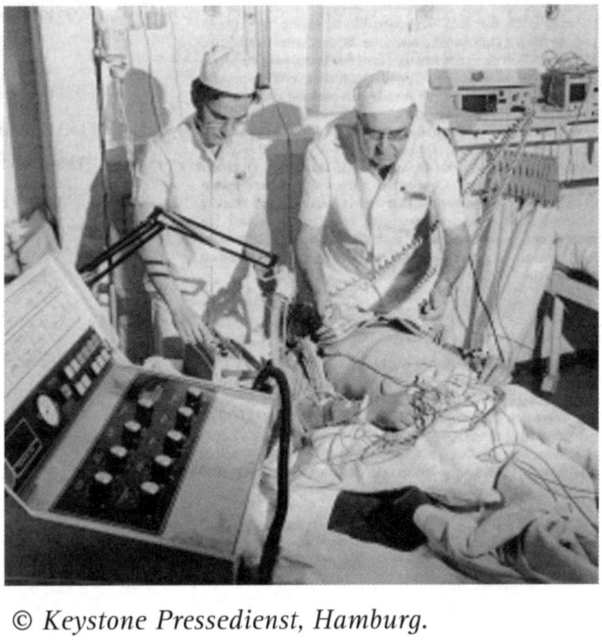

© Keystone Pressedienst, Hamburg.

Vom Umgang mit dem Tod – Hermann Schreiber über unsere beharrlichen Bemühungen, das Sterben zu verdrängen

Plötzlich und unerwartet: In der Post ist ein Brief mit Trauerrand. Eine schlechte Nachricht. Wer denn diesmal? Eine alte Freundin, Mutter zweier Kinder, im besten Alter. Man fasst es nicht. Sie war doch gesund. Und wenn das nun deine eigene ...

Die Frage wird nicht zu Ende gedacht. Wir sind virtuose Verdränger. Einen anderen Umgang mit Sterben und Tod haben wir ja nicht gelernt. Wir versichern uns gegen alle Risiken, wir kennen jede Katastrophe aus dem Fernsehen, wir sind auf alles gefasst, nur nicht auf das Einzige was wirklich sicher ist: auf den Verlust unseres Lebens – also auch nicht auf den Verlust des Menschen, der Teil unseres Lebens ist.

Dieses im Sterben liegende Jahrhundert hat hart daran gearbeitet, den Tod abzuschaffen. Es ist gut vorangekommen dabei. Die Lebenserwartung hat sich im Schnitt beinahe verdoppelt, von 44 auf 77 Jahre, Frauen mehr, Männer weniger. Der medizinische Fortschritt kennt keine Grenzen. Und die Erforscher des Alterns, die Zellbiologen etwa, fangen erst richtig an. Irgendwann wollen sie es geschafft haben, dem Tod in ihren High-Tech-Labors den Garaus zu machen.

In einer Gesellschaft, die Jugendlichkeit zum Maßstab macht, obwohl sie immer älter wird, ist der Tod systemwidrig. ... Es nützt nur nichts. Unsere Weigerung, das Ende des Lebens als naturnotwendig zu akzeptieren, hat genau das Gegenteil dessen erreicht, was sie erreichen soll. Sie hat den Abschied vom Leben schwerer gemacht. Krankenhäuser wollen keine Sterbehäuser sein, obwohl die meisten Menschen dort sterben. Ärzte, die „nichts mehr tun" können für ihre Patienten, wollen oft auch nichts mehr mit ihnen zu tun haben. Gestorben wird gefälligst allein. Ratsch, man zieht den Vorhang zu.

Der Tod rächt sich dafür, dass wir ihn ausgebürgert haben. Er hat die Riten und die Zeremonien mitgenommen, die den Menschen früherer Jahrhunderte geholfen haben, Todesangst und Abschiedsschmerz zu ertragen. Er hat unsere Fähigkeit zu trauern mitgenommen. Eine Gesellschaft, die den Tod tabuisiert, kann auch die Trauer nicht mehr verstehen ...

Trauer ist ja doch keine Schwäche, sondern schwere Arbeit. Sie muss ein neues Verhältnis zur Welt herstellen, wenn die gemeinsame Welt, in der zwei Menschen zusammen gelebt haben, zerbrochen ist. Eine Antwort auf die Frage nach dem Sinn des Verlustes kann in solchen Situationen ohnehin niemand geben. Zum Trauern gehört, diese Sinnlosigkeit auszuhalten und trotzdem weiterzuleben.

Wo das Trauern keine Tradition mehr hat, muss es neu gelernt werden. Einige Beerdigungsunternehmer haben das begriffen und das Lernziel „Loslassen" ins Angebot genommen. Das ist aber nicht genug. Wir müssen wieder sterben lernen – ob wir wollen oder nicht. Das Leben ist eine Übung zum Tode. Leben heißt sterben lernen.

Aus: STERN Nr. 48/1998, S. 70.

Treffpunkt „Letzte Ruhestätte"– Friedhöfe früher und heute

Der Friedhof des Mittelalters hat nur wenig Ähnlichkeit mit den heutigen letzten Ruhestätten. Er ist ein Ort der Öffentlichkeit, nicht abseits am Stadtrand gelegen, sondern mitten in der Stadt um die Kirche herum. Als viel besuchter Ort ist er ein vom geschäftigen Treiben des Alltags erfüllter Raum, wo Spaziergänger lustwandeln, Liebespaare sich ein Stelldichein geben, Markt abgehalten wird und nach der Messe wichtige Verabredungen getroffen werden. Es handelt sich um einen Ort regster Geselligkeit, dem ein hoher Rang an Sozialität zukommt. Entsprechend respektlos, zumindest nach unserem heutigen Verständnis, geht man mit den Toten um. Ihre Gebeine werden nach Bedarf, das heißt meistens aus Platzgründen, umgeschichtet, in Beinhäusern wild durcheinander gewürfelt, manchmal aber auch nach anatomischen Prinzipien – Arm zu Arm, Schädel zu Schädel – umgebettet. Da hierbei kein Skelett beieinander bleiben konnte, kann von einer letzten Ruhestätte der Toten in unserm Sinne nicht gesprochen werden. Das abgebildete Beinhaus aus Neapel gibt hiervon beredtes Zeugnis. Niemand musste früher die Lebenden an die Toten erinnern, denn diese waren allgegenwärtig, weil den Blicken des mittelalterlichen Betrachters ständig ausgesetzt.

Zum Ende des 18. und Beginn des 19. Jahrhunderts ändert sich die Sachlage nach den Untersuchungen des berühmten französischen Forschers Philippe Aries grundlegend. Die Friedhöfe verschwinden allmählich vollständig aus der unmittelbaren Umgebung der Kirchen und schließlich aus dem Stadtzentrum und werden an die Ränder der Städte verlagert. Offizielle Begründungen sind zunächst seuchenhygienischer Art und verweisen auf die krankheitserregende Verschmutzung der Grundwässer. Darüber hinaus aber setzt sich der Gedanke durch, dass das Grab des Menschen seine letzte individuelle Ruhestätte werden soll, die nicht mehr gestört werden darf. Diese an der Idealvorstellung des Individuums orientierte Vorstellung hat ihre Vorläufer schon in der Beerdigungspraxis der griechisch-römischen Antike.

Der moderne Friedhof von heute ist meist entworfen als ein weitläufiger Park, abseits vom Lärm der Stadt, den Toten einen letzten Ruheraum gewährend. Die Hinterbliebenen besuchen dort ihre verstorbenen Verwandten, wenn und wann sie es möchten. Eine beständige Konfrontation der Lebenden mit den Toten gibt es dadurch nicht mehr und so hat sich auch die Einstellung des Menschen zum Tode gewandelt: Allgegenwärtig wie für den Menschen früher ist der Tod dem heute Lebenden jedenfalls nicht mehr.

Beauty 2000

Ihre Zukunft liegt im Tiegel. Damit im nächsten Jahrtausend alles glatt geht, arbeiten Forscher am Jungbrunnen für die Zelle.
Mit drei Milliarden Mark dem Geheimnis der ewigen Jugend auf der Spur.
Glückwunsch allen 68ern. Jedenfalls den 1968 Geborenen. Denn wer heute um die 30 Jahre alt ist, muss äußerlich kaum noch altern. Davon sind zumindest die Wissenschaftler in den Forschungslaboratorien der großen Kosmetikkonzerne überzeugt. Sie glauben fest daran, das Geheimnis junger Haut komplett entschlüsseln zu können und die ewige Jugend bald im Topf zu haben. Diesem Ziel wird auch ein Jahr vor der Jahrtausendwende wieder der überwiegende Teil des insgesamt rund Drei-Milliarden-Mark-Forschungsetats aller Firmen weltweit geopfert. Viel versprechende Ansätze, die biologische Uhr mittels Creme aufzuhalten, vermelden alle Firmen schon heute.

Aus: Amica Nr. 1/1999, S. 186.

Schönheit ist unvergänglich
(Werbeslogan von Esteen Lauder)
Leben ohne Grenzen
(Werbeslogan von Douglas für Tommy Hilfiger)

Vergänglichkeit der Schönheit

Es wird der bleiche Tod mit seiner kalten Hand
Dir endlich mit der Zeit um deine Brüste streichen,
Der liebliche Corall der Lippen wird verbleichen,
Der Schultern warmer Schnee wird werden kalter Sand.

Der Augen süßer Blitz, die Kräfte deiner Hand,
Für welchen solches fällt, die werden zeitlich weichen,
Das Haar, das itzund kann des Goldes Glanz erreichen,
Tilgt endlich Tag und Jahr als ein gemeines Band.

Der wohlgesetzte Fuß, die lieblichen Gebärden,
Die werden teils zu Staub, teils nichts und nichtig werden,
Denn opfert keiner mehr der Gottheit deiner Pracht.

Dies und noch mehr als dies muss endlich untergehen,
Dein Herz kann allein zu aller Zeit bestehen,
Dieweil es die Natur aus Diamant gemacht.

Christian Hofmann von Hofmannswaldau

Schön und tot

Laut Untersuchungen des Magazins Der Spiegel aus dem Jahre 1996 gehen hierzulande ca. 3,5 Millionen Menschen regelmäßig in eines der 5500 Fitness-Studios und sorgen dort für einen Umsatz von etwa drei Milliarden Mark. Fitness ist also zu einem enorm lukrativen Markt geworden. Der durchtrainierte Körper und die umfassende Fitness sind absolut „in“ für alle, die heute dazugehören wollen. Modedesigner präsentieren ihre männlichen Models mit atemberaubenden Waschbrettbäuchen, ständig erscheinen neue Hochglanz-Zeitschriften wie „Men's Health“ oder „Sport & Fit“ und verkünden ohne Unterlass das neue Credo des modernen Lifestyles: Nur ein fitter, durchtrainierter und muskelgestählter Körper garantiert Erfolg, Ansehen, Erotik und Luxus. Nur der absolut gesunde Mensch ist ein guter Mensch. Die wenig beachtete Kehrseite dieser Medaille zeigt sich in der ständigen Abwertung des kranken, schwachen, alten und gebrechlichen Menschen. Für ihn ist im modernen Menschenbild wenig Platz.

Besonders problematisch ist die Tatsache, dass immer mehr Menschen – der Spiegel spricht in seiner Untersuchung von etwa 100.000 – beim Bodybuilding auf unerlaubte medikamentöse Hilfsmittel setzten, weil die körpereigenen Möglichkeiten der Leistungssteigerung irgendwann erschöpft sind. Der Kraftsportler Andreas Münzer ist der bekannteste Fall eines Dopingopfers, das durch übertriebenen Einsatz unterschiedlichster Medikamente zum Muskelaufbau seinem Leben ungewollt selbst ein Ende gesetzt hat. Schätzungen von Experten schwanken zurzeit zwischen 100 und 600 Todesfällen infolge des Missbrauchs von Doping-Mitteln.

© Men's Health, Vereinigte Motor-Verlage GmbH & Co. KG, Hamburg.

SHERWIN NULAND, Autor des Bestsellers *Wir würden uns selbst vernichten*, sprach mit dem STERN über die Vision einer Welt von unsterblichen Methusalems:

STERN: Herr Nuland, möchten Sie gerne unsterblich sein?

NULAND: Nein, ganz bestimmt nicht. Die Tatsache, dass das Leben begrenzt ist, zwingt uns dazu, unser Streben auf jene Dinge zu lenken, die uns wirklich wichtig sind. Wir erfreuen uns an den Menschen, die wir lieben, weil wir sie eines Tages verlieren werden. Wir genießen unser Leben mehr, weil es vergänglich ist. Das verleiht jedem einzelnen Augenblick seinen besonderen Wert. Gestern bin ich mit meiner Frau und meinen beiden Kindern in Venedig spazieren gegangen. Musiker spielten ihre Lieder, junge Menschen blieben stehen und küssten sich. Es war ein kühler, bezaubernder Abend und ich dachte mir: Präge dir ein, wie es sich anfühlt, dieses Erlebnis kommt nie wieder.

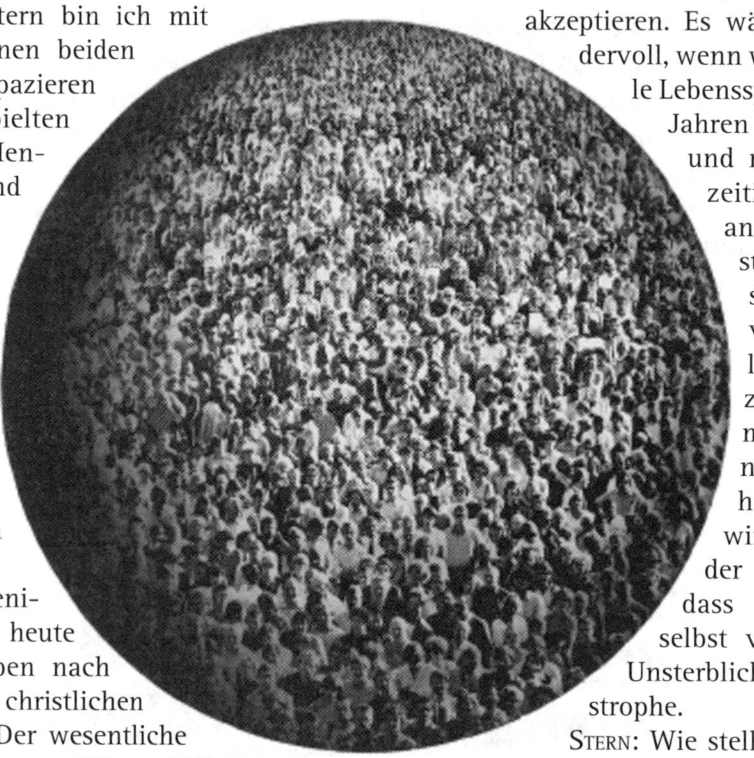

STERN: Weshalb sehnen sich immer mehr Menschen nach dem ewigen Leben?

NULAND: Nur sehr wenige Sterbende vertrauen heute noch voll auf ein Leben nach dem Tode, wie es die christlichen Religionen verheißen. Der wesentliche Grund aber ist die enorme Selbstgefälligkeit in unserer Gesellschaft. Nie zuvor in der menschlichen Geschichte hat es das in dieser Ausgeprägtheit gegeben. Wir halten uns für den Mittelpunkt des Universums und sind ständig auf der Suche nach Dingen, die uns von allen anderen abheben, die Begegnung mit Außerirdischen, eine neue Nase, ewige Jugend und ewiges Leben. Dieser extreme Narzissmus ist eine Folge der westlichen Kultur und des wissenschaftlichen Machbarkeitswahns. Wenn Menschen in Asien erkranken, akzeptieren sie es. Bei uns fragen sie: „Warum ausgerechnet ich?" Wir haben einen faustischen Pakt mit den Forschern geschlossen, eine wechselseitige Verschwörung. Sie sollen einzigartige Menschen aus uns machen und sie sollen dafür sorgen, dass unsere Individualität Jahrhunderte erhalten bleibt ...

STERN: Ist Altern eine Krankheit, die geheilt werden kann?

NULAND: Die meisten Menschen wünschen sich, bis zu ihrem Tode gesund zu bleiben und plötzlich zu sterben. Normal ist hingegen eine stete Verlangsamung unserer körperlichen und geistigen Funktionen, die uns Schritt für Schritt vom Leben entfernt. Wenn wir älter werden, nehmen wir immer weniger Anteil an dem, was um uns herum passiert. Altern ist ein natürlicher Prozess, dessen Sinn auch darin besteht, uns den Tod jener Menschen zu erleichtern, die wir lieben. Es hilft uns, den eigenen Tod zu akzeptieren. Es wäre allerdings wundervoll, wenn wir alle die maximale Lebensspanne von etwa 110 Jahren auskosten könnten und niemand mehr vorzeitig an Krebs oder anderen Krankheiten sterben müsste. Wir sollten jedoch nicht versuchen, zusätzliche Jahre hinzuzufügen. Wenn wir mit der Lebensspanne von Organismen herumspielen, stören wir das Gleichgewicht der Natur. Ich glaube, dass wir uns dadurch selbst vernichten würden. Unsterblichkeit ist eine Katastrophe.

STERN: Wie stellen Sie sich die Gesellschaft der Superalten vor?

NULAND: Wenn wir den Planeten der Methusalems erschaffen, werden wir intellektuell stagnieren. Im Alter von 150 Jahren würden Forscher in die Fallen ihrer eigenen Denkmuster geraten. In den Naturwissenschaften haben fast alle Nobelpreisträger ihre Entdeckungen vor dem 45. Lebensjahr gemacht. Nur junge Menschen haben eine neue, innovative Weitsicht. Selbst wenn wir 250 Jahre lang ein perfektes Gehirn besäßen, würden wir die Dinge stets aus derselben Perspektive betrachten ...

Aus: STERN *Nr. 18/1997, S. 52.*

Sterbeerlebnisse

Jason: Es geschah, als ich elf war. Ich hatte zum Geburtstag ein neues Fahrrad bekommen. Am Tag danach fuhr ich damit herum, sah das Auto nicht kommen und wurde überfahren.

Ich kann mich an den Aufprall nicht mehr erinnern, aber auf einmal sah ich mich selbst von oben. Ich sah meinen Körper unter dem Rad liegen. Mein Bein war gebrochen und blutete. Ich weiß noch, dass mir auffiel, dass meine Augen geschlossen waren. Ich selber war oben.

Ich schwebte etwa eineinhalb Meter über meinem Körper und ringsherum standen viele Leute. Ein Mann versuchte mir zu helfen. Ein Krankenwagen kam angefahren. Ich verstand nicht, warum die Leute sich aufregten, denn mir ging es prima. Ich beobachtete, wie sie meinen Körper in den Krankenwagen schoben, und ich versuchte ihnen zu sagen, dass es mir gut ging, aber keiner konnte mich hören. Doch ich kriegte mit, was sie sagten: „Helfen Sie ihm", sagte jemand. „Ich glaube, er ist tot, aber wir versuchen es trotzdem", sagte ein anderer.

Der Krankenwagen fuhr los und ich bemühte mich ihm zu folgen. Ich schwebte über dem Krankenwagen und versuchte mitzukommen. Ich glaubte, ich sei tot. Dann auf einmal war ich in einem Tunnel mit einem hellen Licht am Ende. Der Tunnel führte anscheinend immer weiter aufwärts. Ich kam auf der anderen Seite heraus.

Da waren eine Menge Leute in dem Licht, aber ich kannte keinen von ihnen. Ich erzählte von meinem Unfall und sie sagten, ich müsse zurückkehren. Sie meinten, ich sei noch nicht bereit zu sterben und müsse deshalb wieder zu meinem Vater, meiner Mutter und meiner Schwester zurück.

Ich war lange Zeit in dem Licht, jedenfalls schien es mir so. Ich spürte, dass alle mich gern hatten. Alle waren froh. Ich glaube, dass Licht war Gott. In dem Tunnel wurde ich hinaufgewirbelt zu dem Licht wie in einem Wasserstrudel. Ich hatte keine Ahnung, warum ich in diesem Tunnel war und wohin ich ging. Ich wollte nur zu diesem Licht. Und als ich dort angekommen war, wollte ich nicht mehr zurück. An meinen Körper dachte ich schon fast nicht mehr.

Als ich in dem Tunnel hoch stieg, halfen mir zwei Leute. Ich ging wieder durch den Tunnel, bis ich schließlich im Krankenhaus ankam, wo zwei Ärzte mich versorgten. Sie riefen: Jason, Jason! Ich sah meinen Körper auf dem Operationstisch, er war ganz blau. Aber mir war klar, dass ich zurückkommen musste, denn die Leute im Licht hatten es mir ja gesagt.

Die Ärzte machten sich Sorgen, aber ich versuchte ihnen zu erklären, dass ich in Ordung war. Einer der beiden setzte mir Gummiteller auf die Brust und dann sprang mein Körper in die Höhe.

Als ich aufwachte, sagte ich dem Arzt, dass ich ihn gesehen habe, als er die Gummiteller anbrachte. Ich wollte es auch meiner Mutter sagen, aber keiner wollte es hören ...

Ich habe natürlich viel darüber nachgedacht. Meiner Meinung nach bin ich gestorben. Ich bin da gewesen, wo man hinkommt, wenn man stirbt. Ich habe jetzt keine Angst mehr vor dem Sterben. Ich habe dort gelernt, dass es das Wichtigste ist zu lieben, solange man lebt.

Letztes Jahr ist ein Junge aus meiner Klasse gestorben. Er hatte Leukämie. Keiner wollte darüber sprechen, aber ich habe gesagt, dass Don okay ist, da wo er sich jetzt aufhält, und dass der Tod gar nichts so Schreckliches ist. Ich habe erzählt, wie es war, als ich gestorben bin, und daraufhin hat die Lehrerin es Ihnen erzählt.

Aus: Raymond A. Moody, Das Licht von Drüben, deutsch: Birte Kraft/Lieselotte Mietzner, © 1989 by Rowohlt Taschenbuchverlag GmbH, Reinbek (keine Kopiervorlage).

Hieronymus Bosch, Der Aufstieg in das himmlische Paradies, um 1450–1516.

Warum sterben? Ihre Gesichter erzählten von Lust und Leben. Die Mädchen tanzten ausgelassen. Sie lachten. Sie sahen hübsch, glücklich und liebenswert aus. Und dann liefen sie miteinander in die eiskalte Sternennacht, nahmen sich an den Händen und atmeten noch einmal tief das Leben und sprangen von einem Steinbruch in den Tod. Julia und Alexandra. Beste Freundinnen. Beide aus Dörfern bei Montabaur im Westerwald. Beide 15. Beide seit Tagen zum Freitod entschlossen. Nur ihren Tagebüchern hatten sie das anvertraut. Und, fast entschuldigend, hinzugefügt: „Wir haben euch alle lieb."

Die Staatsanwaltschaft ermittelt, die Tagebücher sind beschlagnahmt. „Ich kann nicht anders", schrieb Julia. Die Eltern weinen. Hätte es nicht immer einen anderen Weg gegeben? Geben müssen? Haben sie ihren Kindern diesen Weg nicht zeigen können? Haben sie versagt? Sie mögen verzweifeln an diesen Fragen. Sie werden keine Antworten bekommen. Und, schlimmer noch: Es gibt kein Zurück mehr. Die Körper von Julia und Alexandra sind auf dem steinigen Boden zerschmettert wie ihre Träume. Wie die Hoffnungen der Eltern. Wie das Leben, von dem sie gerade erst eine Ahnung bekommen hatten.

Aber gerade da, an der Schwelle zu dem, was Erwachsene das Leben nennen, ist der Tod dem Menschen so nah wie im hohen Alter. „In der Pubertät geht die Selbstmordrate nach oben und bei den sehr alten Menschen nochmal", sagt Frauenarzt Prof. Hilfrich aus Hannover. „Es gibt aber bisher keine Erkenntnisse über einen hormonellen Zusammenhang." In Deutschland ist Selbstmord die dritthöchste Todesursache, bei Jugendlichen gleichauf mit dem Tod durch Verkehrsunfall. 1997 haben sich 335 Jugendliche unter 19 Jahren selbst getötet.

Viele Frauen erinnern sich noch gut an die Pubertät, diese Zeit der Sehnsucht nach dem Sterben als Flucht vor dem Leben, das auf einmal auch Anforderungen stellt. „Plötzlich überkommt dich Angst. Angst vor dir selbst", schrieb Anna, heute 35, mit 15 in ihr Tagebuch.

Sabine war sicher, ihr Leben werde einmal früh zu Ende gehen. Sie lebt noch. Ebenso wie Heike, die sich nach einem Zaubervogel sehnte, der sie in eine andere Welt entführen sollte. Dana, heute 22, fragte sich zwischen 14 und 16 jeden Tag: „Warum soll ich dieses Leben leben? Mir bedeutet das alles nichts."

„Fast alle Jugendlichen beschäftigen sich in dieser Zeit mit dem Tod", sagt Familientherapeutin Elisabeth Mertens. Auch, weil der Abschied von der Kindheit immer ein Stück Sterben bedeutet. Festhalten an der sorglosen Geborgenheit, aber nicht festgehalten werden wollen! Neugierig sein auf all die Gefühle, die wie eine große Welle ins Leben hineinbrechen. Aber sie nicht ertragen können. Zwei Schritte vor, mindestens einen zurück.

Die Zimmer 15-Jähriger spiegeln diese ungelenke Wanderung zwischen den Welten: Teddybären hocken unter Postern von blonden Lederjackenjungs mit E-Gitarren. Von Bett und Schrank sind Alf und die Maus mühsam abgekratzt: Die Backstreet Boys bewachen statt alberner Tiere den Schreibkram: Lippenstift und Wimperntusche zwischen Füller, Filzstiften und Stundenplan. Darunter die wichtigere Lektüre: Acht Super-Stellungen. Liebe im Fotoreport. Liebe für Wachträume.

Der Alltag ist anders, ist grau. Die Typen haben keine E-Gitarren und Hochglanzgesichter, stattdessen Pickel und Monatskarten. Sie lächeln nicht zuversichtlich von der Wand, sondern suchen auch ihren Weg zwischen Schule, Erwartungen der Eltern und eigenen Ideen vom Glücklichsein. „Du interessierst dich für Jungs, willst abends weggehen. Dann wirst du in der Schule schlechter. Schon kommt Druck", sagt Lara (17). „Die Eltern verstehen dich sowieso nicht. Freunde sind unheimlich wichtig. Aber in unsrer Zeit sind alle Bindungen, auch die der Eltern untereinander und zu ihren Freunden, oberflächlicher geworden." Haltlos fühlten sich viele Jugendliche, sagt Lara. „Manche Eltern kümmern sich doch gar nicht um die wirklichen Sorgen ihrer Kinder."

Auch die Eltern von Julia und Alexandra mögen sich Vorwürfe machen, nicht in die private Sphäre ihrer Töchter eingedrungen zu sein. Aber hätten sie etwas ändern können?

Julia Boenisch

Aus: Welt am Sonntag vom 17.1.1999.

Metzelei auf dem Monitor

M 15

Die alte Dame hat keine Chance. Mit Vollgas rast der Sportwagen auf sie zu. „Heißa!“, brüllt Steve, als das Blut gegen die Windschutzscheibe spritzt und sein Auto ungebremst weiterfährt. An der nächsten Ampel muss eine Großfamilie dran glauben. „Hoppla, alle Neune!“, jubelt Steve. Wie Bowlingkugeln wirbeln die Passanten durch die Luft und klatschen auf den Asphalt. Plötzlich leuchtet eine rote Lampe am Armaturenbrett auf. Der Tank ist leer. Die Amokfahrt geht zu Ende. Game over.

Steve, PC-Spieler aus Los Angeles, testet „Grand Theft Auto“, auf Deutsch heißt das so viel wie „Autodiebstahl in großem Stil“. Das Video-Game ist eines der vielen neuen Brutalospiele, die Ende Mai auf einer der bedeutendsten Spiele-Fachmessen in Atlanta gefeiert wurden und, so die Anbieter, US-Teenager bis ins Weihnachtsgeschäft unterhalten sollen. Für Steve ist der virtuelle Autoklau mit anschließender Verfolgungsjagd „eines der geilsten Games“, das er „je in Händen hatte“ ...

Die neue Terrorwelle aus dem PC hat jetzt die Medienwächter in den USA in Alarmstimmung versetzt, vor allem nach den Massakern von Jugendlichen an ihren Schulkameraden. Vor einer „völligen Überreizung“ und einer „möglichen Identifikationskrise der Kids“ warnt Patricia Greenfield von der University of Los Angeles. Die Psychologin befürchtet, dass sich die Spieler möglicherweise viel zu sehr mit den gewalttätigen Helden dieser neuen Spiele identifizieren und nicht mehr wie bisher in der Familie nach Vorbildern suchen.

David Walsh, Direktor des National Instituts of Media and the Family, fürchtet eine „fahrlässige Normalisierung“ von Gewalt und Terror. Als Beispiel führt der Gewaltforscher das Merchandising von PC-Spielen an. Heute betreiben die Software-Firmen das Marketing ihrer Spiele wie Sportvereine. Jeder Teenager kann sich „Duke Nukem“-Spielpuppen ins Kinderzimmer stellen, „als seien es Fußballhelden oder Barbiepuppen“. Die kleinen Mörder liefert die Duke-Firma GT Interactive komplett samt Maschinenpistole und Handgranaten an die kindliche Kundschaft.

Aus: Stern Nr. 27/1998, S. 102f.

Mietkiller für virtuelle Bösewichte

M 16

Der Kühlschrank ist leer, die letzte leere Milchflasche rollt über den klebrigen Holzfußboden. Der Rächer hat keine Zeit zum Essen oder zum Aufräumen seiner Bude. Er muss töten. Töten für die Gerechtigkeit, Aufräumen für seinen großen Traum: ein Internet ohne böse Spielverderber, ein Cyberspace ohne hinterhältige Krawallmacher. Der Rächer heißt eigentlich Tom Reginald. „Aber“, sagt der 18-Jährige aus dem kalifornischen Städtchen Irvine, „wen interessiert schon so ein langweiliger Name“. „Mr. Vengeance“, Rächer, hingegen, dieser Name sei in der Branche bekannt und, fügt er stolz hinzu, „gefürchtet“. Tom Reginald ist ein Bounty Hunter, ein Kopfgeldjäger. Er jagt virtuell und erledigt böse Buben per Mausklick im Internet – ohne Blutvergießen und ohne schlechtes Gewissen. Einer seiner Kunden ist Russel Brant aus Los Angeles. Der wollte das Brutalo-Game „Quake2“ im Internet spielen – gleichzeitig gegen mehrere andere Spieler. Doch dazu kam Brant gar nicht: Immer wieder wurde er gleich zu Beginn von drei Unbekannten attackiert und vorzeitig „eliminiert“.

Brant glaubte zunächst an einen Virus oder an einen Trick im Spiel. Doch es war eine Hacker-Bande, darauf spezialisiert, Neulinge gleich beim ersten Auftauchen zu beseitigen. Brant entschloss sich zum Gegenschlag – und engagierte einen Bounty Hunter. 300 Dollar kassierte „Vengeance“ als Kopfgeld-Prämie. Andere Cyberspace-Jäger mit so phantasievollen Namen wie „CudaPrime“ oder „AttackAlf“ lassen sich mit neuer Software bezahlen. Wenn der Auftraggeber bezahlt hat, schleicht sich Tom Reginald ins Spiel, überrumpelt die Hacker und zerstört ihnen den Zugang zum Game. „Es ist ein bisschen so, als würde ich meinem Gegner von hinten eine Keule über den Kopf hauen“, sagt Reginald über seine „Arbeit“. Der Rächer hat gesiegt. Wieder einmal. Sein Kunde kann in Ruhe sein Game weiter spielen. Tom Reginald schaut für heute ein letztes Mal in seinen elektronischen Briefkasten. „Kauf Milch“, steht da in großen Buchstaben. „Gezeichnet: Deine Mutter“.

Aus: Stern Nr. 27/1998, S. 103.

Dein vorletzter Wille

M 17

Da liegst du nun. Regungslos, taub, stumm und blind, ein Leben an hauchdünnen Schläuchen. Kriegst kaum noch Besuch. Was immer man flüstert, es kann dich ja doch nicht erreichen.

Noch pocht es in dir. Wir beobachten, prüfen, vergleichen die Messwerte ständig. Du wirst allem Ermessen nach nie mehr erwachen und bist unstrittig klinisch lebendig.

Erlöse mich, wenn es zum Schlimmsten kommt – das war doch dein vorletzter Wille. Ich berührte dich beinahe und spürte kaum Beschlag auf meiner Brille.

Die Tage vergehen und werden zu Wochen. Sekunden so lang wie sonst Stunden. Die Antworten liegen wie schal auf der Zunge, die Hände von Fragen gebunden.

Da liegst du nun. Welche Schuld fordert als Preis ein so rasend vergebliches Leiden? Welches jüngste Gericht hat deine Akte verlegt? Muss Gott alles selber entscheiden?

Erlöse mich, wenn es zum Schlimmsten kommt – das war doch dein vorletzter Wille. Dein letzter war nur ein Schluck Wasser. Und seither nichts als Stille.

M 18

Jack

Heute Morgen um 7 ging das Telefon
sie sagen: Dein Freund Jack ist tot
ein Laster ist frontal in ihn reingeknallt
der hatte überholt trotz Überholverbot
zuerst wollte ich das nicht begreifen
ich dachte, das ist ein makabrer Gag
Mein Freund Jack kann doch nicht so plötzlich sterben
wir wollen doch heute Abend noch zusammen weg

Es war wie ein Faustschlag in den Magen
diese Nachricht von Jackies Unglück
ich versuchte mir vorzustellen
wie dieser Lkw auf ihn zukommt
und was in Jack vorgeht in diesem Augenblick

Ein komischer Zufall, erst vor zwei Wochen
haben wir noch über den Tod gesprochen
er hatte Angst davor, er meinte, dann ist alles zu spät
ich sagte: nein Jack, ich glaub', dass nach dem Tod
das Leben irgendwie weitergeht!

Über den Wolken ist es so schön
wie in den Bergen der Antarktis
und weiter geht dein Flug, vorbei an den Planeten
und du erreichst die Rock'n Roll Galaxis und da siehst du ihn wieder
Jimi Hendrix, ich weiß noch, als er starb
warst du sehr traurig
weil's für dich keinen Größeren gab
und Buddy Holly
singt für dich noch einemal „Peggy Sue"
du bist froh, dass er auch da ist
und zusammen mit deiner neuen Freundin Marylin
hörst du ihm zu
Brian Jones und Janis Joplin auf dem Nebelpodium und bald gehörst auch du zu ihrem Stammpublikum

17 m.S.

ich bin ein echter Taugenichts, ein Tagedieb, ein Tunichtgut
bei mir ist Schmalhans Küchenmeister
ich hab einen kleinen Hund, der pinkelt mir die Bude voll
wenn ich ihn streicheln will, dann beißt er
mein Leben, mein Leben ist total daneben
ich habe nur noch einen Wunsch
ich will sterben – ja, ich sag auf Wiedersehn
ich will sterben – so kann es nicht weitergehn

ich begieß mich mit Benzin und zünd mich an
ich häng mich auf, stech mir ein Messer in den Magen
jag mir 'ne Kugel durch den Kopf
ich schneid mir die Pulsadern auf
ich kann es hier nicht mehr ertragen

mein Dasein, mein Dasein darf einfach nicht wahr sein
ich habe nur noch einen Wunsch:
ich will sterben – so kann es nicht weitergehn
ich will sterben – jetzt im Grab, das wäre schön
die Welt ist schlecht, alle hassen mich

Die Ärzte, © PMS Musikverlags GmbH, Berlin.